全国高等院校水利水电类精品规划教材

水法规与水政管理教程

（第2版）

主　编　彭　斌　张　凡
副主编　党承华　张运鑫　张　蕾
　　　　黄　鑫　赵　峰

黄河水利出版社
·郑州·

内 容 提 要

全书分为上下两篇。上篇主要介绍水法规，包括水利时政热点，如节水型社会的建设、水权及水市场、“三条红线”等内容，水法学基础，水资源规划与开发利用，水资源与水利工程的保护和管理，水资源配置与节约用水，防汛抗洪减灾，水土保持，水污染防治，水法的法律责任等具体法律规范内容。下篇侧重于介绍水行政管理、水政监察的基本知识以及几种主要的水行政管理行为，如水行政许可、水行政处罚、水行政复议、水行政诉讼等法律制度。

本书在编撰过程中，坚持理论性、实践性和实用性相结合的原则，既可满足在校生的理论学习需要，同时也可供从事水政策、水法规工作的人员以及水利工程管理人员和技术人员学习参考。

图书在版编目(CIP)数据

水法规与水政管理教程/彭斌，张凡主编.—2 版.—郑州：黄河水利出版社，2014.6 （2023.1 重印）
全国高等院校水利水电类精品规划教材
ISBN 978-7-5509-0814-7

Ⅰ.①水… Ⅱ.①彭…②张… Ⅲ.①水法-中国-高等学校-教材②水资源管理-高等学校-教材 Ⅳ.①D922.66②TV213.4

中国版本图书馆 CIP 数据核字(2014)第 117183 号

策划编辑：王志宽 电话：0371-66024331 E-mail：wangzhikuan83@126.com

出 版 社：黄河水利出版社
地址：河南省郑州市顺河路黄委会综合楼 14 层 邮政编码：450003
发行单位：黄河水利出版社
发行部电话：0371-66026940、66020550、66028024、66022620(传真)
E-mail：hhslcbs@126.com
承印单位：河南承创印务有限公司
开本：787 mm×1 092 mm 1/16
印张：15.25
字数：353 千字
版次：2008 年 9 月第 1 版 印次：2023 年 1 月第 4 次印刷
2014 年 6 月第 2 版

定价：29.00 元

出版者的话

随着2011年中央1号文件《中共中央 国务院关于加快水利改革发展的决定》的发布和中央水利工作会议的召开，水利作为国家基础设施建设的优先领域迎来了前所未有的黄金期。到2015年，全国水利投资总额达1.8万亿元，到2020年，水利投资达4万亿元。据《第一次全国水利普查公报》，截至2011年12月31日，全国堤防总长度为413 679公里（其中5级及以上在建堤防长度为7 963公里），共有水库98 002座（其中在建水库756座），共有水电站46 758座（其中在建水电站1 324座）。水利水电工程的大规模建设对设计、施工、运行管理等水利水电专业人才的需求也更为迫切，如何更好地培养适应现今水利水电事业发展的优秀人才，成为水利水电专业院校共同面临的课题。作为水利水电行业的专业性科技出版社，我社长期关注水利水电学科的建设与发展，并积极组织水利水电类专著与教材的出版。

在对水利水电类本科层次教材的深入了解中，我们发现，以应用型本科教学为主的众多水利水电类专业院校普遍缺乏一套完整构建在校本科生专业知识体系又兼顾实践工作能力的教材。在广泛调研与充分征求各课程主讲老师意见的基础上，按照高等学校水利学科专业教学指导委员会对教材建设的指导精神与要求，并结合教育部实施的多层次建设、打造精品教材的出版战略，我社组织编写了本系列“全国高等院校水利水电类精品规划教材”。

此次规划教材的特点是：

（1）以培养水利水电类应用型人才为目标，充分重视实践教学环节。

（2）在依据现有的专业规范和课程教学大纲的前提下，突出特色，力求创新。

（3）紧扣现行的行业规范与标准。

（4）基本理论与工程实例相结合，易于学生接受与理解。

本系列教材除了涵盖传统专业基础课及专业课外，还补充了多个新开课程的教材，以便于学生扩充知识与技能，填补课堂无合适教材可用的空缺。同时，部分教材由工程技术人员或有工程设计施工从业经历的老师参与编写，也是此次规划教材的创新。

本系列教材的编写与出版得到了全国多所高等院校的鼎力支持，特别是三峡大学原党委书记刘德富教授和华北水利水电大学副校长刘汉东教授对系列教材的编写与出版给予了精心指导，有效保证了教材出版的整体水平与质量。在此对推进此次规划教材编写与出版的各院校领导和参编老师致以最诚挚的谢意，是他们在编审过程中的无私奉献与辛勤工作，才使得教材能够按计划出版。

“十年树木，百年树人”，人才的培养需要教育者长期坚持不懈的努力，同样，好的教材也需要经过千锤百炼才能流传百世。本系列教材的出版只是我们打造精品专业教材的开始，希望各院校在对这些教材的使用过程中，提出改进意见与建议，以便日后再版时不断改正与完善。

黄河水利出版社

全国高等院校水利水电类精品规划教材

编 审 委 员 会

再版前言

水是生命之源、生产之要、生态之基。兴水利、除水害，事关人类生存、经济发展、社会进步，历来是治国安邦的大事。人多水少、水资源时空分布不均是我国的基本国情和水情。当前我国水资源面临的形势十分严峻，水资源短缺、水污染严重、水生态环境恶化等问题日益突出，已成为制约经济社会可持续发展的主要瓶颈。促进经济长期平稳较快发展和社会和谐稳定，夺取全面建设小康社会新胜利，必须加快水利发展，切实增强水利支撑保障能力，实现水资源可持续利用。

党的十八大报告提出，建设生态文明，是关系人民福祉、关乎民族未来的长远大计。面对资源约束趋紧、环境污染严重、生态系统退化的严峻形势，必须树立尊重自然、顺应自然、保护自然的生态文明理念，把生态文明建设放在突出地位，融入经济建设、政治建设、文化建设、社会建设各方面和全过程，努力建设美丽中国，实现中华民族永续发展。

在依法治国的背景下，实现上述目标离不开《中华人民共和国水法》及相关法律的实施。《中华人民共和国水法》是调整人们在开发、利用、节约、保护、管理水资源，防治水害的过程中所发生的各种社会关系的法律规范。用水矛盾的解决、水利工程的建设、土地和水的占有权变更、社会经济与科技的发展和水资源短缺的矛盾等一系列社会经济问题都有待于水利法律法规的规制与整合。同时，为适应依法行政的需要，依法进行水政管理、完善相关的行政法律责任也是当前水务管理的重要内容。所以，掌握相关水法知识，了解水事活动所必须遵守的法律规则，已经成为当代水利工程专业人才与水事管理人才重要的知识组成。

本教材正是为适应水事管理对人才知识能力的需要而编写的。全书分为水法规与水政管理两篇。上篇侧重水法等相关水事法律的介绍，涵盖水法基本理论与规范以及防洪、水污染防治、水土保持等方面的相关水法规的内容；下篇侧重讲解水行政管理的基础理论及组织与实施，包括水政监察、水行政许可、水行政处罚等水行政管理行为。在编写中，力求理论性、实践性与实用性相结合，既有利于学生对相关法律知识及管理知识的学习，也便于水资源行政管理及工程管理人员的学习和使用。

本书由来自多所高等院校和水利实务部门从事相关教学、科研以及管理的人员编写而成。具体编写人员有：河北工程大学彭斌（第一、三章）、张凡（第二、十章）、张运鑫（第六、七章）、赵峰（第十四、十五章）、党承华（第八、十二章）、张蕾（第九、十一、十三章），华北水利水电大学黄鑫（第四、五、十六章）。全书由彭斌、张凡统稿并担任主编。

本教材在编写过程中参考了以往大量的相关专著和研究成果，它们为本教材的编写提供了许多可以借鉴的前期成果，特将其列于书后。在编写中也参考了水利部官方网站发布的有关统计资料和领导及专家的讲话、观点，在此一并表示感谢！

本教材于2008年首次编撰出版，出版后在一些高等院校水利专业、工程专业以及法学专业进行了广泛的使用，也得到了水行政管理部门和工程管理单位的广泛使用，在理论和实践中取得了良好效果。在此阶段，恰逢中共中央和国务院公布了《中共中央 国务院关于加快水利改革发展的决定》，国务院发布了《国务院关于实行最严格水资源管理制度的意见》，确立了新形势下水利的战略地位，提出了水利改革发展的指导思想、目标任务和基本原则。为了适应新的需要，我们征求了一些学校同行和水利专家的意见，对原书进行了重新编撰。本次编撰在上篇中新增加了“引论”一章，专门介绍了一部分水利时政热点问题。

由于编者水平有限，纰漏之处在所难免，欢迎读者批评指正。

编　者

2014 年 3 月

前　言

水资源既是物质资源，又是环境资源，具有不可替代性。合理配置水资源，协调好生活、生产和生态用水，特别是加强水资源开发、利用中对生态环境的保护，适应水资源的可持续利用，是我国进行社会主义现代化建设过程中必须明确的方向和目标。党的十七大报告提出："坚持生产发展、生活富裕、生态良好的文明发展道路，建设资源节约型、环境友好型社会，实现速度和结构质量效益相统一、经济发展与人口资源环境相协调，使人民在良好生态环境中生产生活，实现经济社会永续发展。"这是对未来水资源保护和水利事业重要的指导纲领。

现阶段，水资源的开发、利用和保护也逐渐成为人们经济生活中日益关注的问题。一些地方水资源紧张、水环境恶化等问题也成为当地影响经济发展和人民社会生活的主要障碍。这就需要我们建设生态文明，基本形成节约能源资源和保护环境的产业结构、增长方式、消费模式，使得循环经济形成较大规模，可再生能源比重显著上升，主要污染物排放得到有效控制。

在依法治国的背景下，实现上述目标离不开《中华人民共和国水法》及相关法律的实施。《中华人民共和国水法》是调整人们在保护、开发、利用、管理水资源的过程中所发生的各种社会关系的法律规范。用水矛盾的解决、水利工程的建设、土地和水的占有权变更、人口增加、科技发展与水资源的使用等，一系列社会经济问题都有待于水利法律法规的规制与整合。同时，为适应依法行政的需要，依法进行水政管理、完善相关的行政法律责任也是当前水务管理的重要内容。所以，掌握相关水法知识，了解水事活动所必须遵守的法律规则已经成为当代水利工程专业人才与水事管理人才重要的知识组成。

本教材正是为适应水事管理对人才知识能力的需要而编写的。全书分为水法规与水政管理两编。上编侧重水法等相关水事法律的介绍，涵盖水法基本规范以及防洪、水污染防治、水土保持等具体水事法规；下编侧重讲解水政管理的组织与实施，包括水行政监察、水行政许可、水行政处罚等水行政管理行为。在每章之后附有相关案例分析，将理论性、实践性与实用性相结合，既有利于相关专业学生对法律知识的学习，也方便今后学生从事水务工作后对法律知识的运用。

本书由来自多所高等院校和水利部门从事相关教学、科研以及水务管理的人员编写而成。具体编写人员有：河北工程大学彭斌、张凡、张运鑫、赵峰，沈阳农业大学迟道才、夏桂敏，辽宁省水利厅水政监察局何占斌、李明双、薛文、鲁晶、孙艳飞，辽宁省水利水电科学研究院马涛，云南农业大学王龙。全书由彭斌、迟道才统稿并任主编。

本教材在编写过程中参考了以往的相关专著和研究成果，这些资料为本教材的编写提供了许多可以借鉴的前期成果，特将其列于书后。本教材的相关案例参考了“水政在线”网的相关报道，特此致谢。

由于编者水平所限，纰漏之处在所难免，欢迎读者批评指正。

编　者

2008 年 6 月

目　录

下　篇

上 篇

第一章 引 论

第一节 我国水资源现状及存在问题

一、水资源的概念及特征

(一)水资源的概念

关于水资源的含义,在国内外有关文献中有多种提法,至今没有形成公认的定义。

水是地球上一种重要的自然资源,联合国环境规划署认为:自然资源是指在一定空间、地点条件下,能够产生经济价值,以提高人类当前和将来福利的自然环境因素和条件。因此可知,自然资源是指人类可以利用的、自然生成的物质与能量。也就是说,自然界和人类社会一切有价值的物质即为资源。联合国教科文组织(UNESCO)和世界气象组织(WMO)在1988年共同制定的《水资源评价活动——国家评价手册》中将水资源定义为:可以利用或有可能被利用的水源,具有足够的数量和可用的质量,并能在某一地点为满足某种用途而可被利用。由此可知,作为一项资源,必须包含两方面的意思:一是有足够的数量;二是有可靠的质量。

由于人们越来越多地掌握了海水利用技术,对海水的开发利用在不断进步,因此关于水资源的含义的认识也在不断变化。黄河水利出版社出版的由王双银等主编的《水资源评价》中提出,水资源的概念具有广义和狭义之分。狭义的水资源是指人类在一定的经济技术条件下能够直接利用的淡水;广义的水资源是指能够直接或间接使用的各种水和水中物质,在社会生活和生产中具有使用价值和经济价值的水,都可以称为水资源。

虽然地球表面的72%被水覆盖,总水量有14.5亿km^3之多,但是地球上97.5%的水是咸水,只有2.5%是淡水。海水又咸又苦,既不能直接供人们生活使用,也不能直接供农业灌溉使用,又不能直接用于工业。而在有限的淡水中,将近70%冻结在南极和格陵兰的冰盖中,其余的大部分是土壤中的水分或是深层地下水,难以供人类开采使用。因此,淡水是一种极为珍贵的资源,并不是“取之不尽、用之不竭”的。而且,全球水资源分布极不均匀。世界上许多重要的地区和国家是缺水的。按地区分布,巴西、俄罗斯、加拿大、中国、美国、印度尼西亚、印度、哥伦比亚和刚果等9个国家的淡水资源占世界淡水资源的60%。约占世界人口总数40%的80个国家和地区严重缺水。目前,全球80多个国家的约15亿人口面临淡水不足,其中26个国家的3亿人口完全生活在缺水状态。预计到2025年,全世界将有30亿人口缺水,涉及的国家和地区达40多个。21世纪水资源正在变成一种宝贵的稀缺资源,水资源问题已不仅仅是资源问题,更成为关系到国家经济、社会可持续发展的重大战略问题。

(二)水资源的特征

水资源属于自然资源,具有自然资源的一般特征。但就水资源的存在形式及其与自然环境、人类生产生活、经济社会的关系看,又具有不同于一般资源的特征。因此,人们在分析水资源的特征时,往往将其分为自然特征、经济特征、社会特征三个方面。本书受篇幅限制,将这三个方面综合归纳为以下特征。

1.水资源具有循环可再生性

通过天然作用再生更新,从而为人类反复利用的资源叫可再生资源,又称为可更新资源。水在地球上以多个相态存在,包括液态、固态和气态的水。不同相态之间水量转化意味着水的相变,包括液态、固态水的汽化,水汽凝结降水等反复过程。降水在地球表面形成的地表水、土壤水、地下水的聚集,也可因热力场条件不同,而呈液态与固态形式。地球上各种水体通过蒸发(包括植物蒸腾)、水汽输送、降水、下渗、地表径流和地下水径流等一系列过程和环节,把大气圈、水圈、岩石圈和生物圈有机地联系起来,构成一个庞大的水循环系统,水资源在循环过程中不断地恢复和更新。因此,水资源属于可再生资源。

水资源的再生性不是绝对的,而是有条件的。再生时间是水资源循环周期中最重要的条件。在水资源再生的过程中,不同的淡水和海洋正常更新循环的时间是不相等的。超量抽取地下水,会使一些地下水在人为因素作用由不可耗竭的再生型资源转为可耗竭型资源。对水资源的开发利用必须考虑其自然承载能力。如超过其更新限度就会延长再生周期或转为可耗竭型资源。所以,不能把水资源的再生性误认为水资源是取之不尽、用之不竭的。

为了保证社会可持续发展的需要,应该合理地控制对水资源的开发使用量,并采用技术手段合理地增加和诱导天然补给量,保持水资源更新补充的平衡。

2.水资源具有时空分布的不均匀性

水资源在自然界中具有一定的时间和空间分布。时空分布的不均匀性是水资源的又一特性。陆地上的淡水资源储量只占地球上水体总量的2.5%,其中固体冰川约占淡水总储量的68.69%,主要分布在两极地区,人类在目前的技术水平下,还难以利用。液体形式的淡水水体,绝大部分是深层地下水,开采利用量也很小。目前人类比较容易利用的淡水资源,主要是河流水、淡水湖泊水以及浅层地下水,总量仅有全球水资源总量的0.8%。从各大洲水资源的分布来看,年径流量亚洲最多,其次为南美洲、北美洲、非洲、欧洲、大洋洲。另外,水循环中的大气降水受到季节影响。大部分的降水集中在雨季,极易造成洪涝灾害,此时的降水虽多,却不能加以利用,造成水资源的浪费。在枯水期,则很少降雨,造成水资源的短缺。

水资源时空分布不均匀的特点,与人们对水资源的需求相差甚远。一方面,可能造成旱涝灾害频繁,农业收成不稳定和水资源供需矛盾紧张;另一方面,会大大加重水资源持续开发利用在生态环境保护、经济技术投入等方面的难度。很多缺水的国家和地区,经济和社会发展都受到了严重制约。

3. 水资源具有不可替代性

水资源在人类生活、维持生态系统完整性和物种的多样性中所起的作用，任何其他自然资源都无法替代。对于国家而言，水资源是一种战略性物资。

水资源是不可替代的。其不可替代性具有绝对和相对两个方面。

根据功能不同，水资源一般可分为生态功能和资源功能两大类。水资源的生态功能是一切生命赖以生存的基本条件。水是植物光合作用的基本材料。水使人类及一切生物所需的养分溶解、输移。任何其他物质绝对不可替代水资源的这种重要功能。水资源的资源功能绝大部分也是不可替代的重要生产要素。如水的汽化热和热容量是所有物质中最高的，水的表面张力在所有液体中是最大的，水具有不可压缩性，水是最好的溶剂等。

水资源的资源功能的一部分，在某些方面或工业生产的某些环节是可以用其他物质替代的，如工业冷却用水，可用风冷替代；水电可用火电、核电替代。但相比较而言，水是低成本的，而替代物是高成本的。从环境方面分析，这种替代往往要影响生态环境成本。所以，水的资源功能在经济上也是相对不可替代的。水资源的不可替代性说明其在自然、经济与社会发展中的重要程度。

4. 水资源具有利害两重性

水资源的双重性表现在两方面，一方面是水资源本身具有的“水利”与“水害”双重性，俗语说得好，“水能载舟，亦能覆舟”，水资源既可以为人类所用，为经济社会发展作出贡献，又可能给人们带来水灾、洪灾、涝灾。从古到今，洪涝灾害是人类遇到的最严重的自然灾害。《管子·度地》中提出“除五害之说，以水为始”。另一方面是人类在开发利用水资源兴利（发电、灌溉、航运、供水）除害（防洪排涝）的过程中，会产生土地淹没、地质灾害、人口迁移、水质污染等不利影响。

水资源的这种双重性质，要求在水资源的开发利用过程中，严格尊重自然规律和经济规律，统一规划、合理利用、有序开发，以达到兴利除害的目的。

5. 水资源具有社会共享性

农业社会及工业社会早期，水资源相对充裕，水资源一般都作为土地的附属物而存在，主要受私法上的土地所有权制度、相邻关系制度的调整。到20世纪中期以来，随着经济技术的高速发展，世界各国的水资源被广泛开发利用，用水量迅速增加，许多国家和地区相继出现水危机，日益恶化的生态环境也唤醒了人类对水生态价值的关注。在此之后，世界范围内通过立法限制水资源的私有，其中还包括许多至今仍实行土地私有制的国家，宣布水资源的国家化，在宪法中设立专门的自然资源国家所有权条款，成为水资源国家所有权立法的新趋势。这里所说的水资源归国家所有，并不是归国家私有，而是国家作为全体国民的代表统一管理水资源，强调在水资源保护和水资源公平配置方面国家具有的责任。水资源的分配不仅仅是对经济资源的分配，更是涉及人的基本用水权益，是关乎人权保障、社会公平、国家稳定、生态安全，影响人类生存和发展的社会基本制度。

《水法》[1]规定，“水资源属于国家所有”，国家通过取水许可制度，对水资源进行合理

[1] 本书中的法律名称多用简称，如《水法》即为《中华人民共和国水法》的简称。

分配。

水资源不仅仅是简单的自然资源和经济商品,它属于整个社会,是整个人类的共同财富。

二、我国水资源的特点

(1)我国水资源人均占有量很低。

我国多年平均年降水量约6万亿 m^3,其中约3.2万亿 m^3 通过土壤蒸发和植物散发又回到了大气中,余下的约2.8万亿 m^3 形成了地表水和地下水。这就是我国拥有的淡水资源总量。这一总量低于巴西、俄罗斯、加拿大、美国和印度尼西亚,居世界第六位,由于人口众多,我国人均水资源占有量只有2 100 m^3,约为世界平均水平的1/4。

(2)受季风的影响,我国降水年内年际变化大。

我国水资源的时间分布极不均衡。降水时间分配上呈现明显不均,基本上是夏秋多、冬春少。总体表现为降水量越少的地区,年内集中程度越高。例如,北方地区汛期4个月径流量占年径流量的比例一般在70%~80%,其中海河、黄河区部分地区超过了80%,西北诸河区部分地区可达90%。南方地区多年平均连续最大4个月径流量占全年的60%~70%。不但容易形成春旱夏涝,而且水资源量中大约有2/3是洪水径流量,形成江河的汛期洪水和非汛期的枯水。

(3)我国水资源空间分布不均,与土地、矿产资源分布以及生产力布局不相匹配。

总的来说,我国南方水多、北方水少,东部多、西部少,山区多、平原少。全国年降水量的分布由东南的超过3 000 mm向西北递减至少于50 mm。长江(含太湖)、珠江、东南诸河、西南诸河4个水资源一级区(简称南方4区)人口占全国的53.5%,耕地占全国的34.7%,而水资源量为全国的81%,年用水总量占全国总用水量的54.7%。松花江、辽河、海河、黄河、淮河、西北诸河6个水资源一级区(简称北方6区)面积占全国的63.5%,人口约占全国的46%、耕地占全国的60%,而水资源量仅为全国的19%,年用水总量却占全国总用水量的45.3%。其中,黄河、淮河、海河3个流域耕地占全国的35%,人口占全国的35%,水资源量仅为全国的7%,人均水资源量仅为457 m^3,是我国水资源最紧缺的地区。

2011年各水资源一级区水资源量如表1-1所示。

表1-1 2011年各水资源一级区水资源量 (单位:亿 m^3)

水资源一级区	降水总量	地表水资源量	地下水资源量	地下水与地表水资源不重复量	水资源总量
全国	55 132.9	22 213.6	7 214.5	1 043.1	23 256.7
北方6区	19 517.8	4 022.4	2 509.2	895.5	4 917.9
南方4区	35 615.1	18 191.2	4 705.3	147.6	18 338.8
松花江区	4 070.5	987.3	420.5	190.1	1 177.4
辽河区	1 481.0	332.1	179.8	77.9	410.0
海河区	1 658.5	135.9	237.3	162.0	297.9
黄河区	3 888.5	620.9	411.2	118.5	739.4

续表 1-1

水资源一级区	降水总量	地表水资源量	地下水资源量	地下水与地表水资源不重复量	水资源总量
淮河区	2 672.8	643.3	399.0	249.3	892.6
长江区	16 603.3	7 713.6	2 138.0	124.0	7 837.6
其中:太湖流域	412.6	173.6	43.8	20.3	193.8
东南诸河区	2 909.1	1 414.7	392.6	8.4	1 423.0
珠江区	7 420.0	3 676.8	862.7	15.3	3 692.2
西南诸河区	8 682.7	5 386.0	1 311.9	0.0	5 386.0
西北诸河区	5 746.6	1 303.0	861.4	97.7	1 400.6

注:数据来源为《2011 年中国水资源公报》。

我国的水资源特点,反映出我国总体上是一个干旱缺水的国家。同时,我国来水的时空分布不均给水资源开发利用带来很大困难,必须修建相应的蓄水、调水等水利工程实现来水和需水的匹配,以适应经济和社会发展的需要。

三、我国水资源的现状及存在问题

(1)我国人均水资源量只有 2 100 m^3,仅为世界人均水平的28%,比人均耕地占比还要低 12 个百分点;国际公认的缺水标准分为四个等级:①人均水资源低于 3 000 m^3,为轻度缺水;②人均水资源低于 2 000 m^3,为中度缺水;③人均水资源低于 1 000 m^3,为重度缺水;④人均水资源低于 500 m^3,为极度缺水。我国的轻度以上缺水地区已占全国总面积的 2/3 以上,涵盖了大多数中东部地区。

(2)水资源供需矛盾突出,我国的用水量从 1949 年的 1 000 多亿 m^3,已经突破到目前的 6 100 亿 m^3,即使这样仍然不能满足经济和社会发展的要求,全国年平均缺水量 500 多亿 m^3,2/3 的城市缺水,农村有近 3 亿人口饮水不安全;据水利部统计,全国 669 座城市中有 400 座供水不足,110 座严重缺水;在 32 个百万人口以上的特大城市中,有 30 个长期受缺水困扰。在 46 个重点城市中,45.6% 水质较差;14 个沿海开放城市中有 9 个严重缺水。北京、天津、青岛、大连等城市缺水最为严重。

(3)水资源利用方式比较粗放,用水效率不高。每年农业用水达到 3 743.5 亿 m^3,占全国总用水量的 61.3%;由于农田灌溉方式落后,实际灌溉亩(1 亩 = 1/15 hm^2,余同)均用水量达到 415 m^3,农田灌溉水有效利用系数仅为 0.510,与世界先进水平 0.7 ~ 0.8 有较大差距;美国农业单方水粮食生产效益平均在 2 kg 以上,而我国单方水粮食生产效益平均为 1 kg 以上。2011 年,我国万元国内生产总值(当年价)用水量为 129 m^3,万元工业增加值(当年价)用水量为 78 m^3,相比发达国家都有较大差距。

(4)不少地方用水量增加,造成水资源过度开发。国际上一般认为对一条河流的开发利用不能超过其水资源量的 40%。但是在我国,由于对水资源的需求越来越大,对水资源的开发利用的力度也相应增大。像黄河流域开发利用程度已经达到 76%,淮河流域也达到了 53%,海河流域更是超过了 100%,远远超过国际公认的警戒线,也超过河流本身的承载能力，引发了一系列生态环境问题。

(5)水环境恶化，水体污染严重。经调查统计分析，2011年全国废污水排放总量达到了807亿t，全国全年Ⅰ类水河长占评价河长的4.6%，Ⅱ类水河长占35.6%，Ⅲ类水河长占24.0%，Ⅳ类水河长占12.9%，Ⅴ类水河长占5.7%，劣Ⅴ类水河长占17.2%；全年全国湖泊水质为Ⅰ类的水面占评价水面面积的0.5%，Ⅱ类的占32.9%，Ⅲ类的占25.4%，Ⅳ类的占12.0%，Ⅴ类的占4.5%，劣Ⅴ类的占24.7 %；全国按水功能区水质目标评价，全年水功能区水质达标率为46.4%，2/3的湖泊富营养化。随着工业化、城镇化深入发展，水资源污染有可能会越来越严重，因水质不合格造成的水质型缺水，必须引起我们的高度重视。

第二节 节水型社会

一、节水型社会建设的必要性

我国水资源严重短缺，这是客观事实。为了解决缺水问题，多年来投入了巨额资金，做了很多方面的工作。一是修建了大量水工程，增加供水能力；二是加强水资源配置，实现了跨流域调水；三是推行了厉行节约反对浪费活动。但是，实践证明，所采取的这些措施效果有限，并没有改变和解决我国缺水的状况。增加供水能力方面，我国水资源虽然总量很大，每年约2.8万亿 m^3，但是由于受各方面因素限制，可开发利用总量却只有8 100亿 m^3。现在我国每年用水量已经达到6 100亿 m^3，为适应可持续发展的要求，为子孙后代留以发展空间，必须限制水资源的开采总量。大规模、长距离、跨流域调水，受占用土地、移民问题、生态环境恶化、经济成本过大等因素制约，特别是我国的水资源多与少是相对的，南方水多也仅仅是相对于北方而言，可调量随着当地需水量增加而减少。另外，受水地的需水量随着经济和社会发展的需要在不断增加，调水也只能满足一时之需，难以解决长久的可持续发展的需求。过去我国所进行的节水活动，是以行政手段推行的节水运动，由于没有相应的制度措施，没有调动社会力量、发动用水户的积极性，并未发挥出明显的作用。

综上所述，我国一方面严重缺水，另一方面水资源利用方式粗放，用水效率不高，浪费严重，所采取的多种应对措施没有发挥应有的作用。要从根本上解决这些问题，必须寻找新的出路。2002年修订的《水法》第八条规定，国家厉行节约用水，大力推行节约用水措施，推广节约用水新技术、新工艺，发展节水型工业、农业和服务业，建立节水型社会。

我国的水资源短缺的特点、水资源开发利用状况、经济社会可持续发展和环境的需要，决定了我国必须走节水型社会之路。

二、节水型社会的本质特征

节水型社会就是水资源集约高效利用、经济社会快速发展、人与自然和谐相处的社会。节水型社会是人们在生活和生产过程中，在水资源开发利用的各个环节，贯穿对水资源的节约和保护意识，以完备的管理体制、运行机制和法制体系为保障，在政府、用水单位和公众的共同参与下，通过法律、行政、经济、技术和工程等措施，结合社会经济结构的调整，实现全社会在生产和消费上的高效合理用水，保持区域经济社会的可持续发展。

水利部原部长汪恕诚曾提出，节水型社会的本质特征是建立以水权、水市场理论为基础的水资源管理体制，形成以经济手段为主的节水机制，建立起自律式发展的节水模式，不断提高水资源的利用效率和效益，促进经济、资源、环境协调发展。建设节水型社会是对生产关系的变革，是制度建设，是一场革命。

节水型社会和我国长期倡导的节水，既有相同之处，又有不同之处。相同又有很大区别。相同之处在于：节水和节水型社会建设目的都是提高水资源的利用效率和效益。不同之处在于：传统的节水着重于节水的工程、设施、器具和技术等措施，偏重于发展节水生产力，主要依靠行政手段来推动；节水型社会的建设主要通过制度建设，注重对生产关系的变革，形成以经济手段为主的节水机制，通过生产关系的变革进一步推动经济增长方式的转变，推动整个社会走上资源节约和环境友好的道路。

节水型社会建设的核心就是通过体制创新和制度建设，建立起以水权管理为核心的水资源管理制度体系、与水资源承载能力相协调的经济结构体系、与水资源优化配置相适应的水利工程体系；形成政府调控、市场引导、公众参与的节水型社会管理体系，形成以经济手段为主的节水机制，树立全社会的自觉节水意识，切实转变全社会对水资源的粗放利用方式，促进人与水和谐相处，改善生态环境，实现水资源可持续利用，保障国民经济和社会的可持续发展。

三、节水型社会建设的途径

（一）明晰初始水权

《水法》明确规定，水资源属于国家所有。水资源的所有权由国务院代表国家行使。因此，国务院代表国家对水资源行使占有、使用、收益和处分的权利。

初始水权是根据法律规定，通过取水许可程序由政府水行政主管部门批准的水资源的使用权和收益权，有别于从水市场通过交易而获得的使用权。在我国，水资源的所有权属于国家，国家通过法定程序许可各个地区、各个部门、各个单位使用水资源。根据水利部《水权制度建设框架》精神，初始水权分配包括两个层次：一是指流域的水权向区域的逐级分配；二是指各级行政区域把分得的水权，通过取水许可的形式分配给具体用水户。初始水权分配的这两个层次构成了较完整的初始水权分配体系。初始水权分配是水资源权属管理中的一项基础工作，是我国实施"依法治水"战略的水资源权属管理工作的重要内涵。

（二）确定水资源宏观总量与微观定额两套指标体系

水资源有两套控制指标体系，一套是水资源的宏观总量指标体系，另一套是水资源的微观定额指标体系。

水资源的宏观总量指标体系用来明确各地区、各行业乃至各单位、各企业、各灌区的水资源使用权指标，实现宏观上区域发展与水资源承载能力相适应。建立用水总量宏观控制指标体系，要明确流域水资源总量和可利用总量，对各省级区域进行水量分配，进而再向下一级行政区域分配水量，流域机构和区域负责向用水户配置水资源。区域配置的水资源总量不超过区域宏观控制指标，流域内各区域配置的水资源总量不超过流域可配置总量。为了合理分配调度黄河水资源，国家计委、水利部颁布实施了《黄河可供水量年度分配及干流水量调度方案》和《黄河水量调度管理办法》。

水资源的微观定额指标体系用来规定单位产品或服务的用水量指标。通过控制用水定额的方式，来提高水的利用效率，达到节水目标。制定各行政区域的行业生产用水和生活用水定额，并以各行各业的用水定额为主要依据核算用水总量，依据宏观控制指标，科学地进行水量分配，现在各省主管部门都制定了当地的水资源的微观定额指标体系。

（三）制定和采用多种措施，保证用水控制指标的实现

水资源宏观总量与微观定额两套指标体系制定后，必须有相应的保证措施，才能确保其得以严格执行。

常用的措施包括法律措施、工程技术措施、经济措施、行政措施等。

制定相应的法律法规，规范全社会的水事活动。比如，什么情形需要取水申请，什么情形不批准取水许可；水利工程项目未经批准不得兴建；违反指标体系的行为承担什么责任等。

指标体系确定后，要修建相应的工程设施，利用先进的技术，以落实和控制指标的实现。

对于许可指标内的用水，适用较低水价；超指标用水的，提高水价；节约的用水指标，容许有价转让。符合定额指标的用水，适用较低水价；超过定额指标的，适用较高水价；从经济上鼓励节水行为。“超用加价，节约有奖，转让有偿”，充分发挥价格对促进节水的杠杆作用。

加强对指标体系的行政监督检查，利用行政强制力保证指标体系的执行。

（四）制定用水权交易市场规则，建立用水权交易市场

水权交易是指拥有水权的权利人，基于一定的经济目的，根据平等自愿的原则转让自己的水资源使用权。

权利人通过取水许可获得初始水权后，仍然负有节水的义务。为了鼓励人们节水的积极性，国家应该制定相应制度，容许权利人将节余的用水指标有偿转让。政府主管部门应当建立水交易市场，制定水交易规则，监督管理水交易活动的正常进行。通过水权交易市场进行用水权的有偿转让，调动社会节水的积极性，水资源的使用就会流向高效率、高效益的领域。

（五）吸纳用水户参与管理，提高用水户节水积极性

用水户是节水的关键，建设节水型社会要鼓励社会公众以各种方式广泛参与，在制定有关水资源政策的过程中，要广泛听取意见，调动参与的积极性。

第三节　水权及水市场

一、水权的概念及特征

（一）水权的概念

关于水权的概念，有不同的观点：一种观点认为，水权是指水资源所有权、水资源使用权、水产品与服务经营权等与水资源有关的一组权利的总称。另一种观点认为,水权是指水资源的使用权或者收益权,不包括水资源的所有权。

《中华人民共和国宪法》(简称《宪法》,余同)第九条规定,水流属于国家所有,这里的水流是指水资源。《中华人民共和国水法》第三条规定:水资源属于国家所有。水资源的所有权由国务院代表国家行使。这些规定表明,国家是我国水资源的唯一所有权人,国家通过取水许可制度将水资源的使用权授予用水户。所有权是不得转让和交易的,如果将水资源所有权纳入水权之中,水权的转让和水市场的建立都会遇到不可逾越的法律障碍,从而不利于水资源的优化配置。我们日常所讲的水权分配、水权流转、水市场建设等,都讲的是水资源的使用权。所以,对于通常所讲的"水权",不应去研究它的所有权归属,而应该着眼于它的使用权。

由上所述,水权是指水资源的非所有人依照法律的规定或合同的约定所享有的对水资源的使用权或收益权。

水权不同于水权制度,水权制度是界定、配置、调整、保护和行使水权,明确政府之间、政府和用水户之间以及用水户之间的权、责、利关系的规则,是从法制、体制、机制等方面对水权进行规范和保障的一系列制度的总称。

水权制度体系由水资源所有权制度、水资源使用权制度、水权流转制度三部分内容组成。

(二)水权的特征

(1)水权是独立于水资源所有权的一种物权,而不是一组权利束。

(2)水权是用益物权,是依法对地表水和地下水取得使用或收益的权利,所以水权不等同于特许物权。

(3)水权是特殊的用益物权,用益物权一般是设定在不动产之上的,水资源是一种动产,所以水权是特殊的用益物权。

(4)水权是受限制的用益物权,获得依据是法律或合同;受气象等客观因素影响,干旱枯水时权利受限;水权转让受一定的限制。

二、水市场的建设与交易规则

(一)水市场建设

水利部编制的《水权制度建设框架》中指出,水市场是通过市场交换取得水权的机制或场所。在初始水权确定以后,对权利人节余的水权(指标)进行交易和转让,就形成了水市场。

有学者认为,水市场分为一级市场和二级市场,一级市场即水权的初始分配市场,是指国家对水权的出让市场,由国家作为水资源所有权主体,将水权分配到水资源使用者手中,这是水权交易的基础和先决条件。二级市场是指水资源使用权在用水人之间的再分配的市场,在这一级市场中所进行的是水资源使用权在不同用水户之间的流转,狭义的水权交易市场仅指水权的二级市场。

2000 年 11 月 24 日,浙江省金华地区的东阳市与义乌市签订了有偿转让用水权的协议,义乌市拿出 2 亿元向毗邻的东阳市购买横锦水库 5 000 万 m^3 水资源的永久使用权。

这是我国首例水权交易,引起了社会的广泛关注,开创了中国水权制度改革的先河。

水资源使用权的合理流转,促进了水资源的优化配置、高效利用、节约和保护,促使水的利用从低效益向高效益转化,提高了水的利用效益和效率。

水市场是个新生事物,需要进一步发展和培育。水市场的发展需要相应的法律、法规和政策的支持、约束与规范。

(二)水权交易规则

国务院颁布的《取水许可和水资源费征收管理条例》第二十七条规定,依法获得取水权的单位或者个人,通过调整产品和产业结构、改革工艺、节水等措施节约水资源的,在取水许可的有效期和取水限额内,经原审批机关批准,可以依法有偿转让其节约的水资源,并到原审批机关办理取水权变更手续。具体办法由国务院水行政主管部门制定。

根据上述规定,权利人从事水权交易,应该遵守以下规定:

(1)不是所有的水权都可以转让。只有通过调整产品和产业结构、改革工艺、节水等措施节约的水资源,才可以进行流通。如果因为产量减少、转产等造成用水减少,则不得进行流转。

(2)转让期限的限制。转让人的权利仅限于自己获得初始水权时批准的取水期限及取水指标,所以只能对自己节余的取水指标在余下的有效期限内转让。

(3)经原审批机关批准,并办理取水权变更手续。转让人所拥有的权利是一种用益物权,处分权受一定限制,双方应该去原审批机关办理变更审查手续。

水利部《关于水权转让的若干意见》中规定了水权转让的限制范围:

(1)取用水总量超过本流域或本行政区域水资源可利用量的,除国家有特殊规定的,不得向本流域或本行政区域以外的用水户转让;

(2)在地下水限采区的地下水取水户不得将水权转让;

(3)为生态环境分配的水权不得转让;

(4)对公共利益、生态环境或第三者利益可能造成重大影响的不得转让;

(5)不得向国家限制发展的产业用水户转让。

(三)水银行

水银行(Water banks),顾名思义,即有关储蓄水资源的银行。它是国外一些发达国家在水资源调配或水权运作中使用的一种配置手段。即把水视为货币,权利人把多余的水交给水银行存储起来,水银行支付一定利息。需要用水的人则向水银行提出请求,购买其存储的水,向水银行支付高于存水利息的贷水利息。储户获取利息,银行获取存贷之间的利息差。水银行通过协调水资源买方与卖方间的不同需求,使水资源的时空配置发生改变,一方面,优化了水资源的配置,使水资源流向能发挥更大效益的地方;另一方面,水银行通过存贷水的水价差获取银行利润,达到以水养水的目的。水银行存储方式有两种,一是存储水指标,二是利用天然或人工容水工程直接存储水。

在美国、英国等地,利用水银行进行存水和贷水,优化了水资源的时空配置,在抗旱和保证生态用水方面取得了很大的成功。

我国关于水银行的法律规定与实践正处于酝酿之中,水银行在我国将会有非常广阔的前景。早在2005年水利部制定的《水权制度建设框架》中就提出“探索水银行机制。

借鉴国外经验,用银行机制对水权进行市场化配置。探索建立水银行,制定水银行试行办法,通过水银行调蓄、流转水权。”

第四节　严格水资源管理的“三条红线”

一、“三条红线”的内容

“红”意味着最严格,“线”是一个管控的目标。“三条红线”是根据我国严峻的水资源形势设定的水资源开发利用的底线,一旦突破这样的底线,经济社会发展就要受损,生态环境就要受到严重的影响。

我国水资源现状十分严峻,年水资源可利用量只有8 100亿 m^3,而现在年用水总量已经突破6 100亿 m^3,已经达到水资源可利用量的75%;水资源污染更加突出,2011年全国废污水的排放总量达到807亿t,河流水质的不达标率接近40%,水功能区水质达标率为46.4%,直接威胁到部分地区的饮水安全;我国水资源利用方式粗放,效益不高,浪费严重。随着工业化、城镇化的推进,用水需求还会持续增长,全国各地出台了一系列区域经济发展规划,提出了大量新增用水的需求。在水资源总量有限、用水需求又不断增长的背景下,为满足我国经济社会快速发展、可持续发展的需求,中共中央、国务院于2011年的中央一号文件《中共中央 国务院关于加快水利改革发展的决定》中,明确提出了“三条红线”:确立水资源开发利用控制红线、确立用水效率控制红线、确立水功能区限制纳污红线。国务院又在国发〔2012〕3号文件中明确了“三条红线”的阶段目标:

(1)确立水资源开发利用控制红线,到2030年全国用水总量控制在7 000亿 m^3 以内;为实现上述目标,到2015年,全国用水总量力争控制在6 350亿 m^3 以内;到2020年,全国用水总量力争控制在6 700亿 m^3 以内。

(2)确立用水效率控制红线,到2030年用水效率达到或接近世界先进水平,万元工业增加值用水量(以2000年不变价计,下同)降低到40 m^3 以下,农田灌溉水有效利用系数提高到0.6以上。为实现上述目标,到2015年,万元工业增加值用水量比2010年下降30%以上,农田灌溉水有效利用系数提高到0.53以上;到2020年,万元工业增加值用水量降低到65 m^3 以下,农田灌溉水有效利用系数提高到0.55以上。

(3)确立水功能区限制纳污红线,到2030年主要污染物入河湖总量控制在水功能区纳污能力范围之内,水功能区水质达标率提高到95%以上。为实现上述目标,到2015年,重要江河湖泊水功能区水质达标率提高到60%以上;到2020年,重要江河湖泊水功能区水质达标率提高到80%以上,城镇供水水源地水质全面达标。

二、实现“三条红线”的措施

只有全面贯彻落实“三条红线”目标,严格控制用水总量,全面提高用水效率,严格控制入河湖排污总量,加快节水型社会建设,促进水资源可持续利用和经济发展方式转变,才能推动经济社会发展与水资源、水环境承载能力相协调,保障经济社会长期平稳较快的发展。

（一）加强水资源开发利用控制红线管理，严格实行用水总量控制

1. 严格控制流域和区域取用水总量

加快制订主要江河流域水量分配方案，建立覆盖流域和省市县三级行政区域的取用水总量控制指标体系，实施流域和区域取用水总量控制。各省、自治区、直辖市要按照江河流域水量分配方案或取用水总量控制指标，制订年度用水计划，依法对本行政区域内的年度用水实行总量管理。国务院已经制定出各省每年的用水总量控制指标，并下发执行。

2. 严格规划管理和水资源论证

根据我国《水法》及《防洪法》要求，建设水工程，必须符合流域综合规划和防洪规划，由有关水行政主管部门或流域管理机构（简称流域机构，余同）按照管理权限进行审查并签署意见。各地国民经济和社会发展规划、城市总体规划、产业聚集区规划、涉及利用水资源的产业发展规划，取用地表水、地下水以及再生水、公共供水等其他水源的新建、改建和扩建项目，应当依照规定进行水资源论证。对未依法完成水资源论证工作的建设项目，审批机关不予批准，建设单位不得擅自开工建设和投产使用，对违反规定的，一律责令停止。在水资源不足和水生态脆弱的地区，应当对耗水量大的工业、农业和服务业等行业（产业）的建设项目进行严格限制。

3. 严格实施取水许可、有偿使用制度

对取用水总量已达到或超过控制指标的地区，暂停审批建设项目新增取水；对取用水总量接近控制指标的地区，限制审批建设项目新增取水。对产品不符合行业用水定额标准的，不予批准许可；严格保护地下水水资源，在城市公共供水管网能够满足用水需要时，不予许可通过自备取水设施取用地下水；在地下水已严重超采的地区，为建设项目的需要申请取用地下水的，不予批准。严格水资源有偿使用，合理调整水资源费征收标准，扩大征收范围，发挥水资源费的经济杠杆作用，严格水资源费的征收、使用和管理。

（二）建立用水效率控制制度，加强用水效率控制红线管理

全面推进节水型社会建设，包括全面加强节约用水管理，把节约用水贯穿于经济社会发展和群众生活生产全过程，强化用水定额管理，加快推进节水技术改造。

1. 全面加强节约用水管理

依照《水法》规定，全社会都有节约水资源的法定义务，各级人民政府应当采取措施，加强对节约用水的管理，建立节约用水技术开发推广体系，培育和发展节约用水产业。要切实履行推进节水型社会建设的责任，把节约用水贯穿于经济社会发展和群众生活生产全过程，建立健全有利于节约用水的体制和机制。加强节水宣传教育，增强全民节水意识，树立节约保护水资源的良好社会风尚。

2. 强化用水定额管理

各省、自治区、直辖市人民政府都已经制定了本地区各行业的用水定额标准，并已经实施了多年，现在要根据用水效率控制红线确定的目标，及时组织修订。在本区域内建立用水单位重点监控名录，强化用水监控管理。合理调整水价，建立合理的水价制度，发挥价格杠杆的调节作用。

3. 加快推进节水技术改造

在市场管理方面，要制定节水强制性标准，逐步实行用水产品用水效率标志管理，禁止生产和销售不符合节水强制性标准的产品；在农业方面，完善和落实节水灌溉的产业支持、技术服务、财政补贴等政策措施，大力发展管道输水、喷灌、微灌等高效节水灌溉；在工业方面，要加大节水技术改造，提高工业用水循环利用率；在生活用水方面，加大城市生活节水工作力度，实施城镇供水管网改造，降低漏损率，开展节水示范工作，逐步淘汰公共建筑中不符合节水标准的用水设备及产品，大力推广使用生活节水器具；市政方面，鼓励并积极发展污水处理回用、雨水和微咸水开发利用、海水淡化利用等非传统水源开发利用。

（三）从严核定水功能区的纳污能力，实行严格的水功能区排污许可制度

加强水功能区限制纳污红线管理，经批准的水功能区划是水资源开发、利用和保护的依据。水功能区划经批准后不得擅自变更。

各级人民政府要从严核定水域纳污容量，严格控制入河湖排污总量，完善水功能区监督管理制度，建立水功能区水质达标评价体系，加强水功能区动态监测和科学管理。要把限制排污总量作为水污染防治和污染减排工作的重要依据。对排污量超出水功能区限排总量的地区，限制审批新增取水和入河湖排污口。要组织对水功能区的水量、水质状况进行统一监测，建立水功能区管理信息系统，并定期公布水功能区质量状况。

加强饮用水水源保护。禁止在饮用水水源保护区内设置排污口，对已设置的，由县级以上地方人民政府责令限期拆除。禁止在饮用水水源一级保护区内新建、改建、扩建与供水设施和保护水源无关的建设项目；已建成的与供水设施和保护水源无关的建设项目，由县级以上人民政府责令拆除或者关闭。禁止在饮用水水源一级保护区内从事旅游、游泳、垂钓、水上运动。禁止在饮用水水源二级保护区内新建、改建、扩建排放污染物的建设项目；已建成的排放污染物的建设项目，由县级以上人民政府责令拆除或者关闭。县级以上地方人民政府要完善饮用水水源地核准和安全评估制度，公布重要饮用水水源地名录。

推进水生态系统保护与修复。开发利用水资源应维持河流合理流量和湖泊、水库以及地下水的合理水位，充分考虑基本生态用水需求，维护河湖健康生态。编制全国水生态系统保护与修复规划，加强重要生态保护区、水源涵养区、江河源头区和湿地的保护，开展内源污染整治，推进生态脆弱河流和地区水生态修复，建立健全水生态补偿机制。

三、目标责任考核

为了全面落实“三条红线”的目标，必须加强各级政府领导的责任心，建立一套完整的水资源管理责任和考核制度。2011 年中央一号文件规定，要将水资源开发、利用、节约和保护的主要指标纳入地方经济社会发展综合评价体系，县级以上地方人民政府主要负责人对本行政区域水资源管理和保护工作负总责。国务院办公厅以国办发〔2013〕2 号印发了《国务院办公厅关于印发实行最严格水资源管理制度考核办法的通知》，决定对各省、自治区、直辖市落实最严格水资源管理制度情况进行考核。该文件同时以附件形式下达了各省、自治区、直辖市每年的“三条红线”的任务指标，见表 1-2 ~ 表 1-4。

表 1-2　我国各省、自治区、直辖市用水总量控制目标　（单位：亿 m^3）

地区	用水总量控制目标		
	2015 年	2020 年	2030 年
北京	40.00	46.58	51.56
天津	27.50	38.00	42.20
河北	217.80	221.00	246.00
山西	76.40	93.00	99.00
内蒙古	199.00	211.57	236.25
辽宁	158.00	160.60	164.58
吉林	141.55	165.49	178.35
黑龙江	353.00	353.34	370.05
上海	122.07	129.35	133.52
江苏	508.00	524.15	527.68
浙江	229.49	244.40	254.67
安徽	273.45	270.84	276.75
福建	215.00	223.00	233.00
江西	250.00	260.00	264.63
山东	250.60	276.59	301.84
河南	260.00	282.15	302.78
湖北	315.51	365.91	368.91
湖南	344.00	359.75	359.77
广东	457.61	456.04	450.18
广西	304.00	309.00	314.00
海南	49.40	50.30	56.00
重庆	94.06	97.13	105.58
四川	273.14	321.64	339.43
贵州	117.35	134.39	143.33
云南	184.88	214.63	226.82
西藏	35.79	36.89	39.77
陕西	102.00	112.92	125.51
甘肃	124.80	114.15	125.63
青海	37.00	37.95	47.54
宁夏	73.00	73.27	87.93
新疆	515.60	515.97	526.74
全国	6 350.00	6 700.00	7 000.00

表 1-3　我国各省、自治区、直辖市用水效率控制目标

地区	2015 年	
	万元工业增加值用水量比 2010 年下降(%)	农田灌溉水有效利用系数
北京	25	0.710
天津	25	0.664
河北	27	0.667
山西	27	0.524
内蒙古	27	0.501
辽宁	27	0.587
吉林	30	0.550
黑龙江	35	0.588
上海	30	0.734
江苏	30	0.580
浙江	27	0.581
安徽	35	0.515
福建	35	0.530
江西	35	0.477
山东	25	0.630
河南	35	0.600
湖北	35	0.496
湖南	35	0.490
广东	30	0.474
广西	33	0.450
海南	35	0.562
重庆	33	0.478
四川	33	0.450
贵州	35	0.446
云南	30	0.445
西藏	30	0.414
陕西	25	0.550
甘肃	30	0.540
青海	25	0.489
宁夏	27	0.480
新疆	25	0.520
全国	30	0.530

注：各省、自治区、直辖市 2015 年后的用水效率控制目标，综合考虑国家产业政策、区域发展布局和物价等因素，结合国民经济和社会发展五年规划另行制定。

表 1-4　我国各省、自治区、直辖市重要江河湖泊水功能区水质达标率控制目标

地区	水质达标率(%)		
	2015 年	2020 年	2030 年
北京	50	77	95
天津	27	61	95
河北	55	75	95
山西	53	73	95
内蒙古	52	71	95
辽宁	50	78	95
吉林	41	69	95
黑龙江	38	70	95
上海	53	78	95
江苏	62	82	95
浙江	62	78	95
安徽	71	80	95
福建	81	86	95
江西	88	91	95
山东	59	78	95
河南	56	75	95
湖北	78	85	95
湖南	85	91	95
广东	68	83	95
广西	86	90	95
海南	89	95	95
重庆	78	85	95
四川	77	83	95
贵州	77	85	95
云南	75	87	95
西藏	90	95	95
陕西	69	82	95
甘肃	65	82	95
青海	74	88	95
宁夏	62	79	95
新疆	85	90	95
全国	60	80	95

（一）考核组织

考核工作是国务院代表国家行使的一项权利，国务院责成由水利部会同发展改革委、工业和信息化部、监察部、财政部、国土资源部、环境保护部、住房和城乡建设部、农业部、审计署、统计局等部门组成考核工作组，负责考核工作的具体组织实施。这里“会同”一词，就是指由水利部牵头组织落实之意。

（二）责任主体

根据2011年中央一号文件规定，县级以上地方政府主要负责人对本行政区域水资源管理和保护工作负总责。国务院直接考核各省、自治区、直辖市人民政府，它们是实行最严格水资源管理制度的责任主体，政府主要负责人对本行政区域水资源管理和保护工作负总责。

（三）考核内容

主要考核国务院下达的各省、自治区、直辖市最严格水资源管理制度目标完成、制度建设和措施落实情况。各省、自治区、直辖市人民政府要按照本行政区域考核期水资源管理控制目标，合理确定年度目标和工作计划，在考核期起始年3月底前报送水利部备案，同时抄送考核工作组其他成员单位。

（四）考核方式

考核工作与国民经济和社会发展五年规划相对应，每五年为一个考核期，采用年度考核和期末考核相结合的方式进行。在考核期的第2年至第5年上半年开展上年度考核，在考核期结束后的次年上半年开展期末考核。考核评定采用评分法，满分为100分。考核结果划分为优秀、良好、合格、不合格四个等级。考核得分90分以上为优秀，80分以上90分以下为良好，60分以上80分以下为合格，60分以下为不合格。

各省、自治区、直辖市人民政府要在每年3月底前将本地区上年度或上一考核期的自查报告上报国务院，同时抄送水利部等考核工作组成员单位。考核工作组对自查报告进行核查，对各省、自治区、直辖市进行重点抽查和现场检查，划定考核等级，形成年度或期末考核报告。水利部在每年6月底前将年度或期末考核报告上报国务院，经国务院审定后，向社会公告。

（五）考核结果及整改

对期末考核结果为优秀的省、自治区、直辖市人民政府，国务院予以通报表扬，有关部门在相关项目安排上优先予以考虑。对在水资源节约、保护和管理中取得显著成绩的单位与个人，按照国家有关规定给予表彰奖励；年度或期末考核结果为不合格的省、自治区、直辖市人民政府，要在考核结果公告后1个月内，向国务院作出书面报告，提出限期整改措施，同时抄送水利部等考核工作组成员单位。整改期间，暂停该地区建设项目新增取水和入河排污口审批，暂停该地区新增主要水污染物排放建设项目环境评价审批。对整改不到位的，由监察机关依法、依纪追究该地区有关责任人员的责任。

经国务院审定的年度和期末考核结果，交由干部主管部门，作为对各省、自治区、直辖市人民政府主要负责人和领导班子综合考核评价的重要依据。

第二章　水法学基础

第一节　水法概述

一、法的概念、本质和特征

法律属于社会规范的范畴。社会规范是调整人与人之间关系的行为准则。社会规范包括许多种，法是其中的一种。道德、宗教教规、社会习惯、社团规章等都属于社会规范。

所有的社会规范，无论是法律的，还是非法律的，都具有规范性、概括性（定型性）和可预测性的特征。就法律规范来说，这些特征尤其显著。

法的规范性是指具有指引人们行为的作用，即规定人们在一定的情况下可以做什么，应该做什么或不应该做什么；同时，这种指引，又作为评价人们行为的标准。马克思讲过，"法律是肯定的、明确的、普通的规范"。我国古代管子也认为，"夫法者所以兴功惧暴也，律者所以定分止争也，令者所以令人知事也。法律政令者，吏民规矩绳墨也"。所谓"规矩绳墨"、"令人知事"、"兴功惧暴"、"定分止争"，也就是说，法是具有普遍约束力的、权利义务分明、信赏必罚的行为准则，即规范。当然，管子受到历史的、阶级的局限性，没有也不可能进一步探究法的阶级目的和阶级本质。

法的概括性（定型性）是指为一般人的行为提供了一个模式、标准或方向，它的对象是抽象的、一般的人，而不是具体的、特定的人；它是在同样情况下可以反复适用的，而不是仅适用一次的。

因此，不是国家权力机关所制定的一切文件都称为法，只有国家机关在其权限范围内所制定的规范性文件，即要求人们普遍遵守一定的行为规则的文件才是法；国家机关在其权限范围内所发布的非规范性文件，即对个别人或个别事有效而不具有人人必须遵守的一般行为准则的文件则不是法。它是适用法律所产生的文件，如判决书、委任状、逮捕证、公证书、结婚登记证等。

法的可预测性是指由于法的存在，人们有可能可以预见到国家对自己和他人的行为抱什么态度，也就是说，人们事前可以估计到自己或他人的行为是合法的还是非法的，在法律上是有效的还是无效的，会有什么样的法律后果，等等。

综上所述，法是由一定物质生活条件所决定的统治阶级意志的体现，是由国家制定和认可并由国家强制力保证实施的规范体系，通过对人们的权利与义务的规定，确认、保护和发展有利于统治阶级的社会关系和社会秩序。

二、水法的概念及特征

（一）水法的概念

水法是国家根据社会与经济发展的现状和预期，制定的旨在调整人们在开发、利用、节约、保护和管理水资源的过程中所发生的各种社会关系的规范性法律文件。在我国，狭义的水法仅指《水法》，这是调整我国水资源保护、开发、利用、管理的基本法律。广义的水法是指调整相关各种水事法律关系的法律、法规，涉及水资源保护与管理的各个方面，除水法外，还包括：《宪法》中关于国家资源的相关规定、《防洪法》、《水污染防治法》、《水土保持法》、《河道管理条例》、《取水许可和水资源费征收管理条例》等，它们与《水法》一起组成我国的水法体系。

（二）水法的特征

水法的特征是指水法作为一个相对完整的法律门类，其性质、内容、体系和调整对象等各方面的属性与特点。我国的水法主要有以下几个特征。

（1）从水法的调整对象上讲，水法在法律部门上属于环境资源法（所谓法律部门，是指根据一定的标准和原则对国家现行全部法律规范所作的系统化的归类）。根据法律调整对象的特点，我国主要有宪法、刑法、民法、行政法、经济法、诉讼程序法、劳动与社会保障法、环境与资源法、军事法等几个法律部门。环境与资源法的主要调整对象包括自然资源与环境的保护、防止自然资源利用过程中产生污染与其他各种公害。环境与资源法主要包括环境保护法和自然资源法两个部分，前者主要调整对象是对自然环境加以保护，防止污染与其他各种公害，后者主要调整对象是自然资源的开发、利用和保护。水法首先是一种典型的自然资源法，例如其中的水权制度、水资源有偿使用制度、取水许可制度、流域规划制度等都涉及水资源的开发、利用问题，属于自然资源法的范畴；水法同时还涉及环境保护方面的内容，例如开发水资源过程中的生态保护的规定，水污染防治的规定都涉及自然环境保护的问题，属于环境保护法的范畴。

（2）从水法的主要调整手段上讲，水法具有行政管理法的特点。水法的各项制度的实施与执行，都有赖于水行政管理部门的许可、审批、监督和对非法行为的行政制裁。水法中规定了水行政部门的管理体制、管理权限，也是水行政部门水政监察与水事执法的实体法依据（实体法是指从法律的内容上规定主要权利和义务的法律规范，如民法、刑法、行政法等；与实体法相对应的是程序法，是指保证实体权利和义务得以实施的程序性的法律，如民事诉讼法、刑事诉讼法、行政诉讼法等）。同时，水法中的行政执法程序也都要符合行政诉讼法等法律行政程序的相关规定，因此水法与行政法的关系极为密切，具有行政管理法的属性与特点。

（3）从法律体系上来讲，水法以《水法》为基础，包括其他各种涉及水事法律关系的规范性文件，形成了较完整的水法体系。《水法》是我国水事立法的基础性法律规范，规定了我国各项基本的水事法律原则和基本的水事法律制度。除此之外，对防洪、水污染防治、水土保持、河道管理等专门的问题又有专门的立法进行规定。另外，国务院水行政主管部门针对具体的水事管理问题还制定有相关的部门规章，省、自治区、直辖市等地方人民代表大会和政府根据本地区的具体情况及其相应的立法权限制定地方性法规和地方规章,这些水事立法都必须以《水法》为基础,遵循水法的原则和各项制度,从而形成了包含各种法律表现形式的水事法律体系。

(4)从法律内容上讲,水法具有科学性、前瞻性、全局性和技术性等特点。能否保证水资源可持续利用,关系到我国能否实现社会经济可持续发展。在可持续发展的结构体系中,人类的生存与发展必须在环境资源的允许范围之内,如果超出资源环境的许可和承受能力,人类不但达不到可持续发展的战略目标,就连自身的生存也会无法保障。所以,必须把握科学性,使水事立法能够全面反映社会发展与自然资源利用中带有规律性的因素,根据中国的国情和经济承受能力,立足未来和社会发展的长远目标,充分吸取工业发达国家在实现工业化过程中的教训,在发展的过程中,逐步解决资源、环境等重大问题,做到"边发展、边治理,边利用、边保护",走可持续发展之路。"不谋万世者,不足谋一时;不谋全局者,不足谋一域。"水法的立法和执法必须立足社会发展的长远规划和国家发展的全局利益,这同时也是落实以人为本的科学发展观的要求。与其他立法相比,水法的制定不仅需要考察研究社会经济发展规律,也要研究自然科学规律,了解水作为一种重要的自然资源在开发、利用、保护中需要注意的问题,制定相应的排污总量控制制度、水质监测与通报制度、饮用水水源保护区制度、地下水开采控制制度、流量与水位维持制度等,这些制度中涉及的许多技术指标与技术参数都是水法立法与执法过程中需要掌握的重要内容。

三、水法的渊源

法的渊源,通常是指由不同国家机关制定、认可的,具有不同法的效力或地位的各种法的具体的外部表现形态。

根据法律制定的部门不同,水法体系中的各种法律规范按照法律的效力等级可以分为宪法、水事法律(全国人民代表大会及其常务委员会制定)、水行政法规(国务院制定)、水行政部门规章(水利部制定)、地方性水法规(省、自治区、直辖市及省级人民政府所在地的市、经国务院批准的较大市的人民代表大会及其常务委员会制定)、地方性水行政规章(省、自治区、直辖市及省级人民政府所在地的市、经国务院批准的较大市的人民政府制定等)。

(一)宪法

宪法是国家的根本大法,是治国安邦的总章程,是一切法律的制定依据。宪法关于自然资源所有权制度的规定,是水法关于水权制度的制定依据;关于国家行政机构的设置和职权的规定、关于公民的权利义务的规定,是水法关于水事主体权利义务的制定依据。水法及水法规的制定,必须符合宪法精神,不得与其相抵触。

(二)水事法律

水事法律也称水法律,是指全国人民代表大会及其常务委员会制定的规范性法律文件,如《中华人民共和国水法》于2002年8月29日由第九届全国人民代表大会常务委员会第二十九次会议修订通过,《中华人民共和国防洪法》于1997年8月29日第八届全国人民代表大会常务委员会第二十七次会议通过,《中华人民共和国水土保持法》于1991年6月29日全国人民代表大会常务委员会第二十次会议通过,《中华人民共和国水污染防治法》于2008年2月28日第十届全国人民代表大会常务委员会第三十二次会议修订,

2008年6月1日起施行。它们都属于法律的范畴。

（三）水行政法规

水行政法规是指由国务院制定并发布的规范性法律文件，如《中华人民共和国河道管理条例》由中华人民共和国国务院制定，于1988年6月10日由国务院发布；《长江河道采砂管理条例》于2001年10月25日由国务院发布，2002年1月1日起施行；《取水许可和水资源费征收管理条例》由国务院制定，于2006年4月15日起施行。

（四）水行政部门规章

水行政部门规章是指由国务院水行政主管部门颁布的规范性文件。水利部是国务院设立的水行政主管部门，它在行使水管理职能过程中，有权制定相应的部门规章。部门规章规定的事项应当属于执行法律或者国务院的行政法规、决定、命令的事项。例如，1997年12月26日开始实施的《水行政处罚实施办法》，2000年5月15日开始实施的《水政监察工作章程》，2008年4月9日开始实施的《取水许可管理办法》。

（五）地方性水法规

地方性水法规是指省、自治区、直辖市人民代表大会及其常务委员会根据本行政区域的具体情况和实际需要，在不同宪法、水事法律、水行政法规相抵触的前提下，制定的规范本行政区域内水事活动的规范性文件。省、自治区人民政府所在地的市，经济特区所在地的市和经国务院批准的较大城市的人民代表大会及其常务委员会，根据本市的具体情况和实际需要，在不同宪法、水事法律、水行政法规和本省、自治区的地方性水法规相抵触的前提下，也可以制定地方性法规，报省、自治区人民代表大会及其常务委员会批准后在本市行政区域内施行。

（六）地方性水行政规章

地方性水行政规章是指省、自治区、直辖市人民政府，省会城市人民政府，较大城市的政府，根据水事法律、水行政法规和本省、自治区、直辖市的地方性水法规，制定的规范性文件。它规定的事项属于为执行水事法律、水行政法规、地方性水法规的规定需要制定规章的事项。

除上述国内水法律法规外，还应当注意遵守国际法有关水事活动的规定。特别是当水资源开发利用中涉及不同国家的利益时，应当遵守相应的国际条约和两国之间签订的有关协议。

四、中外水法的历史发展与未来趋势

（一）中国水法的历史发展

水法是调整人们在开发、利用、保护和管理水资源的过程中所发生的各种社会关系的法律规范。水法的制定起源于以下一些因素：解决用水矛盾，水利工程的规模扩大和复杂化，政治经济集中程度使土地和水的占有权变更，人口增加和技术进步使国家活动内容扩大等。中国作为一个传统的农业大国，水资源的开发、利用一直是国家关注的问题。中国历史上关于水的问题主要有两点：防治水害和兴修水利，并以农业灌溉为主要目标。

历史上，各个王朝都把治水、防治水害作为立法的一项重要内容。早在战国时期的秦国，就有水利设施建设的相关法令。1979年，四川省考古工作者在川北青川县郝家坪发现的《为田律》(秦武王更修田律)木牍记载了涉及秦代土地资源管理的最原始的法律文本。其中提到:"九月,大除道及阪险。十月,为桥,修波(陂)堤,利津梁,鲜草篱(离)。非除道之时而有陷败不可行,辄为之。"意为九月修整道路,十月修建坡堰堤坝,修缮沟渠与桥梁,以利疏通河道。[1] 在湖北江陵张家山出土的汉代初年的法律简牍"二年律令"也有几乎相同的记载。这说明在农地管理水利兴建方面,汉代基本继承了秦代的相关规定。敦煌悬泉置出土的平帝元始五年《诏书四时月令五十条》曰:"季春月令:修利防,道达沟渎。开通道路,毋有障塞。"这说明兴修水利已被汉代立法纳入农业管理的日常工作之中。

涉及水的立法在古代史籍中也有大量的记载。唐代曾制定关于水的单项法规,在敦煌莫高窟藏经洞中发现的《开元水部式》,是唐代工部所属水部所制定的单独水事法规。其规定了水利工程机构设置、管理、保护、防汛、灌溉、渔业、维修以及相关赏罚条款。其主要原则是水资源的综合、有效利用,民用水、灌溉、河流运输、渔业以及手工业加工用水按照次序适用,突出了民用水与农业生产用水的优先地位。唐高宗永徽年间制定的《永徽律疏》(又名《唐律疏议》)是中华法系的主要代表,其中包含大量涉及水事法律关系的法律规范,对决堤、决水以及修桥、航运中的违法行为都规定了惩戒条款。唐代开元年间修撰的行政法典《唐六典》中有大量涉及治水机构的职权范围和惩罚的规定。根据《宋史·河渠志》载,宋神宗熙宁二年颁布《农田利害条约》(又称《农田水利约束》),规定兴建防洪排涝灌溉等农田水利工程的各项要求,并且鼓励水利建设,对兴修水利的官员进行奖励与提升。金代关于水的单项法规《河防令》规定了河防管理机构和职责及工作制度等。明律和清律中,关于水管理的法律条款基本上袭用唐代以来的规定,不同的是,清律中增加了对水资源污染者应受惩罚的规定。这说明我国在封建社会后期已经开始注意和重视水污染的防治问题,并开始通过法律对相关问题进行规范。

中华民国时期,水法开始了向近现代水法的重要转变,许多现代水法的原则与规则被纳入水法的具体规定之中。国民政府于 1930 年颁布了《河川法》,规定了河川管理、使用、防洪和防卫机构的设置及职权等。1942 年又颁布了《水利法》,规定水利区划分及管理机构,初步确立了水资源的流域管理体制。除此之外,初步确立了水权制度,规定了水权的取得、撤销、改变,用水量和赔偿,水权登记和免登范围,水利工程的核准,以及兴建工程不得影响航运、水产养殖、流放木材、蓄水、泄水及水道保护等条款。可以说,1942 年的《水利法》是我国第一部具有近代水法与水行政管理思想的水事法律。1944 年颁布的民法中,有 11 条规定了用水、排水、污染水道等的法律责任。

中华人民共和国的水法也经历了长时间的发展。自中华人民共和国建立以来,国家兴办了大量的水利工程,促进了国民经济的发展。在水政管理实践中,制定了一系列的单行法规。现行的单行法规有:1961 年中央批转农业部和水电部《关于加强水利管理工作的十条意见》,1964 年国务院颁布的《关于加强航道管理和养护工作的指示》,1979 年国务院颁发的《关于保护水库安全和水产资源的通令》,1981 年水利部发布的《水库工程管理通则》、《水闸工程管理通则》、《河道堤防工程管理通则》,1982 年国务院颁布的《水土

---

[1] 见《青川出土木牍文字简考》,李昭和,《文物》1982 年 01 期。

保持工作条例》,1983 年水利电力部发布的《水利水电工程管理条例》。另外,有关部门还颁布了水利工程建设各个环节的技术性规章。以上这些法规、规章为以后制定中国的水法奠定了基础。

1988 年 1 月 21 日第六届全国人民代表大会常务委员会第二十四次会议通过的《中华人民共和国水法》,是新中国第一部全面规范合理开发利用和保护水资源,防治水害活动的水基本法,为充分发挥水资源的综合效益,适合国民经济发展,起到了重要作用。经过十几年的实践,随着社会主义市场经济体制的建立,可持续发展战略的确定,中华人民共和国第九届全国人民代表大会常务委员会第二十九次会议于 2002 年 8 月 29 日修订通过了新的《中华人民共和国水法》。

我国水法的制定与修改始终立足于我国基本国情的基础上,坚持吸收国外先进的立法经验,做到科学性与合理性的统一。特别是近些年来,节约能源、保护环境成为贯彻落实科学发展观和统筹人与自然和谐发展的重要内容:"坚持生产发展、生活富裕、生态良好的文明发展道路,建设资源节约型、环境友好型社会,实现速度和结构质量效益相统一、经济发展与人口资源环境相协调,使人民在良好生态环境中生产生活,实现经济社会永续发展。"在这一过程中,我们充分地认识到,完善水利工作是"小康社会新目标、新要求"。水法成为"建设生态文明"的重要法律保障,我们坚信,只要我们坚持科学发展观,坚持《水法》所确立的基本原则,积极建设节约能源资源和保护环境的产业结构、增长方式、消费模式,就能使得循环经济形成较大规模,可再生能源比重显著上升,主要污染物排放得到有效控制,生态环境质量明显改善,生态文明观念将在全社会牢固树立等。

(二)国外水法的发展历史

在国外水法发展历史上,习惯法、穆斯林水法、罗马水法以及欧洲民法系统中的水法原理曾产生过重大影响。各国水法的产生和发展与各自的社会政治制度、资源开发利用历史以及宗教等因素有关。如日本古代水法可追溯到中国唐代的《开元水部式》(水法),明治维新后开始制定河川法;英国水法始于 15 世纪解决供水问题的需要,19 世纪开始制定水工程条例、公共卫生法等。目前世界上有多数国家,由于水的开发利用存在严重的无政府状态,因此水的污染源日益增加,受污染的水和水域不断扩大,生态平衡遭到严重破坏,洪涝灾害造成了对生命财产的严重威胁。同时,随着生产的发展、科学的进步,水的供需矛盾也越来越突出。因此,许多国家通过立法加强国家干预。例如,美国法律规定,联邦有权管理通航河道的水质控制、防洪、流域开发和保护生态环境,规定大中型水利工程由政府规划开发。1970 年《苏联和各加盟共和国水立法纲要》,确定了关于河道、湖泊、内海、水库及在苏联境内的地表水和地下水利用、保护的各项原则。1974 年《罗马尼亚社会主义共和国水法》规定实行许可证制度,除家庭生活用水外,公开饮用及国民经济各部门用水都应持有水主管部门颁发的许可证,并遵守其规定。

20 世纪,特别是 20 世纪下半叶以来,是国际水法发展最重要的时期。这一时期世界各国的水资源被广泛开发利用,用水量迅速增加。几乎所有的国家都制定了相应的水事规范,从内容上看,主要包括水权、用水许可制度、水利工程与水污染防治等。随着水资源的供给与需求之间矛盾的扩大,水资源开发利用带来的综合利用、用水管理、投资分摊、环境保护、组织体制等一系列问题都反映到水法中来,许多国家,包括发达国家都在修订水法,或制定新的水法。国外一些文献称这一时期为现代水法形成和发展时期。应许多国家的要求,国际水法协会于1975年、1976年、1977年先后召开过3次"关于水法体系问题"讨论会,对各国治水、利水、管水的实际情况和水法的发展趋势进行了分析研究。

综观世界各国水法,大致归纳为两种类型:一类以英、法等欧洲一些国家为代表,制定一个基本水法,内容包括水资源开发、管理、保护等方面的基本政策;此外还制定有专项法规,如英国1973年水法,规定了水务局的设置、职能及水管理任务等;法国1964年水法侧重水的分配、防止污染等。另一类以美国、日本等国为代表,根据水资源利用和管理的需要制定针对各种目的的法规,但似乎没有一个基本水法。如美国水工程的规划、拨款、建设和管理几乎都通过立法确定。自1824年国会批准第二个有关水的法规《河道和港口法》至1983年里根政府批准的《水土资源开发利用研究的经济与环境原理和指南》,其间共制定有关水的法规数十个。日本著名的水法有《河川法》、《特定多目标法》、《水资源开发促进法》、《水污染防治法》等。

现代水资源立法形式,广义地说,应包括国家宪法条款、国家立法机关通过的法律、政府颁布的通告和规定、部委决定、地方和城市发布的条例等。国际水法协会1976年加拉加斯会议提出,水资源立法内容应包括所有有助于合理保护、开发和利用水资源的活动,按照水量、水质以及水和其他自然资源或环境因素的关系拟定。具体包括国家水政策目标及实现途径、水的控制和主权权利、用水权的取得、有关水源和用水的禁令、用水优先权、用水条件、水害的防止、水事裁判、用水户参与管理、水资源管理、用水新技术的审查和批准。许多国家都认为水资源作为一项社会公共资源应当为社会所公有,并通过国家对水资源进行统一、有效的管理。

国外的水法的立法及其发展趋势为水法的制定积累了一定的经验,也对我国水法的发展提供了有益的借鉴:

(1)水法的现代化趋势、现代水资源利用和管理中的新成果及新矛盾的解决等,不断反映在水资源立法中;保护水资源、实现水资源的有效利用已经成为各国水法制定的共识。施行取水许可已经成为当今世界各国普遍采取的一种水管理制度。

(2)根据需要多方面立法。实践表明,由于水资源的利用、开发与保护涉及社会的诸多方面,水资源利用和管理也具有复杂性,不论有无基本水法,都需要制定多方面的水事法规。

(3)水法,包括基本水法,既要保持相对稳定,也要适时修改过时的条款。特别是其中的技术性条款与各项指标要根据社会实际的发展和对水资源的需求与供给及时进行更新。

第二节 水事法律关系

一、法律关系的要素

所谓法律关系,是指法律规范在调整社会关系的过程中所形成的人们之间的权利义务关系。也就是说,法律关系是一种社会关系,因为被法律调整和确认而上升成为具有法律意义的法律关系。

法律关系具有以下几个特点：

(1)法律关系具有合法性，也就是法律所确定和认可的社会关系。

(2)法律关系以权利义务为内容，是特定法律关系主体之间的权利义务关系。

(3)法律关系体现国家的法律意志。从实质上看，法律关系作为一定社会关系的特殊形式，正在于它体现国家的意志。这是因为，法律关系是根据法律规范有目的、有意识地建立的。所以，法律关系像法律规范一样必然体现国家的意志。在这个意义上，破坏了法律关系，其实也违背了国家意志。

法律关系具有以下三个构成要素：

(1)法律关系主体。法律关系主体是法律关系的参与者，即法律关系中，一定权利的享有者和一定义务的承担者。在每一具体的法律关系中，主体的多少各不相同，在大体上都属于相对应的双方：一方是权利的享有者，称为权利人；另一方是义务的承担者，称为义务人。

(2)法律关系客体。法律关系客体是指法律关系主体之间的权利和义务所指向的对象。客体所承载的利益本身是法律权利和法律义务联系的中介，主体通过它联系缔结为法律关系。法律关系客体的范围有以下几类：物、人身和行为结果。法律关系客体中的物是指法律关系主体支配的、在生产上和生活上所需要的客观实体。能为人类所认识和控制，能够给人们带来某种物质利益，具有经济价值，且能为法律所认可。法律关系客体中的人身包括由人的生理器官组成的人的物质形态，也包括附随于人的诸如荣誉、名誉等社会评价。法律关系客体中的行为结果即义务人完成其行为所产生的能够满足权利人利益要求的结果。它包括两种：一种是物化结果，即义务人的行为(劳动)凝结于一定的物体，产生一定的物化产品或营建物(房屋、道路、桥梁等)；另一种是非物化结果，即义务人的行为没有转化为物化实体，而仅表现为一定的行为过程，直至终了，最后产生权利人所期望的结果(或效果)，如演员的演出、教师的授课等。

(3)法律关系的内容。法律关系的内容就是法律关系主体之间的法律权利和法律义务。它是法律规范在实际社会生活中调整社会关系的具体落实与体现。

法律关系的本质是法律关系主体之间的权利义务关系，这种权利义务关系符合法律的规定、具有法律的意义并由法律保障。

二、水事法律关系的要素

水事法律关系是指水法在调整人们开发、利用、节约、保护、管理水资源，防治水害的水事活动中形成的权利义务关系。

按照法律主体在法律关系中的地位不同，水事法律关系可以分为纵向的法律关系和横向(平权)法律关系。纵向法律关系是指在不平等的法律主体之间所建立的权力服从关系，包括内部行政法律关系，例如，行政管理关系中的上级主管机关与下级主管机关之间的法律关系；也包括外部法律关系，例如，行政机关在从事管理活动时，有管理与被管理、命令与服从、监督与被监督诸方面的法律关系。横向法律关系是指平权法律主体之间的权利义务关系。其特点在于，法律主体的地位是平等的，权利和义务的内容具有一定程度的任意性,如民事财产关系,民事诉讼之原告、被告关系等。

在纵向外部水事法律关系中,水事法律关系主体一方,是国家水资源主管机关。这种法律关系体现国家意志性,例如水行政处罚、水行政许可、水行政监察等,作为水事行政主体另一方的公民、法人和其他组织有义务遵守水事法律规范、配合国家水资源主管机关或法律授权的组织的管理行为。在横向水事法律关系中,水事法律关系主体的双方是平等的法律主体,例如水事合同等,双方互负民事权力、义务,需要承担相关的民事责任。

(一)水事法律关系的主体

水事法律关系的主体主要包括国家机关、自然人、法人和其他组织。作为水事法律关系的特殊主体,国家代表人民的利益进行水事活动。国家机关特别是水事行政主管机关根据其具体的分工履行其在水事管理中的指导、监督、审批、处罚、服务等各项职能,拥有法定的职权,承担相应的管理水事活动的义务。公民一旦进入水法所调整的法律关系范畴,就会因其社会行为,依据水法的规定享有一定的权利、承担相应的义务,从而成为水事法律关系的主体之一。在我国,法人和其他组织包括能进行独立经济核算、拥有独立法律地位的企事业单位,也包括由国家进行预算拨款的具有社会公共服务职能的事业单位。这些单位能够成为水事法律关系的主体必须拥有独立的财产权,能够承担相应的法律责任,能够以自己的名义从事水事活动,享有相应的权利,承担相应的义务。

(二)水事法律关系的客体

水事法律关系的客体是指参加水事法律关系的主体享有的权利和承担的所共同指向的对象。没有水事法律关系的客体,主体的权利与义务就失去了履行的基础。水事法律关系的客体主要包括物、行为以及行为结果等。我国的水资源作为人民生活、经济发展不可或缺的物质资源,是具有经济价值的物质财富。除此之外,水利工程设施、河道等具有水法意义的客观物质存在也具有水事法律客体的地位。作为水事法律关系的客体的行为包括行政机关的管理类活动,如水行政监察、水行政处罚、水行政许可等,也包括劳务性活动,如兴建水库、防汛抗洪、农田排灌等。

(三)水事法律关系的内容

水事法律关系的内容是指水事法律关系主体所享有的权利和承担的义务。它是水事法律规范的指示内容(行为模式、法律权利与法律义务的一般规定)在实际社会生活中的具体落实,是水事法律规范在社会关系中实现的一种状态。

水事法律关系中权利的享有主要表现在两个方面:国家机关权力的行使和单位、个人与其他组织权利的保护。国家机关权力的行使体现在以下方面:

(1)权利主体可以根据自己的意志在法律范围内从事一些水事法律活动。例如《水法》第四十三条规定:国务院水行政主管部门或者流域管理机构管理的水工程,由主管部门或者流域管理机构商有关省、自治区、直辖市人民政府划定工程管理和保护范围。这说明国家机关有权力划定工程管理和保护范围。

(2)享有权利的主体可以要求义务主体作为或不作为。例如《水法》规定:在水事纠纷解决前,未经各方达成协议或者共同的上一级人民政府批准,在行政区域交界线两侧一定范围内,任何一方不得修建排水、阻水、取水和截(蓄)水工程,不得单方面改变水的现状。这说明国家机关有权力要求水事纠纷当事方在未经各方达成协议或者共同的上一级人民政府批准的条件下不得从事某些特定的水事活动。

单位、个人与其他组织权利的保护主要表现在以下方面：

(1)当单位、个人与其他组织依法取得相关的水事活动的权利后，其在法律范围内从事的水事活动不受非法干涉。

(2)当水事法律关系主体的特定权利得不到保障的时候，可以向国家有关机关提出法律诉求，获得救济。例如《水法》第五十七条规定："单位之间、个人之间、单位与个人之间发生的水事纠纷，应当协商解决；当事人不愿协商或者协商不成的，可以申请县级以上地方人民政府或者其授权的部门调解，也可以直接向人民法院提起民事诉讼。县级以上地方人民政府或者其授权的部门调解不成的，当事人可以向人民法院提起民事诉讼。"这就是说，在现实社会生活中出现水事纠纷，水事法律关系主体需要维护其权利的，可以依《水法》向有关国家机关请求保护。

水事法律关系中义务的承担主要包括国家机关义务的承担和单位、个人与其他组织义务的承担两个方面。国家机关义务的承担主要体现在以下方面：

(1)国家机关的权力的行使本身也是国家机关必须履行的法定义务，例如水行政监察执法等活动。

(2)当水事法律关系主体的义务得不到履行时，国家有关机关可以强制其履行、赔偿相关损失或进行相应的法律制裁。例如《水污染防治法》第七十条规定："拒绝环境保护主管部门或者其他依照本法规定行使监督管理权的部门的监督检查，或者在接受监督检查时弄虚作假的，由县级以上人民政府环境保护主管部门或者其他依照本法规定行使监督管理权的部门责令改正，处一万元以上十万元以下的罚款。"根据《水污染防治法》的规定，环境保护主管部门进行检查时，相关单位有义务接受和配合检查，不履行该义务则要接受相应的法律制裁。

(3)当国家机关的违法越权行为给单位、个人与其他组织义务造成损害的时候，国家权力机关有义务纠正其违法行为并对受害的相对人进行补偿。例如《水行政处罚实施办法》规定：水行政处罚机关及其水政监察人员违反《中华人民共和国行政处罚法》(简称《行政处罚法》，余同)和《水行政处罚实施办法》实施水行政处罚的，按照《行政处罚法》的规定，追究法律责任。

单位、个人与其他组织义务的承担主要表现在以下主面：

(1)社会不特定的主体必须履行作为或不作为义务，以维护国家与社会公共的利益或不影响对方利害关系人的利益。例如《水法》规定："单位和个人有保护水工程的义务，不得侵占、毁坏堤防、护岸、防汛、水文监测、水文地质监测等工程设施。""禁止在饮用水水源保护区内设置排污口。"这说明不特定的主体在社会活动中都具有相关的不作为义务，防止对国家及社会公共利益的侵害。

(2)法律要求承担义务的特定主体必须履行相应特定的法律义务。例如《水法》第六条规定："国家鼓励单位和个人依法开发、利用水资源，并保护其合法权益。开发、利用水资源的单位和个人有依法保护水资源的义务。"这说明单位和个人有依法开发、利用水资源的权利，同时也有依法保护水资源的义务，权利义务对等，在享受权利的同时必须履行义务。而履行义务的主体在这里是特定的，专指"开发、利用水资源的单位和个人"，属于特殊主体的义务。法律的这一义务的设定旨在调动单位和个人依法保护、开发、利用水资源的积极性,以促进我国水利事业的健康发展。

需要说明的是,法律关系主体的权利和义务与作为法律规范内容的权利和义务(法律上规定的权利和义务)虽然都具有法律属性,但还是有区别的。法律关系主体的权利和义务是法律关系主体在实施法律(遵守法律或适用法律)的活动过程中所实际享有的法律权利和正在履行的法律义务,即实有的法律权利和义务,属于现实性领域。在社会生活中,法律上所规定的权利和义务,也只有转化为法律关系主体实有的权利和义务,才能使法律对社会的调整达到有效的结果。水事法律关系的意义在于将法律所确定的权利义务关系落实到社会关系的调整中。水事法律关系的确立以水事法律规范为基础,是水事法律关系落实到社会生活的产物,使得法律上的权利义务转变为现实的特定主体的权利义务关系。所以,水事法律关系对于水法的事实与实现都具有重要的意义。

第三节　水法的立法宗旨、适用范围与基本原则

一、水法的立法宗旨

水法作为促进实现水资源可持续利用的重要法律规范,是我国水资源开发、利用、管理的重要法律依据,对于确立依法治水的法律原则、确立国内外水资源管理的新经验与理念、完善水行政管理体制都具有重要的作用。其立法宗旨有以下几点。

(1)为依法治水提供法律依据。

《水法》第一条开宗明义地规定:为了合理开发、利用、节约和保护水资源,防治水害,实现水资源的可持续利用,适应国民经济和社会发展的需要,制定本法。水是人类生存的生命线,是经济发展和社会进步的生命线,是实现可持续发展的重要物质基础。依法治水、依法管水是依法治国的重要组成部分,也是实现水资源可持续利用的根本保证。水法将社会需求、民众意愿上升为国家意志以立法的形式表现出来,使之具有了国家强制力,使得对水资源的管理充分地做到了有法可依。可以说,《水法》的制定,是我国水资源保障与经济社会发展需求之间的矛盾加剧、水环境不断恶化这一社会存在在意识形态领域里的必然反映。同时,也是我国现阶段水资源管理实施可持续发展战略的必由之路。

依法治水是现代治水的理念,也是一种行政管理的理念。现代行政管理的理念强调行政管理行为的合法性、便民性,突出“以人为本”、保护行政管理相对人的合法权利。依法治水是依法行政的重要组成部分,在依法行政的要求下;公民需要守法,政府更需要守法。“对于公权力,法无明文不得行之;对于私权利,法无明文不得惩之。”行政执法机关从事水事活动的管理、检查必须严格地按照《水法》以及相关配套法规的规定,禁止越权行政和违法行政。如果出现了越权行政和违法行政,有关机关要及时制止和纠正,给单位、个人和其他组织造成损失的要给予补偿。单位、个人和其他组织认为水行政机关的行为属于越权行政和违法行政,或者行政行为不适当而给其造成损失的,可以通过行政复议、行政诉讼等途径申请撤销违法行政行为以维护其合法利益。

(2)吸收国内外水资源管理的新经验理念,通过法律的形式把党和国家科学的治水

方针、思路及主要措施确定下来。

新《水法》对我国面临的重大水问题作出了有针对性地明确规定，既符合现代水法的趋势，又具有我国的特色。它以建立节水防污型社会、实现水资源的可持续利用，保证社会经济的可持续发展为目标，以提高用水效率为核心，把水资源的节约、保护、合理配置放在突出的位置，促进资源与社会经济、生态环境协调发展。

(3)实现我国水政管理制度与体系法制化。

1992 年，联合国环境与发展会议通过的《21 世纪议程》指出：水资源的综合管理包括地表水与地下水、水质与水量两个方面，应当在流域一级进行，并根据需要加强或者发展适当的体制。我国重要江河均是跨省区的流域，这一自然特点使得协调流域管理与行政区域管理的关系显得更为重要。长期以来，我国水资源管理体制不顺；水资源管理制度不完善，特别是在节约用水，计划用水和水资源保护方面的法律制度不完善，致使水资源浪费和污染严重；规定的法律责任可操作性不强，对违法行为打击力度不够，给执法工作造成了困难。其症结就在于流域水资源保护机构的法律地位未确立，职能设置和职责划分不明确。《水法》第十二条规定：国家对水资源实行流域管理与行政区域管理相结合的管理体制。这一规定赋予了流域机构行使水资源管理和监督的权利，流域水资源保护事业将由此步入法制化轨道，走向依法行使管理权限、正确履行监督管理职能的健康发展的道路。

我国地域辽阔，自然条件千差万别，东西南北水资源状况不同。国家根据各水系的特点，设置了七大流域机构，即长江流域、黄河流域、淮河流域、海河流域、珠江流域、松辽(松花江和辽河)流域、太湖流域 。它们在所管辖的范围内行使法律、行政法规规定的和水利部授予的水资源管理与监督职责。

除对流域机构确权外，以水法为核心的其他配套法规规定了包括水功能区监督管理、饮用水水源地监督管理、取水许可水质管理、入河排污口监督管理和省界水体水质监测等许多重要的管理制度，开创了许多行之有效的水政管理制度，对我国水资源的合理开发与积极保护具有极大影响和深远意义。

二、水法的适用范围

法律的适用范围，也称法律的效力范围，包括法律的时间效力，即法律从什么时候开始发生效力和什么时候失效；法律的空间效力，即法律适用的地域范围；法律对人、事的效力，即法律对什么人、什么行为适用。《水法》第二条规定：在中华人民共和国领域内开发、利用、节约、保护、管理水资源，防治水害，适用本法。本法所称水资源，包括地表水和地下水。

水法规定的所适用的地域范围和对人、对事的适用范围，主要包含以下两层意思：

第一，水法适用的地域范围，是中华人民共和国境内。它包括在我国主权所及的全部领域内。一般来讲，法律的地域效力范围的普遍原则，适用于制定它的机关所管辖的全部领域。《水法》作为全国人大常委会制定、颁布的法律，其效力自然在我国境内。

第二，水法适用的主体范围，包括一切从事开发、利用、节约、保护、管理水资源，防治水害活动的单位或个人。这里的单位，可以是我国的法人和其他组织，也可以是外资企业以及其他组织；个人既可以是中国公民个人，也可以是外国人。上述主体在我国境内从事开发、利用、节约、保护、管理水资源，防治水害活动的，都必须遵守《水法》。

《水法》第八十条规定：海水的开发、利用、保护和管理，依照有关法律的规定执行。《海域使用管理法》、《海洋环境保护法》对海水的开发、利用、保护和管理已有规定，因此海水的开发、利用、保护和管理，不适用水法。海洋环境的保护，适用《海洋环境保护法》。江河、湖泊、运河、渠道、水库等地表水体以及地下水体的污染防治活动，适用《水污染防治法》。

第三，水法所称水资源，包括地表水和地下水。地球上的水分布在海洋、冰川、雪山、湖泊、沼泽、河流、大气、生物体、土壤和地层中，它们相互作用并不断交换，形成一个完整的水系统。全球97.5%是咸水，而能参与全球水循环、在陆地上逐年可以得到恢复和更新的淡水资源，数量仅为全球储水量的0.2%。这部分淡水与人类的关系最密切，且具有经济利用价值。这部分陆地上可供人们使用的淡水就是通常所说的水资源，一般包括地表水和地下水，它们都靠降水补给。地表水主要有河流和湖泊水，由大气降水、冰川融水和地下水补给，经河川径流、水面蒸发、土壤入渗的形式排泄；地下水为储存于地下含水层的水量，由降水和地表水的下渗补给，以河川径流、潜水蒸发、地下潜流的形式排泄。地表水包括河流、冰川、湖泊、沼泽等水体；地下水是地下含水量的动态水量，用地下水的补给量来表示。《水法》规定的水资源，包括地表水和地下水，主要考虑地表水与地下水之间互相联系且相互转化，不能分割管理，必须加强统一配置、管理和保护。

大气水是水循环的一个重要环节，它没有包括在水法所称的水资源中。人们在进行影响大气水的活动时，应当依据《气象法》和国务院颁布的《人工影响天气管理条例》进行。

三、水法确立的基本原则

所谓法律原则，是指能够作为规则的来源或基础的综合性、稳定性的原理或准则。水法的基本原则就是水法中所确立的调整水资源开发、利用、管理等法律关系上的具有指导意义的基本准则。我国《水法》的基本原则主要包括以下内容。

（一）水资源属于国家所有原则

水是人类生活和社会生产的基本物质，人们在开发利用水资源的过程中，形成复杂的权益关系。随着社会的发展，人类开发利用水资源的规模越来越大，水越来越成为影响整个社会生活的重要因素，水资源权属已成为不能回避的重要法律问题。我国的水资源属于国家所有。我国《宪法》第六条规定，“中华人民共和国的社会主义经济制度的基础是生产资料的社会主义公有制”；第九条规定，“矿藏、水流、森林、山岭、草原、荒地、滩涂等自然资源，都属于国家所有，即全民所有”。随着水资源紧缺和水环境污染成为一个世界性的重大难题，把水资源作为一种公共资源、公共财产由政府加强对水资源开发利用的控制和管理已逐渐成为当今世界的一种趋势。基于我国《宪法》的相关规定，《水法》第三条规定：“水资源属于国家所有。水资源的所有权由国务院代表国家行使。”

《水法》的上述规定说明，水资源属于国家所有是我国水资源权属法律制度的基础和核心，一切水事立法都必须遵循和维护这一制度。在法律上规定国务院是国有水资源所有权的代表，一是明确地方各级人民政府不是国有水资源的所有权代表，无权擅自调配、处置水资源，只能依法或者根据国务院的授权调配、处置水资源；二是赋予国务院行使国有水资源资产管理的职能，水资源有偿使用的收益权归中央人民政府，国务院有权决定国有水资源有偿使用收益的分配办法。明确水资源的所有权由国务院代表国家行使，为进一步改革和完善我国的水资源管理体制，加强水资源的统一管理，优化水资源的配置确立了坚实的法制基础。

为尊重历史习惯，并与《中华人民共和国民法通则》所规定的产权制度相衔接，《水法》第三条规定："农村集体经济组织的水塘和由农村集体经济组织修建管理的水库中的水，归各该农村集体组织使用。"这一规定是在水资源属于国家所有原则的基础上对农村水资源使用权所作的变通规定，对集体经济组织的水塘、水库相关的取水许可制度、水资源有偿使用制度、水工程设施的管理使用制度等都具有影响。其目的就是充分保护农村集体经济组织和农民兴办农田水利设施、合理开发利用水资源的积极性及其相关合法权益。

（二）公平合理原则

公平合理原则就是指在水资源的规划、开发、利用和保护上，秉承公平合理的理念。水资源的供求关系与国家的政治、经济、社会发展密切相关，随着经济社会的发展，人口的增加，人类对水的开发利用程度会越来越高，水的利用量会越来越大，水供求矛盾日益突出，水污染问题也日趋严重。在这样的背景下，必须在水资源的规划、开发、利用和保护上，坚持国家统一领导，兴利与除害相结合，全面规划、统筹兼顾、标本兼治、综合利用、讲求效益，发挥水资源的多种功能，本着公平合理的原则协调好生活、生产经营和生态环境用水。

这一原则在《水法》中体现在以下几个方面：

（1）水资源的规划、开发、利用和保护上要协调各部门之间的关系，兼顾和平衡防洪、治涝、灌溉、航运、供水、水力发电、竹木流放、渔业等各方面的诉求，分清轻重，合理安排。

（2）水资源的规划、开发、利用和保护上要协调好各地区之间的关系，兼顾上下游、左右岸和有关地区之间的利益，充分发挥水资源的综合效益，并服从防洪的总体安排。

（3）在开发、利用水资源的过程中，要以人为本，坚持公平与效率的统一，首先满足城乡居民生活用水，并兼顾农业、工业、生态环境用水以及航运等需要。在干旱和半干旱地区开发、利用水资源，应当充分考虑生态环境用水需要。

因此，综合《水法》的相关规定，坚持公平合理原则就是坚持民生优先，着力解决群众最关心、最直接、最现实的水利问题，推动民生水利新发展。坚持统筹兼顾、注重兴利除害结合、防灾减灾并重、治标治本兼顾，促进流域与区域、城市与农村、东中西部地区水利协调发展。

（三）可持续发展原则

据统计，在20世纪，全世界总耗水量增加了6倍多。我国的水资源问题主要是短缺问题。全球气候变化对我国水资源的影响表现在北方河流出现了长达20年左右的持续枯水期，南方部分河流则出现了大洪水，全国旱涝灾害频繁。21世纪人类面临着更加严重的水资源问题，这一问题在我国经济社会发展过程也不断凸显。长期以来，在水资源的开发利用过程中，重开源轻节流、重经济效益轻生态与环境保护，加之一些地区不合理地开发利用水资源、用水浪费和水污染，使缺水矛盾加剧，生态环境恶化，成为经济社会发展的重要制约因素。

水是基础性的自然资源和战略性的经济资源。实现水资源的可持续利用，使水资源更好地造福于全体国民，是经济社会的可持续发展的重要前提。因此，《水法》的许多规定是围绕可持续发展原则展开的。主要表现在以下几个方面：

(1)合理开发、利用水资源，防治水害。开发、利用水资源与防治水害是《水法》的核心内容，是关系治国安邦的大事。只有在江河、湖泊修建蓄水、引水、提水工程，调蓄径流，才能满足工农业生产和人民生活的需要。

(2)节约和保护水资源。《水法》规定，国家厉行节约用水，大力推行节约用水措施，发展节水型工业、农业和服务业，建立节水型社会。

(3)实现水资源的可持续利用，适应国民经济和社会发展的需要。水资源的可持续利用的主要含义有：一是在人类与自然相和谐的前提下，不但提高人们生活质量和环境承载能力、满足一个地区人们的用水需要，而且也不损害别的地区人们满足其需要的发展；二是防止追求眼前的发展，造成污染和枯竭而影响长远的发展。

(4)国家厉行节约用水、建立节水型社会。重视对开发、利用、节约、保护、管理水资源和防治水害的科学技术的研究、推广及应用。

(5)在利用水资源的过程中，利用经济杠杆，国家对水资源实行取水许可和有偿使用制度。对水资源依法实行取水许可制度和有偿使用制度，是使水资源管理体制和运行机制适应市场经济体制与加强政府宏观调控的需要。其有利于水资源利用方式由粗放型向集约型转变，促进节约用水，建立节水型社会；有利于国家对水资源宏观管理措施的落实，促进水资源的合理配置和可持续利用，以较小的水资源代价实现国民经济的持续增长。

(四)尊重自然规律和社会发展规律原则

水资源的流动性、可再生性、可重复利用性、多功能性、不可替代性，决定了开发、利用、节约、保护水资源和防治水害，是相互联系的整体。尊重自然规律，合理开发水能资源，符合社会发展的长远利益。而在开发与利用水资源过程中所借助的科技力量所带来的效能更需要伦理的引导和法律的整合，以人为本，注重人与自然的和谐发展，应当成为科技伦理与法律制度共同的哲学基础。所谓以人为本，就是要求在科技伦理和科技立法中突出人的价值、人格与未来的发展，体现对人的平等尊重和对人类自身命运的终极关怀，将技术的导向建构在人类的长远利益的目标之上。通过科技伦理树立人们正确的科技观，在物质财富扩张积累的同时，重视人与自然、人与社会、人与人的和睦相处，和谐共存，善待自己的需要通过善待他人、善待自然来实现；善待他人和自然的最终受益也是人类自身。因此，在水资源的保护、开发与利用的过程中，在保护生态的前提下，应当尊重自然规律，全面规划、统筹兼顾、标本兼治、综合利用、讲求效益，发挥水资源的多种功能，协调好生活、生产经营和生态环境用水。与此同时，强化水文气象和水利的科技支撑。从社会发展规律来看，应当加大公共财政对水利的投入，多渠道筹集资金，建立水利投入稳定增长机制。水利投入应当利用经济规律，发挥市场的作用，例如加强对水利建设的金融支持，综合运用财政和货币政策，引导金融机构增加水利信贷资金。有条件的地方应根据不同水利工程的建设特点和项目性质，确定财政贴息的规模、期限和贴息率。支持符合条件的水利企业上市和发行债券，探索发展大型水利设备设施的融资租赁业务，积极开展水利项目收益权质押贷款等多种形式融资。鼓励和支持发展洪水保险。提高水利利用外资的规模和质量等。

第三章 水资源规划与开发利用

第一节 水资源规划

一、水资源规划的基本原则

水是人类赖以生存与经济社会发展不可替代的基础性资源,也是生态环境的基本要素。与土地、森林、草原、矿产等自然资源不同,它是大气降雨再生的动态资源。地表水与地下水相互转换,上下游、干支流、左右岸水量水质相互关联、相互影响。水资源还具有多功能性,且可重复使用,水资源可以用来发电、灌溉、航运、供水、渔业等;水资源有利害双重性,它既能兴利,又能为害。水多了会闹水灾,水少了会闹旱灾,水脏了会影响生态环境。因此,开发、利用、节约、保护水资源和防治水害的各项活动,都应当全面规划、统筹兼顾、标本兼治、综合利用、讲求效益,以发挥水资源的多种功能,协调好生活、生产经营和生态环境用水。这一基本原则是我国水利建设的实践总结。只有这样,才能实现水资源的可持续利用,保障我国经济社会的可持续发展。

《水法》第四条规定:"开发、利用、节约、保护水资源和防治水害,应当全面规划、统筹兼顾、标本兼治、综合利用、讲求效益,发挥水资源的多种功能,协调好生活、生产经营和生态环境用水。"

水资源规划是为适应社会和经济发展的需要而制定的对水资源的开发利用和保护进行全面布局安排的文件,是在掌握水资源的时空分布特征、地区条件、国民经济对水资源需求的基础上,协调各种矛盾,对水资源进行统筹安排,制订出最佳开发利用方案及相应的工程措施的规划。

水资源规划的目的是为我国水资源可持续利用和管理提供规划基础,要在进一步查清我国水资源及其开发利用现状、分析和评价水资源承载能力的基础上,根据经济社会可持续发展和生态环境保护对水资源的要求,提出水资源合理开发、优化配置、高效利用、有效保护和综合治理的总体布局及实施方案,促进我国人口、资源、环境和经济的协调发展,以水资源的可持续利用支持经济社会的可持续发展。

在制订水资源规划工作中,应当坚持按自然规律办事,处理好人与自然、人与水、人与生态环境和生态、水与社会发展的关系。根据《全国水资源综合规划技术大纲》要求,在水资源规划中遵循以下基本原则:

(1)全面规划。制订规划应根据经济社会发展需要和水资源开发利用现状,对水资源的开发、利用、治理、配置、节约、保护、管理等做出总体安排。要坚持开源节流治污并重,除害兴利结合,妥善处理上下游、左右岸、干支流、城市与农村、流域与区域、开发与保护、建设与管理、近期与远期等关系。

(2)协调发展。水资源开发利用要与经济社会发展的目标、规模、水平和速度相适应。经济社会发展要与水资源承载能力相适应,城市发展、生产力布局、产业结构调整以及生态环境建设要充分考虑水资源条件。

(3)可持续利用。统筹协调生活、生产和生态环境用水,合理配置地表水与地下水、当地水与外流域调水、水利工程供水与多种其他水源供水。强化水资源的节约与保护,在保护中开发,在开发中保护。

(4)因地制宜。根据各地水资源状况和经济社会发展条件,确定适合本地实际的水资源开发利用与保护模式及对策,提出各类用水的优先次序,明确水资源开发、利用、治理、配置、节约、保护的重点。

(5)依法治水。规划要适应社会主义市场经济体制的要求,发挥政府宏观调控和市场机制的作用,认真研究水资源管理的体制、机制、法制问题。制定有关水资源管理的法规、政策与制度,规范和调节水事活动。

(6)科学治水。应用先进的科学技术,提高规划的科技含量和创新能力。要运用现代化的技术手段、技术方法和规划思想,科学配置水资源,缓解面临的主要水资源问题,应用先进的信息技术和手段,科学管理水资源,制订出具有高科技水平的水资源综合规划。

二、水资源规划的分类和制订

(一)水资源规划的分类

《水法》第十四条明确规定:国家制订全国水资源战略规划。开发、利用、节约、保护水资源和防治水害,应当按照流域、区域统一制订规划。规划分为流域规划和区域规划。流域规划包括流域综合规划和流域专业规划;区域规划包括区域综合规划和区域专业规划。

水法明确了我国水资源的规划体系分为国家战略规划、流域规划、区域规划三级,流域规划又分为流域综合规划和流域专业规划;区域规划分为区域综合规划和区域专业规划。各项规划之间相互协调和衔接,构成水资源规划体系。

制订全国水资源的战略规划,对于我国的发展有着重大的意义。战略是指对全局性的、高层次的重大问题的筹划和指导,规划是指比较全面的长远的发展计划。水资源战略规划是为实现水资源的可持续利用,适应国民经济和社会发展的长远需求,对我国水资源的开发利用和保护所做出的长远的总体计划。

流域规划和区域规划具有一定的法律地位和作用。开发、利用、节约、保护、管理水资源和防治水害应当按流域、区域统一制订规划,从事上述水事活动必须服从流域规划和区域规划。流域规划和区域规划均包括综合规划和专业规划两大类。其中,综合规划是指根据经济社会发展需要和水资源开发利用现状编制的兴水利、除水害的总体部署;专业规划包括防洪、治涝、灌溉、航运、供水、水力发电、竹木流放、渔业、水资源保护、水土保持、防沙治沙、节约用水等规划,是上述水事活动的具体依据。

水是人类社会生存发展不可缺少的,它既是自然资源,又是战略资源,作为战略资源有没有战略储备,是衡量一个国家和地区经济实力的一个尺度,也衡量能否维护国家安全和社会稳定的保障程度。我们必须从人类的生存与发展的战略高度,从可持续利用和可持续发展战略的高度来认识水的问题。

(二)水资源规划的意义

以水资源的可持续利用支持经济社会的可持续发展,为全面建设小康社会提供有力支撑和保障,是我国新时期水利改革与发展战略目标。开发、利用、节约、保护水资源和防治水害事关经济社会发展的大局及人民群众的根本利益,必须进行全面规划、统筹安排,即要根据水资源的基本状况和国民经济及社会发展对水资源的各项需求,统一制订规划,确定水资源开发、利用、治理的中长期目标,并规定实现目标的分步计划。规划的制订和执行,可以为经济社会发展提供五方面的基本保障:一是饮水保障,要优先满足城乡人民生活用水的要求,为城乡居民提供安全清洁的饮用水,改善公共设施和生态环境,逐步提高生活质量;二是经济社会对防洪保安的要求,保障人民生命财产的防洪安全;三是水对粮食安全的保障,基本满足粮食生产对水的需求,改善农业生产条件,为我国粮食安全提供水利保障;四是基本满足国民经济建设用水需求,保障经济持续、快速、健康发展;五是努力满足改善生态环境用水需求,逐步增加生态环境用水,不断改善自然生态和美化生活环境,努力实现人与自然的和谐与协调。

(三)水资源规划的制订

1.全国水资源战略规划的制订

《水法》第十四条规定:国家制订全国水资源战略规划。

水利是现代农业建设不可或缺的首要条件,是经济社会发展不可替代的基础支撑,是生态环境改善不可分割的保障系统,具有很强的公益性、基础性、战略性。加快水利改革发展,不仅事关农业农村发展,而且事关经济社会发展全局;不仅关系到防洪安全、供水安全、粮食安全,而且关系到经济安全、生态安全、国家安全。水资源已经成为我国的战略资源,必须规划好、管理好、利用好。

制订全国的水资源战略规划,就是要进一步查清我国水资源的现状,合理预测用水需求,科学确定水资源配置方案、水管理对策和保障措施,统筹安排水资源全面节约、有效保护、优化配置、合理开发、高效利用、综合治理的布局和方案,作为今后一个时期内水资源开发利用与管理的基本依据,以缓解我国水资源的供需矛盾,促进和保障我国人口、资源、环境和经济的协调发展。

早在2002年,水利部和国家发展计划委员会联合下发了《关于开展全国水资源综合规划编制工作的通知》,历经多年的努力,在我国第一个国家水资源战略规划——《全国水资源综合规划》于2010年由国务院正式批复。《全国水资源综合规划》是依据《水法》编制的,《全国水资源综合规划》是我国水资源开发、利用、节约、保护和管理的重要依据。《全国水资源综合规划》的制订和实施对指导今后一个时期我国水资源宏观配置、开发利用、节约保护与科学管理工作,着力解决我国突出的水资源问题,积极应对气候变化,推动水资源可持续利用,促进经济长期平稳较快发展和社会和谐发展,具有十分重要的现实意义和战略意义。

《全国水资源综合规划》制定的战略目标为:用20年左右的时间,逐步完善城乡水资源合理配置和高效利用体系,农村饮水安全问题全面解决,城镇供水安全得到可靠保障,节水水平逐步接近或达到世界先进水平,用水总量保持微增长,抗御干旱能力明显增强,最严格的水资源管理制度基本完善；逐步建立水资源保护和河湖生态健康保障体系，江河湖泊水污染得到有效控制，河流的生态用水得到基本保障，地下水超采得到有效治理，重点地区水环境状况明显改善。到2020年，全国用水总量力争控制在6 700亿 m^3 以内；全国万元国内生产总值用水量、万元工业增加值用水量分别降低到120 m^3、65 m^3，均比现状降低50%；农田灌溉水有效利用系数从0.48提高到0.55；城市供水水源地水质基本达标，主要江河湖库水功能区水质达标率提高到80%。到2030年，全国用水总量高峰力争控制在7 000亿 m^3 以内；全国万元国内生产总值用水量、万元工业增加值用水量分别降低到70 m^3、40 m^3，均比2020年再降低40%；农田灌溉水有效利用系数从0.55提高到0.60；江河湖库水功能区基本达标。

2.流域和区域水资源规划的制订

流域是指河流或湖泊的集水区域，是由分水线所包围的河流或湖泊的集水区。每条河流都有自己的流域，一个大流域可以按照水系等级分成数个小流域，小流域又可以分成更小的流域等。另外，也可以截取河道的一段，单独划分为一个流域。流域之间的分水地带称为分水岭，分水岭上最高点的连线为分水线，即集水区的边界线。区域就是指我国的行政区划。大的流域一般包含几个省级行政区，例如长江干流自西而东横贯中国中部，干流流经11个省、自治区、直辖市，数百条支流又延伸到8个省、自治区的部分地区，总计19个省级行政区。流域面积达180万 km^2，约占中国陆地总面积的1/5。

水资源具有流域性、多功能性和不可替代性，这就使得开发、利用、节约、保护、管理水资源和防治水害的各项活动相互联系、形成整体。因此，在上下游、左右岸、各行各业之间存在着局部与整体、趋利避害、协调平衡问题。为了保证国家整体利益并统筹兼顾各方利益，水法规定了流域规划与区域规划、专业规划与综合规划之间的关系，并规定了水资源流域规划、区域规划与其他相关的总体规划相协调的关系。

在流域规划和区域规划的关系上，《水法》第十五条规定："流域范围内的区域规划应当服从流域规划，专业规划应当服从综合规划。

"流域综合规划和区域综合规划以及与土地利用关系密切的专业规划，应当与国民经济和社会发展规划以及土地利用总体规划、城市总体规划和环境保护规划相协调，兼顾各地区、各行业的需要。"

按照局部必须服从整体、专项必须服从综合的原则和对水资源加强统一管理的要求，《水法》规定了流域范围内的区域规划应当服从流域规划，专业规划应当服从综合规划。流域和区域的综合规划要充分考虑人口、资源、环境等要素，适应生产力发展布局的要求，处理好防洪抗旱、开源节流保护、兴利除害、排水与蓄水、供水与用水以及上游与下游、城市与农村、流域与区域等方面的需要，统筹兼顾各地区、各行业的需要。另外，考虑到在推进城市化的过程中，有些地方不考虑水资源的承载力，片面追求扩大城市规模，发展一些高耗水的产业，因而造成用水严重紧缺，不得不回过头来花更多的投资去建引水工程，所以《水法》中也规定了有关的水资源规划应当与国民经济和社会发展规划及土地利用总体规划、城市总体规划和环境保护规划相互协调。

《水法》第十七条规定："国家确定的重要江河、湖泊的流域综合规划，由国务院水行政主管部门会同国务院有关部门和有关省、自治区、直辖市人民政府编制，报国务院批准。

跨省、自治区、直辖市的其他江河、湖泊的流域综合规划和区域综合规划，由有关流域管理机构会同江河、湖泊所在地的省、自治区、直辖市人民政府水行政主管部门和有关部门编制，分别经有关省、自治区、直辖市人民政府审查提出意见后，报国务院水行政主管部门审核；国务院水行政主管部门征求国务院有关部门意见后，报国务院或者其授权的部门批准。”

为科学制订长江流域治理开发与保护的总体部署，水利部会同国家发展改革委、国土资源部、环境保护部、住房和城乡建设部、交通运输部、农业部、国家林业局、中国气象局、国家能源局、国家海洋局等部门，建立了流域综合规划修编部际联席会议制度，组织长江水利委员会和长江流域19个省（自治区、直辖市）有关部门，在深入开展现状评价、总体规划、专业规划、专题研究的基础上，编制完成了《长江流域综合规划（2012～2030年）》。国务院以国函〔2012〕220号文批复了《长江流域综合规划（2012～2030年）》，并要求认真组织实施。

根据《长江流域综合规划（2012～2030年）》要求，到2020年，长江流域重点城市和防洪保护区在遇标准以内洪水时基本不发生灾害，在遇超标准洪水时最大限度地减少人员伤亡和财产损失，山洪灾害防御能力显著提高；城乡供水和农业灌溉能力明显增强，城乡居民生活用水全面保障，水能资源开发利用程度稳步提高，航运体系不断完善；水生态环境恶化趋势有效遏制，饮用水水源地水质全面达标，水土流失得到控制；最严格水资源管理制度基本建立，涉水事务管理全面加强。到2030年，流域防洪减灾体系更加完善，防洪减灾能力进一步提高；节水型社会基本建成，水资源和水能资源开发利用程度进一步提高；水生态环境明显改善，河流生态系统良性发展，水土流失有效治理；流域综合管理现代化基本实现。依照《水法》规定，《长江流域综合规划（2012～2030年）》是长江流域开发、利用、节约、保护水资源和防治水害的重要依据。因此，流域内各省（自治区、直辖市）人民政府和有关部门要加强领导，密切配合，通过制订本区域的规划，认真分解落实流域规划提出的各项任务措施，精心组织实施，切实保障流域防洪安全、供水安全、粮食安全和生态安全。

国家确定的重要江河、湖泊的流域和跨省、自治区、直辖市的其他江河、湖泊以外的江河、湖泊的流域综合规划和区域综合规划，由县级以上地方人民政府水行政主管部门会同同级有关部门和有关地方人民政府编制，报本级人民政府或者其授权的部门批准，并报上一级水行政主管部门备案。

专业规划由县级以上人民政府有关部门编制，征求同级其他有关部门意见后，报本级人民政府批准。其中，防洪规划、水土保持规划的编制、批准，依照防洪法、水土保持法的有关规定执行。

规划一经批准，必须严格执行。如果经批准的规划需要修改，必须按照规划编制程序经原批准机关批准。

三、水资源评价

（一）水资源评价的含义及作用

《水法》第十六条规定：制订规划，必须进行水资源综合科学考察和调查评价。水资源综合科学考察和调查评价，由县级以上人民政府水行政主管部门会同同级有关部门组织进行。

水文、水资源调查评价，是指对地表水、地下水的水量与水质等项目的监测、水文调查、水文测量、水能勘测，水文水资源情报预报，水文测报系统工程的设计与实施，水文分析与计算以及对地表水、地下水的水资源调查和对水量水质的评价等专业活动。制订规划必须开展水资源综合科学考察和调查评价工作。水资源综合科学考察和调查的目的是全面客观地掌握水资源的自然状况和开发利用现状，以及未来的变化趋势，客观反映水资源开发利用中存在的问题。水资源调查评价成果是进行水资源规划的前提，而水资源规划是开发、利用、节约、保护、管理水资源和防治水害的依据。

（二）水资源评价的组织实施

水资源综合科学考察和调查评价是水行政主管部门的职责，同时又涉及多部门、多学科的工作，所以由县级以上人民政府水行政主管部门会同同级有关部门组织进行。根据《水文水资源调查评价资质和建设项目水资源论证资质管理办法（试行）》规定，凡从事水文、水资源调查评价的，应当按照本办法的规定，取得《水文、水资源调查评价资质证书》，并在规定的业务范围内开展工作。

水文、水资源调查评价资质分为甲、乙两个等级。水文、水资源调查评价资质和建设项目水资源论证资质甲级证书，由水利部审批和颁发；乙级证书由省（自治区、直辖市）人民政府水行政主管部门审批和颁发。省级水行政主管部门应当在颁发乙级证书后的30日内，将有关情况报水利部备案。水利部在国家确定的重要江河、湖泊设立的流域管理机构的所属单位申请甲、乙级证书的，由水利部审批和颁发。

取得水文、水资源调查评价资质和建设项目水资源论证资质的单位（简称持证单位），可以在全国范围内承担与资质证书载明的资质等级和业务范围相适应的业务。

取得水文、水资源调查评价甲级资质的单位，可以在全国范围内承担资质证书核准业务范围的各等级水文、水资源调查评价工作。

取得水文、水资源调查评价乙级资质的单位，可以在全国范围内承担资质证书核准业务范围的水文、水资源调查评价工作。

下列水文、水资源调查评价工作，只能由取得甲级资质的单位承担：

（1）全国性的水文、水资源调查评价。

（2）国家确定的重要江河、湖泊的水文、水资源调查评价。

（3）跨省、自治区、直辖市行政区域的水文、水资源调查评价。

（4）国际河流的水文、水资源调查评价。

（三）水资源评价的依据

水资源评价应以调查、收集、整理、分析利用已有资料为主，辅以必要的观测和试验工作。水文、水资源信息是制订规划的依据和重要基础，是提供水资源数量、质量和可利用量的基础，是提供对现状用水方式、水平、程度、效率等评价成果的基本依据，为需水预测、节约用水、水资源保护、供水预测、水资源配置提供可靠的分析成果。由于水资源的时空分布和开发利用状况是变化的，尤其在我国北方地区近来变化较大，因此必须加强对水资源的动态监测，运用现代化的技术手段和先进的信息技术，加强水文、水资源信息监测系统建设，要实行水资源数量与质量、供水与用水、排污与环保相结合的统一监测网络体系，建立和完善供、用、排水计量设施，建设现代化水资源监测系统。水文资源是国家基本资料的重要组成部分。为了充分发挥水文资料的作用，更好地为国民经济和社会发展服务，基本水文资料应当按照国家有关规定予以公开。

（四）水资源评价的内容

依据《水资源评价导则》规定，水资源评价内容包括水资源数量评价、水资源质量评价、水资源开发利用及其影响评价、水资源综合评价和水资源价值量评价。

水资源数量评价包括对水汽输送、降水、蒸发、地表水资源、地下水资源、总水资源的评价。

水资源质量评价包括对河流泥沙、天然水化学特征、水污染状况的评价。

水资源开发利用及其影响评价包括对现状水资源供用水情况的调查及存在问题分析、水资源开发利用对环境的影响评价。

水资源综合评价是在水资源数量、质量和开发利用现状评价以及对环境影响评价的基础上，遵循生态良性循环、资源永续利用、经济可持续发展的原则，对水资源时空分布特征、利用状况及与社会经济发展的协调程度所作的综合评价。水资源综合评价包括水资源供需发展趋势分析、评价区水资源条件综合分析、分区水资源与社会经济协调程度分析等。

水资源价值量评价主要是核算水资源本身所具有的价值，内容应包括按水源、按水资源用途、按水资源质量，分类核算水资源的数量和单位水资源量的价值，有条件的地区可对水资源价值量进行研究评价。

四、水利水电工程的环境影响

水利水电工程通常具有发电、防洪、灌溉、航运、养殖、供水、旅游等综合效益，是人类改造自然、利用自然的重要途径。但是，随着环境意识的增强，人们也已认识到，修建大坝将引起河流水沙情势的变化，水库淹没与移民活动以及工程施工等都会对生态环境产生不同程度的影响。因此，不论是在流域水资源综合利用规划制订阶段中，还是在水利水电工程的规划、设计、施工运行及管理的各阶段中，均应充分考虑维护生态平衡与满足环境保护的要求，包括满足生态用水与环境用水的要求。水利水电工程建设应与经济、社会的可持续发展，以及生态环境良性循环相协调。

（一）水利水电工程的主要环境影响问题分析

一般来说，兴建具有水库的水利水电工程会产生下列环境问题：

（1）因水库淹没，库区移民安置中毁林开荒将造成水土流失。因安置不当及生活环境改变，移民生活不安定，会产生一些社会问题。

（2）水库蓄水后，有可能引起库岸崩坍，诱发地震等。此外，因河流情势变化对坝下与河口水体生态环境产生潜在影响。

（3）水库蓄水后，会引起库周地下水位抬高，导致土地盐碱化等。

（4）水库蓄水后，因水流变缓，水体稀释扩散能力降低，水体中污染物浓度增加，库尾与一些库湾易发生富营养化。

（5）一些水库蓄水后，水温结构发生变化，可能出现分层，对下游农作物产生冷害。

(6)水库淹没会影响陆生生物的生境,修坝对水生生物特别是洄游性鱼类将产生直接影响。

(7)对多泥沙河流,水库回水末端易产生泥沙淤积,不仅减少蓄水库容,而且可能引起河床抬高,影响航运。流入水库的支流河口也可能形成拦门沙而影响泄流。因改变河流的水力条件,对下游河道可能造成冲刷。

(8)水库蓄水后,水面增加,对库周的气候可能产生影响,如引起风速、湿度、降水、气温等气象要素的变化。

(9)库区的文物古迹可能被淹没。

(10)对库区人群健康会产生影响,如一些水介疾病会因水面扩大而增加,移民动迁也会导致一些疾病流行等。

(11)由于水库蓄水,下游河道水位降低或河道下切,流量减少可能影响生活用水和工农业用水。

(二)防止和减免不利影响的一些对策措施

修建水利水电工程是为了改造自然,造福人类,但对环境常会产生一定的影响,需考虑采取必要的对策措施,将工程对环境的不利影响减少到最低程度。

对于作为供水水源的工程,要制定水源保护条例,密切监视水库水质状况,严格控制污水排放,确保水库不受污染。

下游有用水要求的工程,要采取适当泄放基流,以满足下游生活及环境用水的要求。

(三)工程建设期的环境管理

工程建设期是落实污染防治与环境保护"三同时"要求的关键阶段。在主体工程建设的同时,要落实环境影响评价和环境保护设计中确定的减免措施。

为了做好建设期环境保护工作,要明确工程环境保护管理体系,制订工程建设期环境保护计划,在招标文件和承包合同中必须包含环境保护条款,并在工程施工中执行环境监理制度。

1. 工程业主单位的环境管理

工程业主单位要成立环境保护管理机构,其职责如下:

(1)制订建设期环境保护实施规划和管理办法。

(2)编制招标文件和承包项目合同中的环保条款。

(3)制订环境保护工作年度计划。

(4)组织实施环保工程措施和监督。

(5)负责协调环保和其他部门的关系。

(6)编写年度环境保护工作报告及月、季、年报表。

(7)开展环境保护宣传、教育和培训。

2. 承包商的环境管理

承包商应严格按照施工合同中环保条款的要求,指定专人负责环保工作,执行环境保护年度计划;检查环保设施的建设及运行情况,处理施工过程中出现的环保问题,核算本年度环保经费的使用情况,报告承包合同中环保条款执行情况。

3. 施工环境监理

施工环境监理是工程监理的组成部分,是落实水利水电工程环境保护措施的重要措施;环境监理的组织形式可根据工程具体情况而定,对与工程施工关系较大的环境问题,由环境监理工程师提出解决意见,经工程总监理工程师同意后执行。一般环境问题由环境监理工程师决定。

环境监理的内容一般包括:

(1)地表、地下水资源保护;

(2)施工区生活供水灭菌消毒的监测与检查;

(3)生活污水和生产废水的处理,排污口及水质监测;

(4)粉尘及有毒、有害气体的控制和大气监测;

(5)噪声污染控制和监测;

(6)固体废弃物的处理;

(7)水土流失的防治与植被恢复;

(8)人群健康保护;

(9)文物保护;

(10)环保设施的建设。

(四)工程的环境监测

当工程对环境影响较大或时间较长时,应从施工开始前就对影响较大的主要环境因子进行跟踪监测,特别是在运行期对某些影响较大的环境因子要进行监测。

水利水电工程生态环境监测工作应根据工程的具体情况和要求进行。一般对水库库容较大的工程,为了掌握水库蓄水前后水文、泥沙、水质、水温、局部气候等环境因素变化的状况及规律,更好地进行水资源与水环境的管理,应开展环境监测。

第二节　水资源开发利用

一、开发利用水资源的原则

(一)全面规划、统筹兼顾原则

水是不可替代的基础性资源,也是生态环境的基本要素。它是大气降雨再生的动态资源。地表水与地下水相互转换,上下游、干支流、左右岸、水量水质相互关联,相互影响。大的河流流域涉及十几个省级行政区,开发利用水资源会严重影响各方利益。水资源还具有多功能性,水资源可以用来发电、灌溉、航运、供水、渔业等,每个部门都有各自的利益,开发利用过程中要协调好各方利益,发挥水资源的各专项功能。水资源有利害双重性,它既能兴利,又能为害,要尽可能地转害为利。因此,应根据经济社会发展需要和水资源开发利用现状,对水资源的开发、利用、治理、配置、节约、保护、管理等做出总体安排。要统筹兼顾上下游、左右岸、干支流、城市与农村、流域与区域、开发与保护、建设与管理、近期与远期等利益。

（二）兴利除害、服从防洪的总体安排原则

我国水资源总量时空分布极不平衡，汛期和多水年易形成洪涝灾害，非汛期和枯水年水少，往往又发生旱灾。洪涝灾害严重，水资源的可利用率低，因此只有在江河、湖泊修建蓄水、引水、提水工程，调蓄径流，才能满足工农业生产和人民生活的需要。然而，每年局部地区发生的大洪水既造成巨大经济损失，又毁坏了不少水利工程。所以，开发利用水资源就必须坚持兴利与除害相结合。实行防洪与兴利相结合的原则，首先，应当在流域综合规划中体现。其次，该原则应当在骨干枢纽工程，特别是在大型水库的建设中得到体现。以防洪为主的水库，应当综合考虑各项兴利事业的需要，把拦蓄的大量洪水转化为可以提供利用的水，并且按照灌溉、供水、水运、水力发电、渔业等方面的需要，适时调节径流，以服务于水资源的综合利用。以发电、灌溉、供水为主的水库，也必须根据防洪的总体安排，承担一定的防洪任务。根据《水法》要求，各流域制订的综合规划中，都对流域防洪做出了具体规划。国务院2012年批复的《长江流域综合规划》中明确规划：到2020年，长江流域重点城市和防洪保护区在遇标准以内洪水时基本不发生灾害，在遇超标准洪水时最大限度地减少人员伤亡和财产损失，山洪灾害防御能力显著提高。到2030年，流域防洪减灾体系更加完善，防洪减灾能力进一步提高。要完善流域防洪减灾措施。

（三）综合利用、讲求效益原则

水资源综合利用，就是通过多功能措施和合理调配水库的流量及水位，达到多目标地开发利用水资源的措施。水资源综合利用包括兴利和除害两方面：兴利有发电、灌溉、供水、航运、植树、漂木、水产、旅游和环保等；除害有防洪、除涝、防凌等。

水资源综合利用是一门综合性学科。它的主要特点是把自然科学和社会科学结合起来去分析与解决某一地区的水资源合理开发及综合利用问题，并全面考虑技术、经济、社会、环境等因素，运用系统分析的方法，研究水资源综合利用途径。

讲求效益，既包括经济效益，也包括社会效益以及生态效益。经济效益就是指在水资源开发利用过程中，用尽可能少的投入，获取较大的经济利益。社会效益是指一项水资源开发工程实施后为社会所作的贡献。生态效益是指水资源开发工程实施后带来的生态环境的有利改善。

国家在决定建设南水北调工程之前，进行了非常严谨的论证，得出的结论是南水北调工程的效益是通过多方面来体现的，既有经济效益，也有社会效益、生态效益。不仅要保证调水的水量，还要保证调水的水质，促进沿线治污水平的提高；不仅要保证调来水的有效利用，还要促进受水区的节水，通过减少受水区地下水的开采，促进区域水资源联合调度和提高利用水平，促进节水型城市和节水型社会的建立。

（四）生活用水优先，兼顾生产经营和生态环境用水原则

《水法》第二十一条规定："开发、利用水资源，应当首先满足城乡居民生活用水，并兼顾农业、工业、生态环境用水以及航运等需要。

" 在干旱和半干旱地区开发、利用水资源，应当充分考虑生态环境用水需要。"

水是基础性的自然资源和战略性的经济资源，是生态环境的控制性要素。在水资源发生供需矛盾时，如何安排城乡生活用水、农业用水、工业用水、生态环境用水和其他用水的先后顺序，是一个非常重要而又敏感的问题。对此，各国各地区水法都有明确规定。例如,以色列《水法》规定:水的各项用途如下所列:①生活用水;②农业用水;③工业用水;④劳动、贸易和服务用水;⑤公共用水。由此可以看出,把生活用水放在优先地位。水是生命之源,社会对水的第一需求就是饮水保障。获得充足、洁净的饮水,是城乡居民最基本的生活需要。党的十八大确定我国将进一步加强城市化建设。随着城市化进程的加快,城市人口的持续增长,人民生活质量的提高和生态环境的改善,用水需求将不断增加,对供水量和水质的要求不断提高,水资源供需矛盾将不断加剧。因此,要大力发展供水事业,确保安全供水,满足城乡用水需求。合理开发、高效利用和优化配置水资源,调整经济布局与产业结构,优先满足生活用水,基本保障经济和社会发展用水,努力改善生态环境用水,逐步形成水资源合理配置的格局和安全供水体系。

但是,由于我国地域辽阔,各地条件千差万别,除首先满足城乡居民生活用水外,其他用途并非按顺序排列,而是由各地根据具体不同条件安排用水顺序。《取水许可和水资源费征收管理条例》第五条规定:省、自治区、直辖市人民政府可以依照本条例规定的职责权限,在同一流域或者区域内,根据实际情况对前款各项用水规定具体的先后顺序。

此外,在干旱、半干旱地区开发、利用水资源,还应当充分考虑生态环境用水的需要。我国干旱区和半干旱区占整个国土面积的近一半,干旱区和半干旱区生态环境的稳定与否,也决定着本地区人民生活质量的高低。生态环境的稳定,在很大程度上取决于水资源的供给状况。但是,长期以来这些地区的水资源开发利用没有考虑生态环境保护,致使这些地区生态环境恶化,表现为地表植被退化甚至死亡、河道断流、湖泊萎缩、下游河床淤积、河口生态破坏、土地次生盐渍化等诸多生态问题。因此,水资源的开发利用必须与社会和经济发展相适应,突出生态环境用水的重要性,为社会的可持续发展奠定良好的环境基础。

二、水资源开发利用中的几项制度

(一)加强水资源论证制度

水资源论证,是指对相关规划或者建设项目实施的水资源条件、取用水合理性、水资源保障能力以及对水资源和其他用水权益的影响进行分析论证,并提出预防和减轻不利影响的水资源管理和保护措施的活动。水资源论证分为规划水资源论证和建设项目水资源论证。

《水资源论证条例(征求意见稿)》规定,国民经济和社会发展规划、城市总体规划、产业聚集区规划(指的是工业园区、经济技术开发区、产业基地等布局规划),涉及利用水资源的产业发展规划(指的是涉及开发利用水资源的工业、农业、自然资源开发等行业的专项规划),取用地表水、地下水以及再生水、公共供水等其他水源的新建、改建和扩建项目,应当依照本条例的规定进行水资源论证。因此,水资源论证分为规划水资源论证和建设项目水资源论证。

水资源论证应当统筹考虑地表水、地下水与其他水源,鼓励优先使用再生水,控制使用地下水。在水资源不足和水生态脆弱的地区,应当对耗水量大的工业、农业和服务业等行业(产业)的建设项目进行严格限制。

水资源论证结论的法律效力:经审查的规划水资源论证报告书及其审查意见是规划

审批机关作出审批决定的重要依据,在审批中未采纳规划水资源论证报告结论以及审查意见的,应当作出说明,并存档备查。

经审批通过的建设项目水资源论证报告及其批准决定是建设项目审批或者核准机关作出审批或者核准决定的重要依据。建设项目水资源论证报告未予批准的,该项目审批部门不得批准其建设,建设单位不得开工建设。

(二)坚持国家投资与社会多元化投资相结合的制度

新中国成立以来,特别是改革开放以来,国家始终高度重视水利工作,水利建设取得了举世瞩目的巨大成就,为经济社会发展、人民安居乐业作出了突出贡献。但由于人多水少、水资源时空分布不均是我国的基本国情水情,洪涝灾害频繁仍然是中华民族的心腹大患,水资源供需矛盾突出仍然是可持续发展的主要瓶颈,农田水利建设滞后仍然是影响农业稳定发展和国家粮食安全的最大硬伤,水利设施薄弱仍然是国家基础设施的明显短板。随着工业化、城镇化深入发展,全球气候变化影响加大,我国水利面临的形势更趋严峻,2010 年西南地区发生特大干旱、2013 年东北地区遭受严重洪涝灾害,再次警示我们加快水利建设刻不容缓。

由于水利建设规模大,由国家财政单一投资难以满足需求,所以调动社会力量参与水利建设是十分必要的。《水法》第六条规定:国家鼓励单位和个人依法开发、利用水资源,并保护其合法权益。2011 年中央一号文件提出:要坚持政府主导。发挥公共财政对水利发展的保障作用,形成政府社会协同治水兴水合力。2011 年,全国正式施工的水利建设项目有 14 623 个,全社会共落实水利建设投资计划 3 452.1 亿元,从投资来源看,中央政府投资占 33.0%,地方政府投资占 44.7%,国内贷款占 9.4%,企业和私人投资占 7.4%,利用外资占 0.4%,其他投资占 5.1%。

为了调动和保护农村集体经济组织和农民投资兴建各种水利设施的积极性,以利于管理、开发、利用水资源,农村集体经济组织或者其成员依法在本集体经济组织所有的集体土地或者承包土地上投资兴建水工程设施的,按照谁投资建设谁管理和谁受益的原则,对水工程设施及其蓄水进行管理和合理使用。

(三)加强非传统水资源的开发利用制度

传统水资源就是指地表淡水和地下淡水,但是随着人口增加和经济与社会的发展,需水量在迅速增大,传统水资源已经不能满足需要。因此,对雨水、微咸水、海水等非传统水资源的开发应用越来越引起人们的重视。《水法》第二十四条规定:在水资源短缺的地区,国家鼓励对雨水和微咸水的收集、开发、利用和对海水的利用、淡化。

雨水利用已成为当今世界缺水地区水资源开发的潮流之一。在农村,通过修建水窖、水柜、旱井、蓄水池等小型、微型水资源工程发展和建设集雨节灌的雨水集蓄利用工程,结合水土保持建设基本农田,提高了农业生产水平,改善了农民生活条件。在城市,通过集雨设施收集雨水,用于市政绿化公园补水等方面,可以节约大量水资源。

我国北方沿海地区和西北内陆地区有相当数量的微咸水可以利用。据统计,全国拥有的微咸水可开采量达到 130 亿 m^3。经过改良治理,微咸水可以代替淡水作为农业灌溉、工业用水、生态环境用水以及生活用水,可大大缓解北方盐碱化地区的缺水状况。

海水淡化技术现在已经比较成熟,成本也在逐渐降低。以色列的哈代拉海水淡化厂是世界上运行中的最大的海水反渗透淡化设施,年产淡水量达到1.27亿 m^3。青岛市共有3个海水淡化处理项目,海水日利用量达到200多万 m^3。

大力开发非传统水资源,以替代淡水资源,已成为我国沿海及近海城市解决淡水资源紧缺、满足可持续发展要求的一条重要途径。

(四)鼓励开发水能、水运资源制度

我国河流众多,径流丰沛、落差巨大,蕴藏着非常丰富的水能资源。据统计,河流水能资源蕴藏量6.76亿kW,年发电量59 200亿kWh;可能开发水能资源的装机容量3.78亿kW,年发电量19 200亿kWh。不论是水能资源蕴藏量,还是可能开发的水能资源,中国在世界各国中均居第一位。水能资源最显著的特点是可再生、无污染。开发水能对江河的综合治理和综合利用具有积极作用,对促进国民经济发展,改善能源消费结构,缓解由于消耗煤炭石油资源所带来的环境污染有重要意义,因此世界各国都把开发水能放在能源发展战略的优先地位。开发水能资源,应当有计划地进行多目标梯级开发,坚持大中小并举的方针。一方面,水能资源作为我国一大常规能源,它的开发利用要满足国民经济发展对能源的需求,要与其他能源的开发和利用相协调。另一方面,水力发电作为水资源开发利用的一部分,它的开发应当在流域统一规划下,与水资源综合利用相协调。同时,应当坚持多目标梯级开发的原则,充分发挥水能资源效率与效益。

这里的水运资源,仅指内河运输而言。我国水运资源丰富,分布有长江、太湖、黄河、淮河、海河、珠江、辽河、松花江等主要水系,还有贯穿海河、黄河、淮河、长江、钱塘江等五个水系的京杭大运河。与其他运输方式相比,内河航运具有运能大、能耗小、成本低、占地少、对环境污染轻等特点。但是,兴建拦河工程会出现碍航、碍鱼等问题。因此,在开发利用水资源时,必须对防洪、排涝、灌溉、发电、水电、水产、给水和木材流放等各方面统筹兼顾、全面规划,以收到综合利用的效益。

《水法》第二十七条规定:国家鼓励开发、利用水运资源。在水生生物洄游通道、通航或者竹木流放的河流上修建永久性拦河闸坝,建设单位应当同时修建过鱼、过船、过木设施,或者经国务院授权的部门批准采取其他补救措施,并妥善安排施工和蓄水期间的水生生物保护、航运和竹木流放,所需费用由建设单位承担。

在不通航的河流或者人工水道上修建闸坝后可以通航的,闸坝建设单位应当同时修建过船设施或者预留过船设施位置。

三、开发利用中的补偿机制

在水资源开发利用中,必然会产生复杂的利益关系,这些利益关系包括:少数人使用国家水资源引发的不公,因水资源的使用发生的上下游之间的利益关系,因森林植被的开发使用和破坏而产生的上下游之间的利益关系,因水电资源的开发利用而产生的水电资源的开发受益者与受害者之间的利益关系等。这种利益分配的不公平,若得不到及时纠正,不仅不利于生态环境的保护、经济的可持续发展,而且会引发区域间的矛盾和冲突,影响社会的稳定。水资源补偿机制就是通过水资源受益主体对保护实施主体及受损主体支付一定的经济补偿,合理调节水资源各相关主体之间的利益关系,以实现人水和谐发展。水资源补偿包含使用补偿、污染补偿、受益补偿和损失补偿。

（一）取水许可、有偿使用

水资源是一项自然资源，并且是重要的战略资源。由于量少只能满足少部分人的使用要求，为了让水资源能够创造最大的社会效益和经济效益，国家对水资源实行取水许可制度。水资源属于国家，国家花巨资兴建了大量水利工程，为了体现社会公平原则，使用人应当对此做出补偿。为此，《水法》第七条规定：国家对水资源依法实行取水许可制度和有偿使用制度。

水资源有偿使用制度，是指国家以水资源所有者和管理者的双重身份，为实现所有者权益，保障水资源的可持续利用，向取用水资源的单位和个人收取水资源使用费的制度。

国务院颁布的《取水许可和水资源费征收管理条例》第二十八条规定：取水单位或者个人应当缴纳水资源费。水资源费专项用于水资源的节约、保护和管理，也可以用于水资源的合理开发。任何单位和个人不得平调、截留或挪作他用。

（二）农村集体经济组织及其成员利益补偿

根据《宪法》和《水法》的规定，水资源属于国家所有。国家鼓励单位和个人依法开发、利用水资源，并保护其合法权益。我国是一个农业大国，农业是国民经济的基础，而水利又是农业的命脉，为了保持我国水资源归属和开发利用法律制度的稳定性和延续性，调动农村集体经济组织和农民兴修农田水利设施的积极性，《水法》第三条规定，农村集体经济组织的水塘和由农村集体经济组织修建管理的水库中的水，归各该农村集体经济组织使用。《取水许可和水资源费征收管理条例》第四条规定：农村集体经济组织及其成员使用本集体经济组织的水塘、水库中的水的，不需要申请领取取水许可证。法律和行政法规明确规定，切实保护农村集体经济组织和农民已有的用水权益，避免增加农民在农业用水上的负担，促进农业和农村经济的持续、稳定、健康发展，实现全面建设小康社会的目标。为了调动和保护农村集体经济组织和农民投资兴建各种水利设施的积极性，以利于管理、开发、利用水资源，《水法》第二十五条规定，农村集体经济组织或者其成员依法在本集体经济组织所有的集体土地或者承包土地上投资兴建水工程设施的，按照谁投资建设谁管理和谁受益的原则，对水工程设施及其蓄水进行管理和合理使用。

（三）移民补偿

修建水利工程，必然会占用大量土地，土地上生活居住的人们必须搬迁，他们要离开祖祖辈辈生活的地方，舍弃多年积累的家业，经济上、精神上受到的损害无以言表。移民对我国水利工程作出了极大的贡献。例如，为了建设三峡工程，库区人民无私奉献，毅然“舍小家、顾大家、为国家”。一部分移民离开肥沃的土地向后靠，把新家建在瘠薄的山梁台地上；更有十几万移民离乡背土，揖别祖祖辈辈居住的故园，带着家乡的泥土，远赴十几个省市重新安家。据《瞭望》报道，三峡工程历时 18 年搬迁 140 万人，其中，各类外迁安置人员达 19 万多。

为维护好移民群众利益，国家根据移民工作实际，不断调整、完善安置政策，制定相应的法律法规，切实做好移民安置和征地补偿工作。

《水法》第二十九条规定：“国家对水工程建设移民实行开发性移民的方针，按照前期补偿、补助与后期扶持相结合的原则，妥善安排移民的生产和生活，保护移民的合法权益。”“所需移民经费列入工程建设投资计划。”

所谓开发性移民，是指把工程建设移民所列投资统筹考虑，除去必需的一次性补偿外，主要部分作为发展资金，由政府来领导、组织移民进行经济开发。开发性移民安置的关键是从传统的单纯补偿性安置的做法中解脱出来，改消极赔偿为积极创业，变救济生活为扶持生产，党和政府采取前期补偿、补助与后期生产扶持相结合的办法进行移民安置，充分利用当地资源，广开生产就业门路，帮助移民建立稳定的生产生活基础，真正把移民的生产生活安排好，达到安居乐业，长治久安，使移民“搬得出、稳得住、逐步能致富”。

根据《大中型水利水电工程建设征地补偿和移民安置条例》规定，前期补偿、补助的内容包括土地补偿费和安置补助费、被征收土地上的附着建筑物补偿费、被征收土地上的零星树木和青苗补偿费。土地补偿费和安置补助费之和为该耕地被征收前三年平均年产值的16倍。土地补偿费和安置补助费不能使需要安置的移民保持原有生活水平、需要提高标准的，由项目法人或者项目主管部门报项目审批或者核准部门批准。附着建筑物按照其原规模、原标准或者恢复原功能的原则补偿；对补偿费用不足以修建基本用房的贫困移民，应当给予适当补助。

为了把移民工作做好，在组织实施过程中，通常要求达到三个同步：一是移民安置进度同枢纽工程建设同步，不拖工程建设的后腿，保证工程能按时投入使用；二是专业项目迁建同移民搬迁同步，为移民搬迁安置创造良好条件，方便移民群众的生产生活；三是移民生产安置同移民生活安置同步，使移民搬迁后的生产生活门路得到真正落实，尽快达到或超过搬迁前的水平。

（四）谁损害谁治理谁补偿

水资源作为一种极为脆弱的自然资源，如果过度消耗，水资源可持续利用就会受到威胁，人类为水资源开发利用过程中所造成的生态环境恶化问题已经付出了昂贵代价。水资源短缺会使人类的饮水安全得不到保证，威胁人类的生存；水资源供给能力不足，经济只能限量发展，经济发展必然陷入困境，社会的可持续发展便无从谈起。因此，开发利用水资源要严格制订和遵守规划，不得随意超采；否则，造成损失后果的，应当承担相应的补偿责任。损失补偿是从事对水资源系统有害的活动而应支付的补偿，如过量取水造成生态环境破坏而支付的生态环境建设补偿、竞争性用水造成他人经济损失支付的补偿。《水法》规定：因违反规划造成江河和湖泊水域使用功能降低、地下水超采、地面沉降、水体污染的，应当承担治理责任。开采矿藏或者建设地下工程，因疏干排水导致地下水位下降、水源枯竭或者地面塌陷，采矿单位或者建设单位应当采取补救措施；对他人生活和生产造成损失的，依法给予补偿。

《水法》按照水资源可持续利用的要求，将水资源的合理开发利用与有效保护结合起来，防止因人类不合理活动，造成水体污染、水源枯竭、生态系统破坏。第一，要求所有的水资源开发、利用、节约、保护和防治水害的活动，都要遵守经批准的规划。第二，明确了保护水生态系统的要求和目标，即地面不沉降、水体不污染、使用功能不降低等。第三，对达不到前述要求的，明确应当承担治理责任。

针对开采矿藏和建设地下工程造成地下水位下降、水源枯竭、地面塌陷的问题，规定采矿单位或者建设单位应当承担责任，承担责任的内容包括两个方面：一是采取补救措施；二是补偿损失。应当指出的是，即使开采矿藏和建设地下工程的行为是依法进行的，也要对其造成的不良后果采取补救措施，造成损失的要给予补偿。

第四章　水资源与水利工程的保护和管理

第一节　水资源保护

一、地下水保护

地下水作为地球上重要的水体，与人类社会有着密切的关系。由于地下水分布广、水质好、不易被污染、调蓄能力强、供水保证程度高，已经被广泛地开发利用，因此成为农业灌溉、工矿企业以及城市生活用水的重要水源，成为人类社会必不可少的重要水资源，尤其是在地表缺水的干旱、半干旱地区，地下水常常成为当地的主要供水水源。

由于地下水占到我国水资源总量的1/3。全国有近70%的人口饮用地下水，因此地下水也是重要的饮用水水源。根据最新的全国水资源评价成果，全国多年平均地下水资源量为8 218亿m^3，其中北方地区占全国的30%，南方地区占70%。2011年，我国全国供水量为6 107.2亿m^3，地下水供水量为1 109.1亿m^3，占总供水量的18.2%。北方地区的地下水开采总量为966亿m^3，南方地区的地下水开采总量为136亿m^3。北方地区地下水供水量占总供水量比例要高于南方地区。

由于我国北方许多地区地表水严重匮乏，人口、土地及矿产资源与水资源不相匹配，由于水资源短缺，地表水不足，只能大规模开发利用地下水以维系及支撑经济社会的发展，造成许多地区地下水严重超采。目前，全国地下水超采区总面积19万km^2，超采区400余个，约占全国平原区面积的11%，主要分布在北方地区。海河平原地区地下水超采面积占海河平原面积的91%，严重超采区面积约为7.2万km^2。目前，全国地下水不合理开采量为215亿m^3。地下水超采造成资源采补失衡，含水层几近枯竭，地下水位持续下降，危及地下水资源可持续利用，对经济社会发展、粮食安全、经济安全构成严重威胁。

（一）形成降落漏斗100多个

近几十年来，随着我国经济社会的快速发展，地下水资源开发利用量呈迅速增长态势，由20世纪70年代的570亿m^3/a增长到80年代的750亿m^3/a，到2011年地下水开采总量已达1 109.1亿m^3，占全国总供水量的18%。北方地区65%的生活用水、50%的工业用水和33%的农业灌溉用水来自地下水。全国655个城市中，400多个以地下水为饮用水水源，约占城市总数的61%。地下水资源的长期过量开采，导致全国部分区域地下水位持续下降。2009年，共监测全国地下水降落漏斗240个，其中，浅层地下水降落漏斗115个，深层地下水降落漏斗125个。华北平原东部深层承压地下水位降落漏斗面积达7万多km^2，部分城市地下水位累计下降达30～50 m，局部地区累计水位下降超过100 m。区域地下水下降使平原或盆地湿地萎缩或消失、地表植被破坏，导致生态环境退化。全国有46个城市由于不合理开采地下水而发生了地面沉降，其中，上海市、天津市、太原市的沉降中心累计最大沉降量超过2 m,天津塘沽个别点最大沉降量已达3.1 m。在沿海地区,大连、秦皇岛、沧州、青岛的地下水位下降,引起海水入侵,导致地下水水质恶化,其中山东半岛和辽宁半岛情况最为严重。

(二)地下水水质恶化

为满足不断增加的用水需求,我国地下水开采量以每年25亿 m^3 的速度递增,由于地下水资源量占到水资源总量的1/3,全国近70%的人口饮用地下水,因此地下水也是重要的饮用水水源。但污染正加剧中国地下水危机,全国有90%的地下水都遭受了不同程度的污染,化肥、农药的大量施用污染了农村地下水源,农村已成为地下水污染的直接受害者。

据国家有关部门统计,现在全国有7 000多万人仍在饮用不符合饮用水水质标准的地下水,全国农村有3.6亿人饮水不安全。

华北平原是我国的重要经济区,人口近1.3亿,地下水是其主要供水水源。中国地质科学院水文环境地质环境研究所历时5年(2006～2010年)完成了国土资源大调查计划项目《华北平原地下水污染调查评价》,结果显示,华北平原浅层地下水综合质量整体较差,且污染较为严重。未受污染的地下水仅占采样点的55.87%,遭受不同程度污染的地下水高达44.13%;浅层地下水综合质量整体较差,几乎无Ⅰ类地下水,仅在大清河冲洪积扇零星存在,直接可以饮用的Ⅰ～Ⅲ类地下水仅占22.2%,经适当处理可以饮用的Ⅳ类地下水占21.25%,需经专门处理后才可利用的Ⅴ类地下水占到56.55%。深层地下水综合质量分布基本与浅层地下水类似,但综合质量略好于浅层地下水。其中,直接可以饮用的Ⅰ～Ⅲ类地下水占26.45%,经适当处理可以饮用的Ⅳ类地下水占23.13%,需经专门处理后才可利用的Ⅴ类地下水占50.42%。

工业和生活污水排放量的增加,以及农业中大量施用农药、化肥,是地下水污染问题日益严重的首要原因。地下水污染严重地区主要分布在城镇及周边、排污河道两侧、引污农灌区等地表污染水体分布区。地下水环境污染呈现由点向面、由城市向农村扩展的趋势。全国约有一半城市市区的地下水污染比较严重,地下水水质呈下降趋势。在北方漏斗地区,由于地下水比周边地区明显低,形成漏斗区,在压力作用下,周边的地表水进入这块区域,这使得地下水更容易受到污染。

(三)地下水资源的保护与管理

《国务院关于实行最严格水资源管理制度的意见》中指出,要严格地下水管理和保护。加强地下水动态监测,实行地下水取用水总量控制和水位控制(简称两个控制)。

两个控制指明了今后我国地下水资源保护与管理的基本目标,实现两个控制的目标,就要做好以下几方面工作:

一是确立指标控制线。按照地下水持续利用的要求,全面推行地下水开发利用总量控制和地下水位控制,防止过度开发和遏制地下水超采。目前,各省、自治区、直辖市2015年、2020年、2030年用水总量控制目标已经制定下发,“十二五”期间,全国地下水开采规模要控制在1 040亿 m^3 左右。为实现这个目标,要对地下水开采总量进行层层分解,逐级分解下达到各行政区和每一眼地下水开采井,实行年度计划开采管理,明确地下水压采限采任务。要结合地下水可持续利用、生态环境保护需要,重点针对地下水超采区、海水入侵易发区、地面沉降易发区、生态脆弱区等，尽快制定地下水限采水位和禁采水位。

二是采用综合手段治理地下水超采。要加快推进地下水超采治理，在地下水超采地区，特别是形成漏斗地区，要采取工程、行政、法制、经济等手段，实行地下水禁采和限采；禁止农业、工业建设项目和服务业新增取用地下水，并逐步削减超采量，实现地下水采补平衡。

三是制订地下水资源规划。要严格地下水开发利用的管理，制订出台地下水利用和保护规划，科学规划地下水开发布局和保护措施；国务院要求抓紧编制并实施全国地下水利用与保护规划以及南水北调东中线受水区、地面沉降区、海水入侵区地下水压采方案，逐步削减地下水开采量。

四是要加强地下水保护，防止地下水污染。要明确生产建设活动、地下水开发活动地下水保护设防标准，生产建设活动必须履行地下水保护责任；建设项目应当进行水资源论证，论证报告未予批准的，该项目审批部门不得批准其建设，建设单位不得开工建设；开采矿藏或者建设地下工程，因疏干排水导致地下水位下降、水源枯竭或者地面塌陷的，采矿单位或者建设单位应当采取补救措施；对他人生活和生产造成损失的，依法给予补偿。

五是完善地下水监测。逐步建立中央、流域和地方水资源监控管理平台，加快应急机动监测能力建设，全面提高监控、预警和管理能力。建设完善地下水监测站网，及时准确掌握地下水水质、水位动态变化，为管理决策提供支撑依据。

二、地表水保护

地表水由分布于地球表面的各种水体，如海洋、江河、湖泊、沼泽、冰川、运河、积雪等组成。作为水资源的地表水，一般是指陆地上可实施人为控制、水量调度分配和科学管理的水。从供水角度来讲，地表水资源是指赋存于江河、湖泊和冰川中的淡水；从航运和养殖角度来讲，地表水资源主要是指河道、湖泊水域中所赋存的水；从能源利用角度来讲，地表水资源主要是指具有一定落差的河川径流。

在我国，地表水资源是水资源的主要部分。以 2011 年为例，全国水资源总量为 23 256.7亿 m^3，而地表水资源量就有 22 213.6 亿 m^3，虽然浅层地下水资源量为 7 214.5 亿 m^3，但是地下水资源量与地表水资源量重复量竟达到 6 174.1 亿 m^3。

我国水资源的匮乏，随着工业化、城镇化的深入发展，水资源需求量的持续增长，加上水资源被污染而失去使用功能，使得水资源供需矛盾突出，我国水资源面临的形势将十分严峻。根据我国水资源的现状及可持续发展要求，《水法》第三十条规定：县级以上人民政府水行政主管部门、流域管理机构以及其他有关部门在制订水资源开发、利用规划和调度水资源时，应当注意维持江河的合理流量和湖泊、水库以及地下水的合理水位，维护水体的自然净化能力。从水量和水质两方面对水资源提出了保护。

第一，确保水资源有足够的水量，就必须维持江河的合理流量和湖泊、水库以及地下水的合理水位。一方面，通过禁止围湖造田、围河造田保证水域不减小、水位不降低，确保地表水水量；另一方面，通过有序规划，控制用水总量，使有限的水资源保证经济社会的可持续发展。

第二,保证人们生活和经济社会发展的要求,就应该维护水体的自然净化能力,保护水资源不受污染,以满足社会对水资源的不同用途。通过划分水功能区,控制排污总量,使有限的水资源不因为受污染而影响或失去使用功能。

按照水资源可持续利用的要求,将水资源的合理开发利用与有效保护结合起来,防止因人类不合理活动,造成水源枯竭、水体污染、生态系统破坏。

第二节 水功能区划分与管理

一、水功能区的含义及划分的意义和原则

(一)水功能区的含义

功能是指自然或社会事物对人类生存和社会发展所具有的价值与作用。

水功能区是指为满足水资源合理开发和有效保护的需求,根据水资源的自然条件、功能要求、开发利用现状,按照流域综合规划、水资源保护规划和经济社会发展要求,在相应水域按其主导功能划定并执行相应质量标准的特定区域。

水功能区的功能又有主导功能与次要功能之分。在某一区域多种功能并存的情况下,按水资源的自然属性、开发利用现状及社会经济需求,既考虑各功能对水量的要求,又兼顾各功能对水质的要求,经功能重要性排序而拟定的首位功能即为该区的主导功能,其余是次要功能。

水功能区划就是通过在流域范围内,按照水资源可持续发展的要求,根据国民经济发展规划和流域综合规划,划分水功能区工作的成果。内容包括水功能区名称、范围、现状水质、功能及保护目标等。

根据水功能区划确定的水域功能对水质的要求和水体的自然净化能力,核定水域纳污能力。按照水域纳污能力与现实排污状况确定限制排污的总量意见,作为水污染防治的依据。水功能区划的目的就是把江河湖泊的水划分为不同类型的水功能区,用来指导、约束水资源开发利用和保护的实践活动。

(二)水功能区划分的意义

随着我国经济社会的发展和城市化进程的加快,水体污染已经成为制约国民经济可持续发展的重要因素。没有制定水功能区制度之前,由于没有明确各江河湖库水域的功能,造成供水与排水布局不尽合理,开发利用与保护的关系不协调,水域保护目标不明确,水资源保护管理的依据不充分,地区间、行业间用水矛盾难以解决等一系列问题。

水功能区划分的目的是根据区划水域的自然属性,结合社会需求,协调整体与局部的关系,确定该水域的主导功能及功能顺序,为水域的开发利用和保护管理提供科学依据,以实现水资源的可持续利用。

(1)确定水功能区划及其保护目标,为水资源保护按功能区划及其目标管理提供依据。

在对流域水体进行调查研究和系统分析的基础上,确定水域的主导功能,并据其划分水功能区,按照水域的不同功能,制定相应的使用功能标准,使水资源保护可按功能区进

行目标管理。

(2)进行水功能区划后,可按确定的水体保护目标计算纳污能力,从而对水体的纳污总量予以控制,使水资源保护由定性管理逐步转向具有可操作性的定量管理。

(3)按确定的水功能区划制订入河(湖、库)排污口、支流口污染物总量控制规划,对污染总量优化分配,对污染源布局、限期治理和综合整治提出意见,作为水污染防治的依据。

(4)按确定的水功能区划编制水资源保护规划和分期实施计划。

科学的水资源保护规划和分期实施计划是保证实现水功能区目标的依据。划分水功能区的整个过程与编制水资源保护规划、水污染防治规划及其分期实施计划相连接,最终确定的水功能区划及其保护目标是编制规划和计划的基础。

(三)水功能区划分的原则

划分水功能区对于保护水资源具有重要意义,影响到方方面面的利益,因此划分水功能区必须遵守以下原则。

1. 可持续发展原则

随着我国经济社会的快速发展、城市化进程的加快和人民生活水平的不断提高,水资源短缺、洪涝灾害频繁、水环境恶化问题日益突出,已成为我国经济和社会可持续发展的重要制约因素。水资源的可持续利用是实现中国梦宏伟目标,实现经济社会可持续发展的具有基础性、全局性和战略性的问题。因此,水功能区划分应与区域水资源开发利用规划及社会经济发展规划相结合,根据水资源的可再生能力和自然环境的可承受能力,合理开发利用水资源,保护当代和后代赖以生存的水环境,保障人体健康及生态环境的结构和功能,促进社会经济和生态环境的协调发展。

2. 统筹兼顾,突出重点的原则

在划定水功能区时,应将流域作为一个大系统,综合考虑流域内上下游、左右岸、干支流,近远期社会经济发展的要求,达到水资源的开发利用与保护并重。在划定水功能区的范围和类型时,应以优先满足城镇集中饮用水源为重点,统筹兼顾农业、工业、生态环境用水以及航运等需要。

3. 前瞻性原则

水功能区划分应充分考虑国家长远规划下的流域发展规划,满足国家和民族两个"一百年"目标甚至更长远目标对水资源的需求,体现社会发展的超前意识,为将来流域内高新技术、产业和社会发展需求留有余地。

4. 便于管理,实用可行的原则

经批准的水功能区划是水资源开发、利用和保护的依据。划分水功能区的目的是保护水资源,要点在于贯彻落实。所以,水功能分区的界限应尽量与行政区界一致,以便于实施管理。划分水功能区应符合流域和所在区域水资源、水环境实际,做到切实可行。

5. 水质水量并重的原则

划分水功能区,应综合考查水质水量情况及需求,不能忽略和轻视任一方面,对于水量水质要求不明确,或仅对水量有需求的功能,例如船运、发电等功能,只需要水量不考虑水质的,不予单独规划区划。

二、水功能区的分类与划分标准

为了贯彻落实《水法》要求，水利部制定了《水功能区管理办法》和《水功能区划分技术规范》，对水功能区等级及制定作出了详尽规定。根据相关规定，水功能区分为水功能一级区和水功能二级区。

一级区划在宏观上调整水资源开发利用与保护的关系，协调地区间用水关系，同时考虑持续发展的需求；共分为四类，即保护区、保留区、开发利用区、缓冲区。

二级区划在一级区划的开发利用区内，细化水域使用功能类型及功能排序，协调不同用水行业间的关系，具体划分为饮用水水源区、工业用水区、农业用水区、渔业用水区、景观娱乐用水区、过渡区、排污控制区七类。

水功能区分级分类系统如图 4-1 所示。

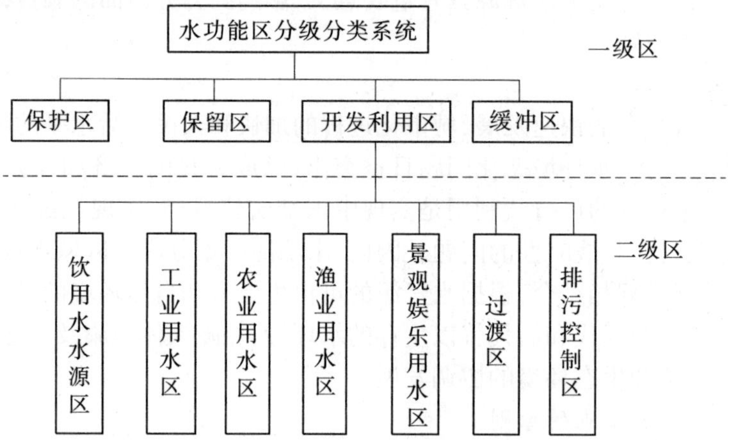

图 4-1　水功能区分级分类系统

（一）一级区分类指标

1. 保护区

保护区是指对水资源保护、自然生态系统及珍稀濒危物种的保护有重要意义的水域。

划区指标：包括集水面积、水量、调水量、保护级别等。

水质标准：执行《地表水环境质量标准》（GB 3838—2002）Ⅰ ~ Ⅱ类水质标准或维持水质现状。

2. 保留区

保留区是指目前开发利用程度不高，为今后开发利用预留的水域。该区内应维持现状不受破坏。

划区指标：包括水域水质、产值、人口、用水量等。

水质标准：按现状水质类别控制。

3. 开发利用区

开发利用区主要是指具有满足工农业生产、城镇生活、渔业和游乐等多种需水要求的水域。

划区指标:包括水域水质、产值、人口、用水量等。

水质标准:按二级区划分类分别执行相应的水质标准。

4. 缓冲区

缓冲区是指为协调省际间以及水污染矛盾突出的地区间用水关系,为满足功能区水质要求而划定的水域。

划区指标:省界断面水域,矛盾突出的水域。

水质标准:根据实际需要执行相关水质标准或按现状控制。

(二)二级区分类指标

1. 饮用水水源区

饮用水水源区是指城镇生活用水集中供水的水域。

划区指标:包括人口、取水总量、取水口分布等。

水质标准:执行《地表水环境质量标准》(GB 3838—2002)Ⅱ~Ⅲ类水质标准。

2. 工业用水区

工业用水区是指为满足城镇工业用水需要的水域。

划区指标:包括工业产值、取水总量、取水口分布等。

水质标准:执行《地表水环境质量标准》(GB 3838—2002)Ⅳ类标准。

3. 农业用水区

农业用水区是指为满足农业灌溉用水需要的水域。

划区指标:包括灌区面积、取水总量、取水口分布等。

水质标准:执行《地表水环境质量标准》(GB 3838—2002)Ⅴ类标准。

4. 渔业用水区

渔业用水区是指具有鱼、虾、蟹、贝类产卵场、索饵场、越冬场及洄游通道功能的水域,养殖鱼、虾、蟹、贝、藻类等水生动植物的水域。

划区指标:包括渔业生产条件及生产状况。

水质标准:执行《渔业水质标准》(GB 11607—89),并参照《地表水环境质量标准》(GB 3838—2002)Ⅱ~Ⅲ 类标准。

5. 景观娱乐用水区

景观娱乐用水区是指以满足景观、疗养、度假和娱乐需要为目的的江河湖库等水域。

划区指标:包括景观娱乐类型及规模。

水质标准:执行《地表水环境质量标准》(GB 3838—2002)Ⅲ~Ⅳ类标准。

6. 过渡区

过渡区是指为使水质要求有差异的相邻功能区顺利衔接而划定的区域。

划区指标:包括水质与水量。

水质标准:按出流断面水质达到相邻功能区的水质要求选择相应的水质控制标准。

7. 排污控制区

排污控制区是指生活、生产污废水排污口比较集中的水域,所接纳的污废水应对水环境无重大不利影响。

划区指标:包括排污量、排污口分布。

水质标准:按出流断面水质达到相邻功能区的水质要求选择相应的水质控制标准。

三、水功能区划分与管理

(一)划分程序

依据《水功能区划分技术规范》要求,水功能区划分按下列程序进行:

(1)按水资源分区进行一级水功能区划分;

(2)在一级水功能区的开发利用区内进行二级水功能区划分;

(3)在按分区进行水功能区划分的基础上,编制流域片水功能区划报告;

(4)将流域片水功能区划报告送审报批。

一级水功能区划分采取以下步骤:首先划定保护区,然后划定缓冲区和开发利用区,其余的水域基本可划为保留区。

(二)水功能区划分权限

依据《水法》第三十二条规定,国务院水行政主管部门会同国务院环境保护行政主管部门、有关部门和有关省、自治区、直辖市人民政府,按照流域综合规划、水资源保护规划和经济社会发展要求,拟定国家确定的重要江河、湖泊的水功能区划,报国务院批准。依据这一规定,水利部会同国家发展改革委、环境保护部,组织各流域管理机构、各省(自治区、直辖市)及有关技术单位,在多次汇总、协调和征求意见基础上完成了《全国重要江河湖泊水功能区划》,经国务院正式批复。共划分全国重要江河湖泊一级水功能区 2 888 个,区划河长 17.8 万 km,区划湖库面积 4.3 万 km^2。二级水功能区 2 738 个,区划长度 7.2 万 km,区划面积 6 800 km^2。全国一、二级水功能区合并总计为 4 493 个(开发利用区不重复统计),81%的水功能区水质目标确定为Ⅲ类或优于Ⅲ类。

长江、黄河、淮河、海河、珠江、松辽、太湖七大流域以及跨省、自治区、直辖市的其他江河、湖泊(未列入全国重要江河湖泊)的水功能区划,由国务院水行政主管部门审核后,编制形成全国水功能区划,经征求国务院有关部门和有关省、自治区、直辖市人民政府意见后报国务院批准。

县级以上地方人民政府水行政主管部门应在上一级水功能区划的基础上组织编制本地区的水功能区划,经征求同级人民政府有关部门意见后,报同级人民政府批准,并报上一级水行政主管部门备案。

(三)水功能区管理

1. 管理职能部门

水利部对全国水功能区实施统一监督管理;县级以上地方人民政府水行政主管部门和流域管理机构按各自管辖范围及管理权限,对水功能区进行监督管理,按管辖范围在水功能区的边界设立明显标志。

水功能区的管理要严格执行水功能区划所确定的保护目标。

保护区禁止进行不利于功能保护的活动,同时应遵守现行法律法规的规定。

保留区作为今后开发利用预留的水域,原则上应维持现状。

在缓冲区内进行对水资源的质和量有较大影响的活动,必须按有关规定,经有管辖权的水行政主管部门或流域管理机构批准。

开发利用活动不得影响开发利用区及相邻水功能区的使用功能。具体水质目标按水功能二级区划分类分别执行相应的水质标准。

2. 核定纳污能力

水域都有一定的自净能力，当水域容纳了超过其自身净化能力的污染物质时，就表现出被污染的特征。保护水体，首先要确定其自身的纳污能力。实行向水域排污的排污总量控制，是对水功能区实行有效管理的重要手段之一。污染控制应当建立在水资源的承载能力基础上，实行污染物浓度控制与总量控制相结合。县级以上政府水行政主管部门或流域管理机构应当按照水功能区对水质的要求和水体的自然净化能力，审核该水域的纳污能力，向环境保护主管部门提出该水域的限制排污总量意见，同时抄报同级人民政府和上级水行政主管部门。

经审定的水域纳污能力和限制排污总量意见，是县级以上地方人民政府水行政主管部门和流域管理机构对水资源保护实施监督管理以及协同环境保护行政主管部门对水污染防治实施监督管理的基本依据。

3. 定期监测

加强对水功能区的水质状况的监测和监督管理是保证水功能区水质目标的重要手段之一。监测是管理工作的基础，因此要加强监测，并建立完善的监测、报告和监督管理工作制度，保证水功能区的使用功能和总量控制要求的实现。依据《水法》规定，县级以上政府水行政主管部门和流域管理机构应组织对水功能区的水量、水质状况进行统一监测，建立水功能区管理信息系统，并定期公布水功能区质量状况。发现重点污染物排放总量超过控制指标的，或者水功能区水质未达到要求的，应当及时报告有关人民政府采取治理措施，并向环境保护行政主管部门通报。环保部门应当依据环保法及时采取相应措施。

第三节　河道管理

一、河道管理概述

（一）河道的含义

河道在概念上有广义和狭义之分。狭义的河道主要是指江河、湖泊等用于行水的通道。广义的河道泛指江河、湖泊等行水的通道，也包括护堤以内的地域及无护堤以内最高洪水位以内的地域，还包括河滩地、湖泊、水库、人工水道、行洪区、蓄洪区、滞洪区。从广义的河道概念来看，水域只是河道的一部分，凡是与行水（包括防洪）有关的区域都应当属于河道的范畴。河道是重要的水工程，具有特殊的作用，因此本节将河道管理独立于水工程管理而做特别讲述。《水法》第三章具体规定了防止河道阻塞、规范河道采砂以及禁止围垦河道和禁止围湖造田等规定。除此之外，国务院颁布的《河道管理条例》对河道的运行管理和保护进行了全面的规范。

（二）河道管理机关

国务院水行政主管部门是全国河道的主管机关。各省、自治区、直辖市的水行政主管部门是该行政区域的河道主管机关。国家对河道实行按水系统一管理和分级管理相结合的原则。

长江、黄河、淮河、海河、珠江、松花江、辽河等大江大河的主要河段,跨省、自治区、直辖市的重要河段,省、自治区、直辖市之间的边界河道以及国境边界河道,由国家授权的江河流域管理机构实施管理。其他河道由省、自治区、直辖市的河道主管机关根据流域统一规划实施管理。其他河道由省、自治区、直辖市或市、县的河道主管机关实施管理。一切单位和个人都有保护河道堤防安全和参加防汛抢险的义务。

(三)河道管理范围和河道保护范围

河道管理范围是指河道管理部门依法对河道及属于河道范围之内一切组成设施所直接实施管理职责的区域。河道管理范围内的区域,属于国家所有,由管理部门代表国家行使管理权。

《河道管理条例》第二十条规定:有堤防的河道,其管理范围为两岸堤防之间的水域、沙洲、滩地(包括可耕地)、行洪区,两岸堤防及护堤地。无堤防的河道,其管理范围根据历史最高洪水位或者设计洪水位确定。河道的具体管理范围,由县级以上地方人民政府负责划定。在河道管理范围内,禁止修建围堤、阻水渠道、阻水道路;种植高秆农作物、芦苇、杞柳、荻柴和树木(堤防防护林除外);设置拦河渔具;弃置矿渣、石渣、煤灰、泥土、垃圾等。在堤防和护堤地,禁止建房、放牧、开渠、打井、挖窖、葬坟、晒粮、存放物料、开采地下资源、进行考古发掘以及开展集市贸易活动。

河道保护范围是指为了保护河道及相关设施的安全运行,在河道范围之外的相连地带设定的一定区域,在这一区域内禁止从事某些特定的活动。之所以划定河道保护范围,是因为该区域内的某些活动足以对河道的安全产生直接或间接的影响。保护范围的区域,不属于河道的设施,不论属于何人所有,在此区域内,禁止从事危害河道安全的活动。

《河道管理条例》第二十六条规定:根据堤防的重要程度、堤基土质条件等,河道主管机关报经县级以上人民政府批准,可以在河道管理范围的相连地域划定堤防安全保护区。在堤防安全保护区内,禁止进行打井、钻探、爆破、挖筑鱼塘、采石、取土等危害堤防安全的活动。

二、河道整治与建设

河道整治是为防洪、航运、供水、排水及河岸洲滩的合理利用,按河道演变的规律,因势利导,调整、稳定河道主流位置,以改善水流、泥沙运动和河床冲淤部位的工程措施。河道的整治与建设,应当服从流域综合规划,符合国家规定的防洪标准、通航标准和其他有关技术要求,维护提防安全,保持河势稳定和行洪、航运通畅。修建开发水利、防治水害、整治河道的各类工程和跨河、穿河、穿堤、临河的桥梁、码头、道路、渡口、管道、缆线等建设物及设施,建设单位必须按照河道管理权限,将工程建设方案报送河道主管机关审查同意后,方可按照基本建设程序履行审批手续。建设项目经批准后,建设单位应当将施工安排告知河道主管机关。修建桥梁、码头和其他设施,必须按照国家规定的防洪标准所确定的河宽进行,不得缩窄行洪通道。桥梁和栈桥的梁底必须高于设计洪水位,并按照防洪和航运的要求,留有一定的超高。设计洪水位由河道主管机关根据防洪规划确定。跨越河道的管道、线路的净空高度必须符合防洪和航运的要求。

交通部门进行航道整治，应当符合防洪安全要求，并事先征求河道主管机关对有关设计和计划的意见。水利部门进行河道整治，涉及航道的，应当兼顾航运的需要，并事先征求交通部门对有关设计和计划的意见。在国家规定可以流放竹木的河流和重要的渔业水域进行河道、航道整治，建设单位应当兼顾竹木水运和渔业发展的需要，并事先将有关设计和计划送同级林业、渔业主管部门征求意见。堤防上已修建的涵闸、泵站和埋设的穿堤管道、缆线等建筑物及设施，河道主管机关应当定期检查，对不符合工程安全要求的，限期改建。

在堤防上新建上述所指建筑物及设施，必须经河道主管机关验收合格后方可启用，并服从河道主管机关的安全管理。

确需利用堤顶或者戗台兼作公路的，须经上级河道主管机关批准。堤身和堤顶公路的管理和维护办法由河道主管机关商交通部门制定。

城镇建设和发展不得占用河道滩地。城镇规划的临河界限，由河道主管机关会同城镇规划等有关部门确定。沿河城镇在编制和审查城镇规划时，应当事先征求河道主管机关的意见。

河道清淤和加固堤防取土以及按照防洪规划进行河道整治需要占用的土地，由当地人民政府调剂解决。因修建水库、整治河道所增加的可利用土地，属于国家所有，可以由县级以上人民政府用于移民安置和河道整治工程。

省、自治区、直辖市以河道为边界的，在河道两岸外侧各 10 km 之内，以及跨省、自治区、直辖市的河道，未经有关各方达成协议或者国务院水利行政主管部门批准，禁止单方面修建排水、阻水、引水、蓄水工程以及河道整治工程。

三、河道清障与保护

（一）河道清障

河道是排泄洪水的通道，必须确保其畅通无阻，才能发挥应有的作用，在河道中有阻水障碍物，会导致河道泄洪能力下降，洪水位由于这些阻水障碍物的阻拦而壅高，甚至造成堤防溃决而发生灾害。河道中的阻水障碍物除泥沙外，还有自然生长的芦苇和人为设置的障碍，如在河滩地上修建房屋、建阻水桥梁，向河道内倾倒垃圾、废渣等。这些阻水障碍物严重影响河道的行洪，如淮河与 20 世纪 50 年代相比，其河道泄量减少约 2 000 m^3/s，同流量下水位相应提高 0.5 ~ 1.0 m；海河流域几大水系的汇洪能力已下降 40% ~ 60%；黄河同流量下水位比 50 年代高出 1 ~ 2 m。在河道内建设住房等阻水工程，不但对河道防洪有影响，也不利于自身的防洪安全。如青海省的沟后水库，一些人将房屋建在水库下游的泄洪道上，当水库溃坝、洪水下泄时，造成下游泄洪道上的住房被冲，人员被淹。

由于河道阻水障碍物的形成原因是多方面的，除自然因素外，有历史上形成的，也有人为造成的、为局部利益而设置的障碍，因此河道清障既是关系河道整治和防洪安全的科学技术性工作，又是一项涉及面广、情况复杂、政策性强的群众性工作，必须采取积极慎重的态度认真对待。

《水法》第三十七条规定：禁止在江河、湖泊、水库、运河、渠道内弃置、堆放阻碍行洪的物体和种植阻碍行洪的林木及高秆作物。禁止在河道管理范围内建设妨碍行洪的建筑物、构筑物以及从事影响河势稳定、危害河岸堤防安全和其他妨碍河道行洪的活动。

现实生活中,在江河、湖泊、水库、运河、渠道内弃置、堆放阻碍行洪的物体、种植阻碍行洪的林木和高秆作物比较普遍,特别是在河道管理范围内搞建设,严重影响行洪、危害堤防安全的问题十分突出,不仅加重了防洪紧张局势,也影响了自身安全。武汉市长江河道内建设的外滩花园就是一起典型的违法案件:外滩花园坐落于武汉汉阳区东门外滩,由10 多栋楼房组成,建筑总面积达 7 万 m^2。其修建于长江防洪堤内,有碍长江行洪,违反了国家有关防洪法规。2001 年 12 月中旬,为保障长江行洪安全,保护武汉人民的生命财产安全,湖北省及武汉市政府依据《防洪法》的规定,决定拆除该违建楼群,2002 年 3 月 30 日 0 时 20 分,伴随着几声沉闷的炮响,耸立在武汉长江河道内的外滩花园最后几栋楼房轰然倒塌,损失达 2 亿元人民币。

根据《河道管理条例》的相关规定,对河道管理范围内的阻水障碍物,按照“谁设障、谁清除”的原则,由河道主管机关提出清障计划和实施方案,由防汛指挥部责令设障者在规定的期限内清除。逾期不清除的,由防汛指挥部组织强行清除,并由设障者负担全部清障费用。任何单位和个人凡对堤防、护岸和其他水工程设施造成损坏或者造成河道淤积的,由责任者负责修复、清淤或者承担维修费用。对壅水、阻水严重的桥梁、引道、码头和其他跨河工程设施,根据国家规定的防洪标准,由河道主管机关提出意见并报经人民政府批准,责成原建设单位在规定的期限内改建或者拆除。汛期影响防洪安全的,必须服从防汛指挥部的紧急处理决定。

(二)禁止围湖造地与围垦河道

湖泊具有调蓄洪水的功能,河道是行洪的通道,维护湖泊、河道的自然功能,对保障防洪安全具有重要意义。湖泊是调蓄洪水的场所,当汛期河道内洪水大的时候,一部分洪水就先蓄滞在湖泊内;当河道洪水小的时候,湖泊内洪水就慢慢往河道吐泄,这样河道水位就不至于太高。有了湖泊的调蓄,河流防洪能力就大大提高了。如果随意将湖泊圈围起来进行其他开发,这样汛期洪水就失去了调蓄场所,上游来的洪水就只能全部流入河道内,以致河道水位抬高,当超过河道的行洪能力时,就可能导致堤防溃决而发生灾害。

但是长期以来,人类忽视对自然生态的保护,与水争地,擅自围湖造地,盲目围垦河道的现象比较普遍。围垦湖泊、河道的目的是造地,进行生产和建设,但却占据了调蓄洪水的场所,束窄了行洪通道,加重了防洪负担,加大了洪水损失,其结果是破坏了资源与环境,并最终损害了人类自身。据统计,全国被围垦的湖泊面积至少有 2 000 多万亩,减少蓄洪容量 350 多亿 m^3。河湖防洪能力的下降是造成防洪形势紧张的重要原因之一。为此,1998 年长江大水后,国家实施了退田还湖政策,目的就是要保护自然生态,保护湖泊调蓄洪水的功能。

2012 年 7 月 21 日,北京发生了 61 年来最大的洪灾,暴雨中拒马河发生决堤,全市共造成 79 人死亡,经济损失超过百亿元。事后分析发现,河道被侵占修建游乐设施、度假场所,使河道行洪能力大大降低,是重要原因之一,所以围垦河道是极为危险的行为。

《水法》第四十条规定:“禁止围湖造地。已经围垦的,应当按照国家规定的防洪标准有计划地退地还湖。

“禁止围垦河道。确需围垦的，应当经过科学论证，经省、自治区、直辖市人民政府水行政主管部门或者国务院水行政主管部门同意后，报本级人民政府批准。”

四、河道采砂管理

河道砂石是河床的铺垫层，维系着河势的稳定和河道、堤防的安全，实行有序采砂，既可以起到疏浚河道的作用，又可以满足经济建设的需要。但是如果无序采砂，将会影响河势稳定或者危及堤防安全，表现在以下三个方面：①在河道中间挖掘砂石，原本平坦的河道将会出现大量深坑，水流易形成旋涡，影响行洪速度；②如果挖采点在河堤附近则安全隐患更大，洪水来临时可能发生决堤；③过度开采河道及附近的砂石还将破坏区域生态环境，偷挖行为使砂石裸露，干燥后地表层的细沙成为尘土，风吹造成扬尘。例如北京河道偷挖砂石现场形成的一些地表大坑已经成为了垃圾场，生活垃圾容易通过更粗的颗粒层渗透污染地下水。垃圾也可能被河水带到河流下游，污染下游的生态环境。

《水法》第三十九条规定：“国家实行河道采砂许可制度。河道采砂许可制度实施办法，由国务院规定。

“在河道管理范围内采砂，影响河势稳定或者危及堤防安全的，有关县级以上人民政府水行政主管部门应当划定禁采区和规定禁采期，并予以公告。”

在河道管理范围内采砂、取土、淘金，河道采砂必须服从河道整治规划，按照经批准的采砂许可证标明的范围和作业方式进行，并向河道主管机关缴纳管理费。河道采砂管理费用于河道与堤防工程维修、工程设施的更新改造及管理单位的管理费。其他任何部门不得截留或挪用。

五、河道内工程建设管理

1998年江西省九江市城区长江大堤溃口，重要原因就是某单位在临水堤外滩地违章建设油库平台，破坏了大堤的防渗层。出现险情时，油库平台上游墙又给抢险带来困难，在高水位、长期渗流下大堤被冲开宽30 m左右的缺口，造成了极为严重的后果。因此，必须对河道内工程建设活动加强管理。

这里的工程建设是指在河道（包括河滩地、湖泊、水库、人工水道、行洪区、蓄洪区、滞洪区）管理范围内新建、扩建、改建的建设项目，包括开发水利（水电）、防治水害、整治河道的各类工程，跨河、穿河、穿堤、临河的桥梁、码头、道路、渡口、管道、缆线、取水口、排污口等建筑物，厂房、仓库、工业和民用建筑以及其他公共设施（简称建设项目，余同）。

《水法》第三十八条规定：在河道管理范围内建设桥梁、码头和其他拦河、跨河、临河建筑物、构筑物，铺设跨河管道、电缆，应当符合国家规定的防洪标准和其他有关的技术要求，工程建设方案应当依照防洪法的有关规定报经有关水行政主管部门审查同意。《防洪法》第二十七条规定：建设跨河、穿河、穿堤、临河的桥梁、码头、道路、渡口、管道、缆线、取水、排水等工程设施，应当符合防洪标准、岸线规划、航运要求和其他技术要求，不得危害堤防安全，影响河势稳定，妨碍行洪畅通；其可行性研究报告按照国家规定的基本建设程序报请批准前，其中的工程建设方案应当经有关水行政主管部门根据前述防洪要求审查同意；上述工程设施需要占用河道、湖泊管理范围内的土地，跨越河道、湖泊空间或者穿越河床的,建设单位应当经水行政主管部门对该工程设施建设的位置和界限审查批准后,方可依法办理开工手续;安排施工时,应当按照水行政主管部门审查批准的位置和界限进行。

根据上述规定,河道管理范围内的建设项目,必须按照河道管理权限,经河道主管机关审查同意后,方可按照基本建设程序履行审批手续。建设单位编制立项文件时,必须按照河道管理权限,向河道主管机关提出申请,流域机构在对重大建设项目进行审查时,还应征求有关省、自治区、直辖市的意见。河道主管机关同意兴建的,应发给审查同意书,并抄知上级水行政主管部门和建设单位的上级主管部门。建设单位在报送项目立项文件时,必须附有河道主管机关的审查同意书,否则计划主管部门不予审批。建设项目经批准后,建设单位必须将批准文件和施工安排送河道主管机关审核后,方可办理开工手续。施工安排应包括施工占用河道管理范围内土地的情况和施工期防汛措施。

除严格审批制度外,完善河道内建设行为的监察与监管也是河道管理机关的重要工作和任务。建设项目施工期间,河道主管机关应对其建设行为经常进行检查,被检查单位应如实提供情况。如发现未按批准的施工安排进行施工的,或者出现涉及江河防洪与建设项目防汛安全方面的问题,应及时提出意见,建设单位必须执行;河道管理范围内的建筑物和设施竣工后,应经河道主管机关检验合格后方可启用。建设单位应在竣工验收6个月内向河道主管机关报送有关竣工资料。竣工投入使用后,河道主管机关应定期对河道管理范围内的建筑物和设施进行检查,发现不符合工程安全要求的,应提出限期改建的要求。

六、河道管理经费

河道管理经费就是河道工程修建、维护及管理所产生的费用。为加大河道整治力度,提高河道防汛能力和生态环境质量,河道堤防的防汛岁修费,按照"谁受益,谁出资"的原则,根据《防洪法》和《河道管理条例》的规定而设定。按照分级管理的原则,分别由中央财政和地方财政负担,列入中央和地方年度财政预算。由于河道受益有一定范围,坚持"谁受益,谁出资",更符合公平原则。

《防洪法》第五十一条规定:国家设立水利建设基金,用于防洪工程和水利工程的维护和建设。具体方法由国务院规定。受洪水威胁的省、自治区、直辖市为加强本行政区域内防洪工程设施建设,提高防御洪水能力,按照国务院的有关规定,可以规定在防洪保护区范围内征收河道工程修建维护管理费。

例如,河北省政府颁布的《河北省河道工程修建维护管理费征收管理规定》第二条规定:在本省河道工程(包括堤防、护岸、水闸、圩垸、海塘和排涝工程设施)受益范围内的生产经营性企事业单位、个体工商户,以及从事种植、养殖业生产的单位和个人,都应当依照本规定,缴纳河道工程修建维护管理费。

依据法律法规的规定,受益范围明确的堤防、护岸、水闸、圩垸、海塘和排涝工程设施,河道主管机关可以向受益的工商企业等单位和农户收取河道工程修建维护管理费,其标准应当根据工程修建和维护管理费用确定。收费的具体标准和计收办法由省、自治区、直辖市人民政府制定。在河道管理范围内采砂、取土、淘金,必须按照经批准的范围和作业方式进行，并向河道主管机关缴纳管理费。收费的标准和计收办法由国务院水利行政主管部门会同国务院财政主管部门制定。河道主管机关收取的各项费用，用于河道堤防工程的建设、管理、维修和设施的更新改造。

第四节　水利工程的保护和管理

水利工程主要是指用于控制和调配自然界的地表水和地下水，达到除害兴利目的而修建的工程，也称为水工程。《水法》第七十九条规定：本法所称水工程，是指在江河、湖泊和地下水源上开发、利用、控制、调配和保护水资源的各类工程。

截至 2011 年，我国建成各类水库 88 605 座，总库容达到 7 201 亿 m^3。其中，大型水库 567 座，中型水库 3 346 座，总库容占各类水库全部总库容的 91%；建成江河堤防 30 万 km，保护人口 5.7 亿人，保护耕地 4 300 万 hm^2。建成各类水闸 44 306 座，其中大型水闸 599 座；建成有效灌溉面积万亩以上的灌区 5 824 处，农田有效灌溉面积约 2 975 万 hm^2；共有各类水文测站 46 783 处。这些水利工程在满足经济社会发展和人们生活需要，防止洪涝灾害，维持生态建设等方面，发挥了巨大的作用。

现有的 88 605 座水库大部分建于 20 世纪 50～70 年代，限于当时的技术水平和经济条件，许多水库的质量和建设水平都不是太高，大部分是小型坝，小型坝中的 90% 以上是土石坝，土石坝的寿命大约是 50 年，到目前为止，基本上已超期服役。但是，由于多年来对水利工程重建设轻管理，在管理维护方面资金投入不足，加上人为损坏和老化受损，很多水利工程带病运行，失去或降低了使用功能。据统计，水库病险的数量过半，达 4 万多座。根据水利部公布的数据，从 1954 年有溃坝记录以来，全国共发生溃坝水库 3 515 座，其中小型水库占 98.8%。人类历史上最为惨烈的溃坝事件发生在 1975 年的淮河流域，河南省驻马店地区包括板桥、石漫滩两座大型水库在内的数十座水库漫顶垮坝，1 100万亩农田被毁灭，1 100 万人受灾，超过 2.6 万人死亡。

历史与现实说明，必须重视水利工程的管理维护，水工程的安全既关系到水工程自身的正常运转和效益的发挥，也关系到人民生命财产安全，特别是水坝和地方的安全更是如此。

《水法》规定：县级以上地方人民政府应当采取措施，保障本行政区域内水工程，特别是水坝和堤防的安全，限期清除险情。水行政主管部门应当加强对水工程安全的监督管理。国家对水工程实施保护。国家所有的水工程应当按照国务院的规定划定工程管理和保护范围。划定一定的管理范围和保护范围，并对管理范围和保护范围内的行为作出一定的限制，目的是保障水工程的安全。国务院水行政主管部门或者流域管理机构管理的水工程，由主管部门或者流域管理机构商有关省、自治区、直辖市人民政府划定工程管理和保护范围。其他水工程，应当按照省、自治区、直辖市人民政府的规定，划定工程保护范围和保护职责。在水工程保护范围内，禁止从事影响水工程运行和危害水工程安全的爆破、打井、采石、取土等活动。

保护水工程是全社会的责任，也是每个单位和全体公民都应当履行的法律义务。《水法》规定：单位和个人有保护水工程的义务，不得侵占、毁坏堤防、护岸、防汛、水文监测、水文地质监测等工程设施。依据《水法》规定，堤防、护岸、防汛等工程设施是保护河道、保障防洪安全的重要工程设施，水文监测、水文地质监测设施是国家重要的基础设施。为了维护国家财产安全，保证水文工作正常开展，《水法》明确规定，任何单位和个人都不得侵占和毁坏以上工程设施，否则将依法追究其法律责任。

为了使水利工程的管理保护有法可依，依据《水法》规定，国务院制定颁布了《水库大坝安全管理条例》、《水文条例》、《河道管理条例》等一系列行政法规，各省分别制定了《水利工程管理条例》，对水利工程管理保护工作作出了全面规定，这对水利工程的管理保护发挥了重要作用。

第五章　水资源配置与节约用水

水是生命之源、生产之要、生态之基。新中国成立以来,特别是改革开放以来,水资源开发、利用、配置、节约、保护和管理工作取得积极进展,为经济社会发展、人民安居乐业作出了重要贡献。但必须清醒地看到,人多水少、水资源时空分布不均是我国的基本国情和水情,水资源短缺、水污染严重、水生态恶化等问题十分突出,已成为制约经济社会可持续发展的主要瓶颈。

随着工业化、城镇化的深入发展,水资源需求将在较长一段时期内持续增长,加之全球气候变化影响,水资源供需矛盾将更加尖锐,我国水资源面临的形势将更为严峻。解决我国日益复杂的水资源问题,实现水资源高效利用和有效保护,根本上要靠制度、靠政策、靠改革。根据水利改革发展的新形势、新要求,在系统总结我国水资源管理实践经验的基础上,2011 年中央一号文件和中央水利工作会议明确要求实行最严格水资源管理制度,确立水资源开发利用控制、用水效率控制和水功能区限制纳污"三条红线",从制度上推动经济社会发展与水资源、水环境承载能力相适应。

"三条红线"中第一条明确指出:确立水资源开发利用控制红线,到 2030 年全国用水总量控制在 7 000 亿 m^3 以内。因此,如何在有限的水资源条件下,更好地发挥水资源的整体效益,是水资源配置急需解决的重要任务。

第一节　水资源配置

一、水资源配置的含义与方法

(一)水资源配置的含义

水资源合理配置,是指在水资源生态经济系统内,按照可持续性、有效性、公平性和系统性原则,遵循自然规律和经济规律,对特定流域或区域范围内不同形式的水资源,通过工程与非工程措施,对多种可利用水源在宏观调控下进行区域间和各用水部门间的科学调配。

水资源配置是将流域水资源循环系统与人工用水的供、用、耗、排水过程相适应并互相联系为一个整体,通过对区域之间、用水目标之间、用水部门之间进行水量和水环境容量的合理调配,实现水资源开发利用、流域和区域经济社会发展与生态环境保护的协调,促进水资源的高效利用,提高水资源的承载能力,缓解水资源的供需矛盾,遏制生态环境恶化的趋势,支持经济社会的可持续发展。

《水法》第四十四条规定:国务院发展计划主管部门和国务院水行政主管部门负责全国水资源的宏观调配。

水法的这一规定,明确了国务院发展计划主管部门和国务院水行政主管部门负责全国水资源的宏观调配。除此之外,任何单位和个人无权决定全国水资源的宏观分配情况。水资源的宏观调配是指在全国、流域或者区域内,按照高效、公平、合理和可持续的原则,遵循市场经济规律和水资源的自然规律,对有限的各种形式的水资源通过工程措施和非工程措施在不同流域、行政区域之间进行的分配。水资源的宏观调配是通过制订和执行跨流域、跨省、跨市、跨县的水中长期供求规划来实现的,水资源可利用量是其基本依据。

(二)水资源配置的方法

《水法》第四十五条规定:调蓄径流和分配水量,应当依据流域规划和水中长期供求规划,以流域为单元制订水量分配方案。

水量分配方案是指在一个流域内,根据流域内各行政区域的用水现状、地理、气候、水资源条件、人口、土地、经济结构、经济发展水平、用水效率、管理水平等各项因素,将各种形式的水资源分配到各行政区域的计划。

具体到实际操作过程中,水资源配置是以水资源供需分析为手段,在现状供需分析和对各种合理抑制需求、有效增加供水、积极保护生态环境的可能措施进行组合及分析的基础上,对各种可行的水资源配置方案进行生成、评价和比选,提出推荐方案。

水资源配置以水资源调查评价、水资源开发利用情况调查评价为基础,结合需水预测、节约用水、供水预测、水资源保护等有关部分进行,其所提出的推荐方案应作为制订总体布局与实施方案的基础。水资源配置的主要内容包括基准年供需分析、方案生成、规划水平年供需分析、方案比选和评价、特殊干旱期应急对策制定等。

水资源配置在多次供需反馈并协调平衡的基础上,一般进行 2 ~ 3 次水资源供需分析。一次供需分析是考虑人口的自然增长、经济的发展、城市化程度和人民生活水平的提高,在现状水资源开发利用格局和发挥现有供水工程潜力的情况下,进行水资源供需分析。若一次供需分析有缺口,则在此基础上进行二次供需分析,即考虑强化节水、挖潜配套以及合理提高水价、调整产业结构、合理抑制需求和保护生态环境等措施进行水资源供需分析。若二次供需分析仍有较大缺口,应进一步加大调整经济布局和产业结构及节水的力度,具有跨流域调水可能的,应考虑实施跨流域调水,并进行三次供需分析。实际操作按流域或区域具体情况确定。

另外,为预防和避免不同行政区域在边界河流上开发利用水资源中发生水事纠纷,《水法》中也作了相应的规定:在不同行政区域之间的边界河流上建设水资源开发、利用项目,应当符合该流域经批准的水量分配方案,由有关县级以上地方人民政府报共同的上一级人民政府水行政主管部门或者有关流域管理机构批准。

二、水资源配置的论证与规划

(一)水资源配置的论证工作

水是短缺资源,更是人类的生命线。有了水,人类才能生存,有了水,工农业乃至整个经济的生命线才能得以发展和巩固。为了开发、利用、节约、保护水资源和合理解决水资源的供需矛盾,将水资源短缺和水污染造成的社会影响降到最低程度,使有限的水资源发挥更大的作用,真正实现可持续发展的战略是水资源论证的目的。

水利部联合国家发展计划委员会于 2002 年发布的《建设项目水资源论证管理办法》

提出:对于直接从江河、湖泊或地下取水并需申请取水许可证的新建、改建、扩建的建设项目(以下简称建设项目),建设项目业主单位(简称业主单位)应当按照本办法的规定进行建设项目水资源论证,编制建设项目水资源论证报告书。建设项目利用水资源,必须遵循合理开发、节约使用、有效保护的原则;符合江河流域或区域的综合规划及水资源保护规划等专项规划;遵守经批准的水量分配方案或协议。《建设项目水资源论证管理办法》也同时明确规定:县级以上人民政府水行政主管部门负责建设项目水资源论证工作的组织实施和监督管理。

建设项目水资源论证工作是改变过去"以需定供"粗放式的用水方式,向"以供定需"节约式的用水方式转变过程中的一项重要工作。建设项目立项前进行水资源论证,不仅保证建设项目在建设和运行期有安全可靠的水量和水质,确保建设项目经济和社会目标的实现,而且可以促使水资源的高效利用和有效保护,保障水资源可持续利用。通过论证,建设项目在规划设计阶段就考虑处理好与公共资源——水的关系,同时处理好与其他竞争性用水户的关系,这样不仅可以使建设项目顺利实施,即使今后出现水事纠纷,由于有各方的承诺和相应的补偿方案,也可以迅速解决。因此。在进行用水配置之前,必须做好相应的论证工作,避免造成配水之后水源地出现水量不足、生态环境恶化等次生的影响。

在水资源配置中,尤其以跨流域调水最为复杂,涉及范围较广,影响面积较大。《水法》第二十二条规定:跨流域调水,应当进行全面规划和科学论证,统筹兼顾调出和调入流域的用水需要,防止对生态环境造成破坏。

跨流域调水是水资源开发的重要手段。实施跨流域调水,进行流域间的水资源合理配置,对改变流域与区域间水资源分布不均,缓解重点缺水地区的水资源供需矛盾,具有十分重要的意义。世界各国对跨流域调水改变缺水地区和干旱沙漠地区的生产条件和生态环境均十分重视。由于我国水资源不丰富,时空分布不均以及水资源极不平衡的特点,跨流域调水将是21世纪我国水利的一大特点。因为实施跨流域调水将对调出区的生态环境和水资源形势带来影响,所以《水法》第二十二条对此做出了严格限制。

按照优化配置多种水资源,提高抗御干旱的能力,优先满足生活用水,基本保障经济和社会发展用水,努力改善生态环境用水的基本目标,跨流域调水主要是指城市供水。因为中国未来水资源供需矛盾主要集中在城市,只有在城市无法依靠本地水资源满足用水需要的前提下才考虑实施跨流域调水。跨流域调水要全面规划、科学论证,统筹考虑调出和调入流域的用水需要,决不能造成调出区生态环境的恶化。国际上通行的标准是调水量不得超过调出河流总量的20%,河流本身开发利用率不得超过40%,否则将造成生态环境的破坏。

我国已开工建设的南水北调工程,是缓解我国北方地区缺水矛盾和提高城乡抗御干旱能力、实现水资源合理配置的重大战略性工程。通过东、中、西三条调水线路,实现江、淮、黄、海四大流域的水资源合理调配,形成南北方和东西部水资源互相补充的格局。南水北调直接供水的主要目标是城镇生活和工业用水,并可通过水量调配和优化调度等多种方式,缓解农业和生态环境的缺水状况,确保京、津等特大城市的供水安全。

(二)水资源配置的规划

《水法》第四十四条规定:"国务院发展计划主管部门和国务院水行政主管部门负责

全国水资源的宏观调配。全国的和跨省、自治区、直辖市的水中长期供求规划，由国务院水行政主管部门会同有关部门制订，经国务院发展计划主管部门审查批准后执行。地方的水中长期供求规划，由县级以上地方人民政府水行政主管部门会同同级有关部门依据上一级水中长期供求规划和本地区的实际情况制订，经本级人民政府发展计划主管部门审查批准后执行。

"水中长期供求规划应当依据水的供求现状、国民经济和社会发展规划、流域规划、区域规划，按照水资源供需协调、综合平衡、保护生态、厉行节约、合理开源的原则制订。"

在进行全国水资源宏观调配过程中，国务院水行政主管部门会同有关部门依据水的供求现状、国民经济和社会发展规划、流域规划、区域规划，按照水资源供需协调、综合平衡、保护生态、厉行节约、合理开源的原则来制订全国的和跨省、自治区、直辖市的水中长期供求规划，并经由国务院发展计划主管部门审查批准后执行。

地方的水中长期供求规划，由县级以上地方人民政府水行政主管部门会同同级有关部门依据上一级水中长期供求规划和本地区的实际情况制订，经本级人民政府发展计划主管部门审查批准后执行。

水中长期供求规划，是调节水资源的总供给和总需求关系的总体部署，以水资源可供给量和生态环境可承受的能力为基础，立足现实、展望中长期。根据经济社会发展对水的需求量和水资源可开发水平决定的可供量决定需求，按照统筹兼顾、综合平衡和合理调配的原则，协调好全国或流域、区域的生活、生产和生态用水。水中长期供求规划的制订关系到国民经济的各个方面和生态环境，是国民经济中长期规划的重要组成部分。

水中长期供求规划的制订，主要经过以下几个程序：历史与现状水资源分析；需水预测；供水预测；综合平衡与对策措施；编制与审批。其规划内容，一般应当包括以下几个方面：水资源及其供求现状的调查评价；不同水平年需水与供水情况预测；水的供需综合平衡与分析；根据供需平衡分析情况，提出相应的对策措施。

第二节　节约用水

我国是人口大国、农业大国，人均水资源量只有 2 100 m^3，仅为世界人均水平的 28%，比人均耕地占比还要低 12 个百分点，水资源供需矛盾突出。全国年平均缺水量 500 多亿 m^3，2/3 的城市缺水，农村有近 3 亿人口饮水不安全。因此，探讨如何高效利用现有水资源，节约水资源，具有十分重要的意义。

一、节约用水的意义

(1)事关经济安全、生态安全、国家安全。

2011 年中央一号文件立足国情水情变化，从战略和全局高度出发，明确了新时期的水利发展战略定位，强调水是生命之源、生产之要、生态之基。文件第一次全面深刻地阐述了水利在现代农业建设、经济社会发展和生态环境改善中的重要地位，第一次鲜明提出水利具有很强的公益性、基础性、战略性，第一次将水利提升到关系经济安全、生态安全、国家安全的战略高度。文件进一步强调了水利在经济社会发展全局中的重要地位和作用，提出“3 个把”的基本思路：把水利作为国家基础设施建设的优先领域，把农田水利作为农村基础设施建设的重点任务，把严格水资源管理作为加快经济发展方式转变的战略举措。

我国人多水少、水资源时空分布不均，水利建设发展很不平衡。2011 年中央一号文件明确提出要注重科学治水、依法治水，突出加强薄弱环节建设，大力发展民生水利，不断深化水利改革，加快建设节水型社会，促进水利可持续发展，努力走出一条中国特色水利现代化道路。

(2)防止用水浪费，提高用水效率和效益。

我国是农业大国，目前我国农业灌溉用水利用系数为 0.5 左右，距离发达国家的 0.7～0.8还有不小的距离，且农业用水是大户，提高灌溉水利用系数对于节约水资源有着很大的帮助；我国工业用水重复利用率仅有 40%，远低于发达国家 75%～85% 的水平。生产 1 t 钢，我国耗水量为 23～56 m^3，而美国、日本只需 6 m^3；生产 1 t 纸，我国耗水 450 m^3，而美国、日本只要不到 200 m^3。我国万元工业产值耗水量达 130～150 m^3，而发达国家只用 10 m^3。因此，我国工业用水的节水潜力很大。如果工业用水重复利用率提高到 60%，全国工业可节水几百亿立方米，相当于工业取水量的 42%。因此，要借鉴国外先进经验，调整产业结构，大力采用先进节水技术、工艺和设备，增加循环用水次数，提高水的重复利用率，以节约水资源。

(3)可以减轻供水压力，降低供水成本。

通过节约用水，全社会的需水量相对减少，可节约水源工程的建设费用、供水系统的运行和维护费用等，间接节约了社会的投资成本，提高了社会投资的回报率。

(4)减少污水的产生量，使现有系统可以接纳更多用户的污水，从而减少受纳水体的污染。

通过国家制定的各种节水措施，社会用水量大大减少，相应的污水排放量也大大减少，在现有或远景发展规划中的排污系统及污水处理系统可以接纳更多用户污水，减少污水对环境的危害。

(5)可增强对干旱的预防能力，短期节水措施可以带来立竿见影的效果，长期节水则能够提高正常时期的干旱防备能力。

1949 年，我国农业用水量约为 1 001 亿 m^3，占全国用水量的 97.1%。到 2011 年，全国总用水量为 6 100 亿 m^3，其中，农业用水为 3 743 亿 m^3，占 61%。我国现有蓄水工程普遍存在老化失修、漏水严重问题。据统计，全国 8.8 万多座水库，有 1/3 存在不同程度病险漏水问题。许多灌区只修了干渠和支渠，而且漏水严重，支渠以下的渠系修建不全，有的配套率不到 20%。农业灌溉水的利用率只有 0.5 左右，仅为发达国家的 2/3 左右；单方水的粮食生产能力只有 1 kg 左右，远低于 2 kg 以上的世界平均水平，大水漫灌方式普遍存在。每年干旱面积达 4 亿亩，缺水 300 亿 m^3。因此，解决水资源短缺问题的根本出路在于发展节水农业。要制定促进节水的政策，大力发展节水农业，把推广节水灌溉作为一项革命性的措施来抓，大幅度提高水的利用率，努力扩大农田有效灌溉面积。

(6)具有明显的环境效益，可提高水资源承载能力、水环境承载能力，美化环境，维护河流生态平衡。

通过节约水量,在水资源配置过程当中可以将更多的水分配到生态环境用水当中,对于改善当地的生活环境、提高当地居民的幸福指数,建立和谐的小康社会有着重要的作用。

二、实现节约用水的措施

(一)政府承担的责任

《水法》第八条规定:国家厉行节约用水,大力推行节约用水措施,推广节约用水新技术、新工艺,发展节水型工业、农业和服务业,建立节水型社会。各级人民政府应当采取措施,加强对节约用水的管理,建立节约用水技术开发推广体系,培育和发展节约用水产业。

《水法》第五十条、第五十二条也明确规定:各级人民政府应当推行节水灌溉方式和节水技术,对农业蓄水、输水工程采取必要的防渗漏措施,提高农业用水效率。城市人民政府应当因地制宜采取有效措施,推广节水型生活用水器具,降低城市供水管网漏失率,提高生活用水效率;加强城市污水集中处理,鼓励使用再生水,提高污水再生利用率。

同时,2011 年中央一号文件明确提出:县级以上政府主要负责人对本行政区域水资源管理和保护工作负总责。

可以看出,各级政府在水资源管理和保护工作中起着主导作用,且以法律的形式赋予各级政府节水的义务,其意义非常重要。具体表现如下:

(1)推行节水灌溉方式和节水技术,提高农业节水效率。

农业是我国最大的用水行业。全国农业用水量占到全国用水量的 61%。因此,解决水资源短缺问题的根本出路在于发展节水农业。要制定促进节水的政策,大力发展节水农业,把推广节水灌溉作为一项革命性的措施来抓,大幅度提高水的利用率,努力扩大农田有效灌溉面积。

近年来,国家投巨额资金开展病险水库除险加固和大型灌区节水改造,对水库和渠道进行防渗衬砌及利用管道输水以减少蓄水、输水过程中的渗漏与蒸发损失,提高输水效率。发展节水灌溉技术,把浇地变为浇作物,可以大幅度节约田间灌溉用水,提高水的利用率。与大水漫灌相比,采用渠道防渗和管道输水可节水 20% ~30%,喷灌可节水 50%,微灌可节水 60% ~70%。如通过大力发展节水灌溉,把全国农业用水的平均利用系数提高 0.1,每年即可节约约 400 亿 m^3 农业用水。这样既可以减轻农民负担,又可以扩大灌溉面积和提高灌溉保证率以及为居民生活、工业生产和生态用水提供更多的水资源,加快经济社会的发展。《水法》在修订中总结了近年来各地改进节水灌溉方式和发展节水技术的成功经验,规定了各级人民政府应当推行节水灌溉方式和节水技术。

(2)提高工业用水重复利用率和淘汰耗水量高的工艺、设备以及产品。

为了尽快提高我国工业用水的重复利用率,《水法》第五十一条专门规定:工业用水应当采用先进技术、工艺和设备,增加循环用水次数,提高水的重复利用率。国家逐步淘汰落后的、耗水量高的工艺、设备和产品,具体名录由国务院经济综合主管部门会同国务院水行政主管部门和有关部门制定并公布。生产者、销售者或者生产经营中的使用者应当在规定的时间内停止生产、销售或者使用列入名录的工艺、设备和产品。

工业用水要采取循环用水、一水多用、废水处理综合利用等措施,提高工业用水的重复利用率。缺乏淡水资源的沿海城市，要积极采取海水作冷却水，今后凡工业用水重复利用率较低的城市，首先应挖掘潜力，一般不得新建工业供水工程。

各用水单位、生产车间和主要耗水设备，都要装表计量，根据用水定额核定用水计划。凡高于用水定额的，要结合企业技术改造，调整生产工艺流程，改革用水设备，增建节约用水设施，将用水计划降到用水定额以内。新建、扩建的企事业单位，要选用节水型的生产工艺、设备，把节约用水措施与主体工程同时设计、同时施工、同时投产，并作为工程项目竣工验收的条件之一。所需投资，凡基本建设项目，由基本建设投资安排，凡更新改造措施项目，由更新改造措施资金安排。

《水法》明令逐步淘汰落后的、耗水量高的工艺、设备和产品，并且要求国务院经济综合主管部门会同国务院水行政主管部门和有关部门制定并公布具体名录。《水法》第六十八条规定生产、销售或者在生产经营中使用国家明令淘汰的落后的、耗水量高的工艺、设备和产品的，由县级以上地方人民政府经济综合主管部门责令停止生产、销售或者使用，处 2 万元以上 10 万元以下的罚款。

为了鼓励企业生产节水型的设备和污水再利用，国家经贸委等七部委联合制定的《关于加强工业节水工作的意见》(国经贸资源〔2000〕1015 号)规定，工业企业节水技术改造国家设备投资的 40%，抵减当年新增所得税，对于以废水为原料生产的产品，可以按照有关规定，减免所得税 5 年。

(3)推广节水型生活用水器具、提高生活用水效率和城市污水集中处理、再生利用。

随着我国经济社会的快速发展，城市化进程的加快和人口增长，我国城市水资源供需矛盾日益突出。2006 年，全国生活用水达到 693.8 亿 m^3。在全国 669 个城市中，缺水城市有 400 多个，其中严重缺水的城市有 100 多个，年缺水 60 亿 m^3 左右。进入 21 世纪，我国水资源供需矛盾进一步加剧。据专家预测，2030 年，全国总需水量将达 10 000 亿 m^3，全国将缺水 2 000 亿 m^3。我国的水资源供需面临非常严峻的形势，要求我们在水资源开发利用和加强节水管理方面有大的突破。但开发难度越来越大，成本越来越高，而且可开发水资源量是有限的，相比而言，节水管理则事半功倍，投入小，见效大。因此，《水法》第八条规定：各级人民政府应当采取措施，加强对节约用水的管理，建立节约用水技术推广体系，培育和发展节约用水产业。单位和个人都有节约用水的义务。

现在，我国城市供水管网和生活用水器具跑、冒、滴、漏水资源损失达 20%，水资源浪费十分严重。其原因有两个：一是节水新技术、工艺和设备研究开发不够，没有研究开发、生产和使用节水新技术、工艺和设备的激励制度；二是水资源有偿使用、定额管理、水价体系计量收费、总量控制和计划用水等管理制度没有建立起来，人们的资源意识和商品意识淡薄。为改变这种状况，必须加强节约用水和科学用水，强化城市人民政府的节水责任。城市自来水企业、房产管理部门和各用水单位，要加强供水、用水设备、设施的管理、维修、保养，堵塞跑、冒、滴、漏，消灭长流水，将城市管网漏失率降到 6% 以下。各城市人民政府应当因地制宜，根据本城市的水资源状况，经济社会发展水平和企业、居民承受能力，来推动节水工作，特别要推广家庭用水的重复利用和节水型洁具，比如家庭推行洗菜—洗拖把—冲厕所等用水顺序，又如前些年北京市政府免费发给每个家庭一个节水龙头等。

城市节水的另一条途径，是污水再生利用。首先，要树立节约用水就可减少排污量，节水重于开源的观念。污水再生利用就是将污水经过集中处理后用于农业灌溉或城市和家庭非饮用水。目前,我国的城市污水集中处理率还比较低,而且运行成本高。为此,应从源头上抓水资源保护,推广使用清洁生产技术,减少废水的排放。加强城市污水集中处理,使工业污水和生活污水经过处理达到一定的标准,再用到城市的洒路、浇草、冲厕、工业的冷却等用水,以及家庭的拖地、冲厕等用水。污水经过处理变成再生水,必须建设配套的供水设施、制定相应的激励政策以及和优质水水价拉开距离,使污水处理厂有利可图,鼓励企业和家庭使用,使他们减少水费支出,从而加大污水处理量,提高污水再生利用率。

(4)设置节约用水办公室。

县级以上政府都应当设置节约用水办公室,节约用水办公室的职责为:

①负责水资源管理、配置、节约和保护工作,承担全国节约用水办公室的日常工作。

②组织指导水资源调查、评价和监测工作,组织编制水资源专业规划并监督实施,组织实施水资源论证制度。

③负责水权制度建设并监督实施,组织指导水量分配和水资源调度工作并监督实施。

④组织取水许可制度和水资源有偿使用制度的实施和监督;指导水资源信息发布,组织编制国家水资源公报。

⑤组织指导计划用水、节约用水工作,指导全国节水型社会建设,组织编制全国节约用水规划,组织拟订区域与行业用水定额并监督实施。

⑥按照有关规定指导城市供水、排水、节水、污水处理回用等方面的有关工作,指导城市污水处理回用等非传统水资源开发工作,指导城市供水水源规划的编制和实施,指导水利行业供水有关工作。

⑦组织编制水资源保护规划,组织指导水功能区的划分并监督实施,指导饮用水水源保护和水生态保护工作,指导湿地生态补水;组织审定江河湖库纳污能力,提出限制排污总量的意见;组织指导省界水量水质监督、监测和入河排污口设置管理工作。

⑧组织指导地下水资源开发利用和保护工作,指导水利建设项目环境保护、水利规划环境影响评价工作,负责水利建设项目环境影响报告书(表)预审工作。

此外,为加强水资源的管理,除《水法》外,还先后制定了有关涉水方面的法律、行政法规,如《防洪法》、《水污染防治法》、《水土保持法》、《城市供水条例》、《取水许可制度实施办法》、《防汛条例》、《水库大坝安全管理条例》、《河道管理条例》等,这些法律、行政法规的制定对合理开发、利用、保护水资源,防治水害和水污染,保护和改善环境,实现可持续发展都具有十分重要的作用。

(二)总量控制和定额管理制度

《水法》第四十七条规定:“国家对用水实行总量控制和定额管理相结合的制度。

“省、自治区、直辖市人民政府有关行业主管部门应当制订本行政区域内行业用水定额,报同级水行政主管部门和质量监督检验行政主管部门审核同意后,由省、自治区、直辖市人民政府公布,并报国务院水行政主管部门和国务院质量监督检验行政主管部门备案。

“县级以上地方人民政府发展计划主管部门会同同级水行政主管部门,根据用水定额、经济技术条件以及水量分配方案确定的可供本行政区域使用的水量,制订年度用水计划，对本行政区域内的年度用水实行总量控制。”

总量控制是水资源管理的宏观控制指标，是指各流域、省（自治区、直辖市）、市、县（区、旗）、各部门、各企业、各用水户的可使用的水资源量，也就是水权的初始分配。总量控制这个控制指标，要根据全国、各流域、各省（自治区、直辖市）、各市和各县（区、旗）水资源调查评价，在摸清全国可利用水资源量，各流域、省（自治区、直辖市）、市、县（区、旗）可利用水资源量和各行各业、各用水户的用水定额以及现状用水量的基础上，才能确定各地、各行业、用水户的总量控制指标。

定额管理是水资源管理的微观控制指标，是确定水资源宏观控制指标总量控制的基础。定额涉及经济、社会的各行各业和居民生活，要在水平衡测试的基础上确定各行各业、各种单位产品和服务项目的具体用量。有了这两个指标的约束，各地区、各行业、各用水户的每一项工作都有了自己的用水指标，再加上实行计量收费、超定额累进加价的收费制度，就可以在全社会层层建立一种节水激励制度，就能层层落实节水责任。只有节水与每个单位和个人经济利益挂钩，节水型工业、农业、服务业和节水型社会才能建立，才能实现水资源的可持续利用，保障经济社会的可持续发展。用水定额涉及各行各业，工作量浩大，需要投入巨大的人力、物力和财力，需要调动各行各业的积极性，以行业为单位，制定省级行政区域各行业的用水定额。同时，定额的成果也要经省级人民政府水行政和质量监督行政主管部门的审核同意，由省级人民政府公布，并报国务院水行政主管部门和国务院质量监督检验行政主管部门备案。

水量分配方案供一个行政区域使用的水量是随着每年降水量的不同而变化的，是一个动态的变量。为了使总量控制这个水资源宏观控制指标在经济社会的发展中得到很好的贯彻落实，使有限的水资源发挥更大的经济、社会和生态效益，按照《水法》规定，省、市、县三级地方人民政府计划主管部门会同同级水行政主管部门，根据用水定额、经济技术条件以及水量分配方案确定的可供本行政区域使用的水量，制订年度用水计划，对本行政区域内的年度用水实行总量控制，以使本行政区域各行各业的用水不突破各个行业用水总量指标。

（三）阶梯式水价制度

《水法》第五十五条规定：使用水工程供应的水，应当按照国家规定向供水单位缴纳水费。供水价格应当按照补偿成本、合理收益、优质优价、公平负担的原则确定。具体办法由省级以上人民政府价格主管部门会同同级水行政主管部门或者其他供水行政主管部门依据职权制定。

我国水资源短缺，且普遍存在用水效力低下、浪费水资源现象。其重要原因是，长期以来，人们没有把水工程供应的水看成是一种商品，没有按照价值规律，确定水的价值，而是把水工程供应的水，看成一种行政事业服务行为，把水费当成一种行政事业收费，而且实行低收费政策。这样，造成水资源短缺与浪费并存。在低标准收费制度下，水费标准只有成本的1/3左右，而且实际计收到位低，只有1/2左右，导致工程老化失修，工程效益难以发挥。为在全社会树立水的资源意识和商品意识，促进全社会的节约用水，应当运用经济杠杆调节水资源的供需关系。修订后的《水法》，将1985年国务院制定的《水利工程水费核订、计收和管理办法》中的“水费标准”改为“水价”，“水费标准应在核算供水成本的基础上根据国家经济政策和当地水资源状况，对各类用水分别核定”改为“供水价格应当按照补偿成本、合理收益、优质优价、公平负担的原则确定”，即供水价格既要考虑补偿供水单位的供水成本，也要考虑供水单位的合理收益（利润）和国家税收，还要根据供水的水质情况的不同，实行不同的水价，同时还要根据不同用水户的承受能力确定不同的水价。

对水价制定的具体办法，《水法》规定由省级以上人民政府价格主管部门会同同级水行政主管部门或者其他供水行政主管部门依据职权制定。这就将水工程供水价格管理办法，由原来需国务院制定，改为由国家、省两级价格主管部门、水行政主管部门或者其他供水行政主管部门依据职权制定。国家制定的水工程供水水价管理办法，主要是水价核定的原则、计收和管理的一些原则规定以及流域机构管理的水工程的供水水价。具体的水价由各省（区、市）制定。

目前，全社会比较偏向于使用阶梯式水价。所谓阶梯式水价，就是将水价分为不同的阶梯，在不同的定额范围内，执行不同的价格。使用水量在基本定额之内，采用基准水价，如果使用的水超过基本定额，则超出的部分采取另一阶梯的水价标准收费。阶梯式水价可以分为增阶梯式和降阶梯式水价两种。增阶梯式水价是指随着用水量的增多，水价升高；降阶梯式水价则相反，用水量越大，水价越低。增阶梯式水价限制用水，而降阶梯式水价则鼓励更多地使用水资源。

当然，要将制定出的科学的阶梯式水价付诸实践，还需要一定的条件：

（1）水资源供需矛盾。

水资源供需矛盾对于水价的设计具有重要的影响。增阶梯式水价一般在水资源供需矛盾尖锐的地区实施。保障用户基本用水，特别是居民生活，提供优质、安全的水资源，以优惠的价格供给水资源，这是政府的基本责任之一，必须予以保障。超出基本部分，采取更高的价格，既能满足用户的用水需求，也体现了其多占用水资源应该付出的更多的费用的公平性。降阶梯式水价一般在丰水地区实施，鼓励多用水，降低生产水的边际成本，增加效益。

（2）制定出科学的阶梯定额。

合理的阶梯定额是阶梯式水价顺利实施的基础。对于工业用水，根据行业特点和企业规模核定基本用水定额，确定阶梯标准；对于居民用水，根据本地区的实际情况确定每户每月或每人每月或者每季度的基本用水量；对于农业用水，则根据作物结构、地区状况等加以核定；对于服务业、机关、学校等用水，应结合实际情况核定基准定额。合理的基本定额是满足基本需求，阶梯定额则以节约限制为前提。

（3）完备的计量设施。

合理的定额确定后，完备的计量设施是阶梯式水价实施的保障。如果缺乏计量设施，无法准确地计量用户的用水量，就无法确定其利用的水量是多少，无法划分基本水量和超定额水量。

（4）行政和法规等支撑。

阶梯式水价的实施，需要完备的行政和法规等作为支撑。目前，尽管有相应的法规作为支撑，但还是不够完备，如何使其达到可操作的程度，需要实施细则。实施细则一定要考虑各个方面,具有可操作性。

(四)节水设施与建设项目“三同时”制度

《水法》第五十三条规定：新建、扩建、改建建设项目,应当制订节水措施方案,配套建设节水设施。节水设施应当与主体工程同时设计、同时施工、同时投产。供水企业和自建供水设施的单位应当加强供水设施的维护管理,减少水的漏失。

所有的新建、扩建、改建建设项目,都要制订节水措施方案,包括工程措施。工程措施就是指配套建设节水设施。节水设施应当与主体工程同时设计、同时施工,并同时投产运用。不能主体工程建成投入使用了,节水设施没有建成或者节水设施没有达到国家规定的要求;否则,要承担《水法》第七十一条规定的法律责任。《水法》第七十一条规定：建设项目的节水设施没有建成或者没有达到国家规定的要求,擅自投入使用的,由县级以上人民政府有关部门或者流域管理机构依据职权,责令停止使用,限期改正,处5万元以上10万元以下的罚款。

供水企业和自建供水设施的单位应当加强供水设施的维护管理,减少水的漏失。目前,我国供水企业的输水工程包含渠道和管道,都存在着大量的跑、冒、滴、漏,既有工程自身的“渗漏”,也有管理上的“渗漏”,水资源浪费严重。因此,要实行严格的水资源管理制度,必须依靠科技进步和市场机制,提高水资源的利用率。进一步增强节约水资源的观念,把节约水资源放在首位,加强供水设施的维护管理,减少水的漏失,是所有供水企业和自建供水设施单位义不容辞的责任。

另外,把供水紧张的城市各工业单位用水(包括自备水源)逐步纳入供水计划,实行计划供水,并和经济责任制联系起来,实行节奖超罚。对节水效果好的单位和个人可从企业奖励基金中给予奖励。对超计划用水要累进加价收费,乃至减少或停止供水。超计划用水加价的水费,应从用水单位税后留利中开支。超计划用水所收的水费,用于开展节约用水工作和补助城市供水工程建设等。城市自来水企业要一手抓供水,一手抓节水,克服重售水、轻节水、重利润、忽视服务的倾向。为了解决好节水和利润的矛盾,今后对城市自来水企业不仅要考核供水水质、水压、漏失率、制水成本、服务质量等,还要把节约用水工作作为一项重要的考核指标。对节水工作做得好的,因节水减少售水量而影响企业留利的,财政部门可根据具体情况给予适当照顾,具体办法由各地自行规定。新闻宣传部门要大力宣传节约用水和保护水资源的重要意义及其经济效益,报道节约用水的好人好事,推广节约用水的先进经验。各有关科研单位、大专院校、用水单位要研制节水型设备、器具和部件,开发节约用水的先进技术,要研究海水和污水处理利用技术。

第六章 防汛抗洪减灾

第一节 概 述

一、防汛与减灾的必要性

我国是一个江河众多的国家,有流域面积在100 km^2 以上的河流5万多条,总长度约45万 km。水资源和河川径流在地区上分布很不均匀,在时间上分配比较集中,年际变化很大,连丰、连枯年份经常出现,加之我国复杂的地理、气候条件,使我国成为世界上水旱灾害最严重的国家之一。就洪灾而言,全国2/3的国土面积受着不同程度的洪涝灾害的侵袭,洪水灾害十分频繁。据历史记载,从公元前206年至1949年的2 155年间,中国发生较大洪水灾害1 092次,平均每两年就有一次较大的水灾。众所周知,洪涝灾害给人类带来两大灾难性后果:一是直接威胁人民生命和财产的安全;二是对经济的巨大破坏。洪涝灾害在历史上曾给中国人民带来了深重的灾难。新中国成立后,虽然全国人民在党的领导下在防治洪涝灾害方面做了大量的工作,人民的生命和财产得以最大限度的保全,取得了可喜的成就,但是洪涝灾害仍然威胁着我国的经济发展和人民的生命财产安全,仍然是我国社会经济发展进程中的心腹之患。特别是由于经济的不断发展,城市现代化进程的加快,产业和财富进一步向城市集中,同样的洪水给社会经济带来的损失及对人民生活质量的影响将远远大于历史上的任何时期。因此,在目前的情况下,采取各种措施,防御、减轻洪涝灾害,对于保障人民生命和财产安全,维护经济的稳定发展,保障"四化"的顺利实现显得尤为重要,这也就是防洪法制定与实施的根本目的。

近年来,我国水土流失严重,河流湖泊大量淤积、围垦,防洪能力进一步下降,同样的洪水,水位越来越高,流速越来越慢,洪水持续时间越来越长,防洪的形势更加严峻。在防洪工作中,存在着没有切实的手段保证防洪规划的落实,对河道防护及防洪工程设施保护缺乏强有力的措施,对蓄滞洪区的安全与建设缺乏有效的管理以及防洪投入不够,防洪标准偏低,实际防洪能力差等若干问题。制定《防洪法》的目的就是要针对上述问题进行规范,通过法律手段,理顺防洪活动中的各种社会关系,使防洪活动在有序、高效、科学的轨道上顺利进行,最终达到治理、预防、减轻洪涝灾害,保障人民生命财产安全,保障"四化"建设实现的根本目的。

二、防洪工作的指导原则

防汛工作实行"安全第一,常备不懈,以防为主,全力抢险"的方针,遵循团结协作和局部利益服从全局利益的原则。在非常情况下,为保护国家确定的重点地区和大局安全,必须做出局部牺牲时,在报经有管辖权的上级人民政府防汛指挥部批准后,当地人民政府防汛指挥部可以采取非常紧急措施。实施上述措施时,任何单位和个人不得阻拦,如遇到阻拦和拖延,有管辖权的人民政府有权组织强制实施。

防汛工作实行各级人民政府行政首长负责制,实行统一指挥,分级分部门负责。各有关部门实行防汛岗位责任制。在紧急防汛期,地方人民政府防汛指挥部必须由人民政府负责人主持工作,组织动员本地区各有关单位和个人投入抗洪抢险。所有单位和个人必须听从指挥,承担人民政府防汛指挥部分配的抗洪抢险任务。任何单位和个人都有参加防汛抗洪的义务。有防汛任务的地方人民政府应当组织以民兵为骨干的群众性防汛队伍,并责成有关部门将防汛队伍组成人员登记造册,明确各自的任务和责任。河道管理机构和其他防洪工程管理单位可以结合平时的管理任务,组织本单位的防汛抢险队伍,作为紧急抢险的骨干力量。中国人民解放军和武装警察部队是防汛抗洪的重要力量。在紧急防汛期,公安部门应当按照人民政府防汛指挥部的要求,加强治安管理和安全保卫工作。必要时,须由有关部门依法实行陆地和水面交通管制。在紧急防汛期,为了防汛抢险需要,防汛指挥部有权在其管辖范围内,调用物资、设备、交通运输工具和人力,事后应当及时归还或者给予适当补偿。因抢险需要取土占地、砍伐林木、清除阻水障碍物的,任何单位和个人不得阻拦。

(一)防洪减灾指导思想

防洪减灾的指导思想是:从无序、无节制地与水争地转变为有序、可持续地与洪水协调相处。建设成以防洪工程体系为基础的,包括防洪保障体系在内的完整的防洪减灾体系。

我国是洪涝灾害十分频繁的国家,特别是最近10年,洪涝灾害损失呈明显上升趋势。1998年长江及松花江大水所造成的经济损失超过2 500亿元,1999年也超过2 000亿元。事实证明,要完全消除洪水灾害是不可能的,要避免竞相加高堤防以致不断抬高江河洪水位的恶性循环。对常遇洪水要通过一定的工程措施来控制,在发生大洪水或特大洪水时,要让出一定数量的土地来调蓄洪水,以免发生影响全局的、毁灭性的灾害。无数次的抗洪救灾事实也有力地证明,面对日益加重的自然灾害,完全靠防洪工程系统、完全依靠专业队伍是不够的。面对洪水的严峻挑战必须动员全社会的力量,由全社会共同应对洪水灾害,建立全社会的防洪减灾保障体系,这也是21世纪世界各国所面临的共同课题。

(二)防洪减灾治理方针

我国防洪减灾治理的总方针是建立和完善包含防洪工程体系与防洪保障体系的综合防洪体系,主要包括以下几方面:

第一,防洪减灾工程是国民经济发展的基础设施,防洪减灾应与国民经济和社会发展水平相适应。要处理好防洪减灾与水资源开发利用、生态环境保护等方面的关系。

第二,要贯彻“全面规划,统筹兼顾,标本兼治,综合治理”的方针。从我国的国情出发,坚持“蓄泄兼筹”。

第三,要抓住重点,照顾全面。大江大河中下游广大平原和重要湖区是我国经济发达地区,是防洪的重点。大中城市是国家和地方政治、经济、文化中心,人口稠密,固定资产集中,要加速城市防洪建设。对5万多条中小河流的治理和山洪、泥石流等山地灾害,平原地区的排涝及沿海地区台风暴潮灾害,也要给予足够的重视。

第四，要继续抓紧干支流河道治理工程建设，同时重点兴建一批控制性水利枢纽工程。目前，重点加高加固江河湖海堤防，加大堤防和病险水库除险加固力度，建立蓄滞洪区的安全设施，有计划、有步骤地平垸行洪、退田还湖。搞好江河、湖泊清淤疏浚，增强排涝能力，进一步构筑七大江河完整的防洪工程体系，有重点地提高防洪排涝标准。

第五，加强防洪管理，划定防洪管理区，如蓄滞洪区、超标准洪水处理范围、不同防洪标准的管理范围、防洪保护区等，绘制防洪风险图。进一步完善防洪减灾法规体系，依法开展防洪减灾管理，提高执法水平，加大执法力度，建立相应的防洪减灾配套政策。加快国家防汛指挥系统及水文基础设施建设。加强抗洪管理，从组织、人力、物力和其他方面保证抗洪的需要。

（三）我国防洪减灾治理总目标

在江河发生常遇洪水和较大洪水时，国家的经济活动和社会生活不受影响，可以正常运作；在江河遭遇大洪水和特大洪水时，即遇超标准洪水时，应有序地实施预定方案，国家的经济活动和社会生活不致发生动荡，不致影响国家长期计划的完成或造成严重的环境灾害。

各条江河的目标为：长江再遇 1998 年型洪水时确保主要堤防安全，大大减轻灾害损失及防汛抢险的负担；再遇类似 1954 年和 1870 年型洪水时，在充分运用三峡等干支流水库和分蓄洪工程的条件下，保证重要堤防、沿江大城市和重点围垸的安全。黄河保证防御花园口安全通过 22 000 m^3/s 的洪水，稳定现行的流路，保证黄河不改道。淮河干流上游达到 20 年一遇以上，中游 100 年一遇，下游 300 年一遇，重要支流达到 20 年一遇以上；沂沭泗水系中下游达到 50 年一遇以上的防洪标准。海河南系下游地区能防御 1963 年型洪水，海河北系中下游地区能防御 1939 年型洪水，滦河能防御 1962 年型洪水。珠江流域的南宁、柳州、梧州等城市达到 100 年一遇以上，主要堤防达到 50 年一遇的防洪标准，再遇类似 1915 年型特大洪水时，保证广州市、西江干支流城市和珠江三角洲重点堤围的安全。松花江干流和重要支流达到 20 年一遇至 50 年一遇，重要城市达到 100 年一遇以上的防洪标准。太湖流域防御各种不利降雨时空分布的 50 年一遇的洪水，使流域防洪能力向抗御 100 年一遇洪水的标准过渡。

（四）防洪减灾治理对策

为了有效地防治洪水灾害，保证国民经济持续、快速、健康发展，我国政府认真总结了防治洪水灾害的历史经验和教训，对防洪减灾的思路和策略进行了战略调整。解决洪涝灾害，关键在于正确处理人与洪水的关系，要给洪水以出路，不仅要体现在抗洪期间，而且要把它作为整个防洪工作的指导思想，在经济社会建设中给予高度重视。具体措施如下。

（1）建设综合防洪体系，使防洪能力与经济社会发展要求相适应。目前，我国大江大河干流防洪工程体系基本建立，但多数重要支流和中小河流尚未得到有效治理，蓄滞洪区建设滞后，需要进一步加强防洪工程建设。同时，必须进一步加强预报、监测、指挥调度等非工程措施建设，配合工程措施，提高综合防洪能力。

（2）规范人类自身活动，使经济社会发展模式与有效规避洪涝灾害的要求相适应。在经济建设和社会发展中，要调整工农业生产布局，防止侵占行洪通道，尽量保护河湖水系、滩涂湿地。对水土资源过度开发利用的地区，要根据防洪需要，实施退耕还林，治理水土流失;退田还湖,增加洪水的蓄泄空间。

(3)实施洪水风险管理,使洪水带来的风险能够与经济社会的承受能力相适应。解决人多地少、水土资源需求压力过大的问题,必须承受适度的风险。我国政府开始将风险管理的理念引入防洪工作中,力求通过建立健全洪水风险控制与补偿、防洪保险与社会保障救助等制度,借以分担、承受和化解洪水风险,将洪水风险控制在经济社会发展可承受的限度以内。

(4)科学利用洪水资源,使洪水的资源化能够与我国短缺的水资源形势相适应。洪水资源的利用对于解决我国水资源的紧缺问题至关重要,我国正在积极探索既保防洪安全,又能最大限度地利用洪水资源的方法和途径。

(5)优化防洪措施,使防治洪涝灾害与保护江河生态的要求相适应。要科学规划江河治理方案,合理建设防洪工程,优化洪水调度,有效配置水资源的时空分布,促进生态和环境的改善或修复。

(6)鼓励公众广泛参与,使防洪减灾管理模式与洪涝灾害的社会化特点相适应。防洪减灾需要全社会的广泛参与,共同承担防洪责任和风险。要通过加强宣传,提高公众防灾减灾意识和抗灾避险能力,鼓励社会各方面积极参与防洪减灾管理。

第二节　防汛抗洪机构及职责

一、防汛抗洪组织机构

洪水灾害是世界上许多国家都发生的严重自然灾害之一,也是中华民族的心腹之患。防治洪水,需要有统一的领导,多头治水不是一种科学、有效的治水方法,但是任何一个单一部门或地区都难以完成防洪任务。县级以上人民政府建设行政主管部门和其他有关部门在本级人民政府的领导下在防洪工作中负责有关的防洪工作;建设行政主管部门对城市的防洪排涝负有重要责任;交通、铁道、邮电、气象、公安、卫生等部门都应当各司其职,共同做好防洪工作。

《中华人民共和国防洪法》第八条规定:“国务院水行政主管部门在国务院的领导下,负责全国防洪的组织、协调、监督、指导等日常工作。国务院水行政主管部门在国家确定的重要江河、湖泊设立的流域管理机构,在所管辖的范围内行使法律、行政法规规定和国务院水行政主管部门授权的防洪协调和监督管理职责。

“国务院建设行政主管部门和其他有关部门在国务院的领导下,按照各自的职责,负责有关的防洪工作。

“县级以上地方人民政府水行政主管部门在本级人民政府的领导下,负责本行政区域内防洪的组织、协调、监督、指导等日常工作。县级以上地方人民政府建设行政主管部门和其他有关部门在本级人民政府的领导下,按照各自的职责,负责有关的防洪工作。”

防御洪水是一项复杂的系统工程,只有上下游、左右岸、干支流统一考虑,各种防洪措施综合运用,不同地区、不同部门和不同行业协同配合,才能有效地控制洪水,减轻损失。在防御洪水的过程中,涉及不同地区、不同部门和不同行业的利益,洪水来临时,为了确保国民经济命脉不受损失，从大局上考虑将损失降低到最小程度，有时需要牺牲某一地区的局部利益。因此，防洪工作从客观上要求人民政府的统一领导。另外，我国地域辽阔，水系复杂，防洪工作的具体要求也不尽相同，多年的实践证明，有必要在统一领导的基础上实行分级、分部门管理。同时，根据洪水按其重力由高向低，按水系运动的客观规律，又决定了治水必须以流域为基础。任何单一的措施、条块分割的管理体制都不能适应防洪工作的需要。因此，《防洪法》第八条在总结我国防洪工作多年经验的基础上确定了我国防洪工作的管理体制采取统一领导，分级、分部门管理，流域管理和行政区域管理相结合的制度。

根据洪水的流域性特点，防洪工作应由县级以上地方人民政府统一领导和管理。同时，我国在长期的防洪实践中确立了在重要的江河、湖泊，由流域管理机构对有关流域的防洪工作进行协调和监督管理的制度。流域管理机构是国务院水行政主管部门的派出机构，代表国务院水行政主管部门依法行使职权。设立流域管理机构，便于我国防洪工作的统一领导和协调，督促各地区切实贯彻防洪工作方针和统一规划，有利于信息的及时反馈，便于国务院指挥和调度。实践证明，这是一项符合洪水活动规律，对防洪工作有重要意义的制度。因此，《防洪法》第八条明确规定，国务院水行政主管部门在国家确定的重要江河、湖泊设立的流域管理机构，在所管辖范围内行使法律、行政法规规定和国务院水行政主管部门授权的防洪协调和监督管理职责。这里所指的“重要江河、湖泊”包括长江、黄河、淮河、海河、珠江、松花江、辽河等七大江河及太湖流域。这也是我国水事法律中对流域管理机构及其职能第一次作出的明确规定。

《防汛条例》中也规定：国务院设立国家防汛总指挥部，负责组织领导全国的防汛抗洪工作，其办事机构设在国务院水行政主管部门。中国防汛抗旱组织机构示意图如图 6-1 所示。长江和黄河，可以设立由有关省、自治区、直辖市人民政府和该江河的流域管理机构负责人等组成的防汛指挥机构，负责指挥所辖范围的防汛抗洪工作，其办事机构设在流域机构。长江和黄河的重大防汛抗洪事项须经国家防汛抗旱总指挥部批准后执行。国务院水行政主管部门所属的淮河、海河、珠江、松花江、辽河、太湖等流域机构，设立防汛办事机构，负责协调本流域的防汛日常工作。有防汛任务的县级以上地方人民政府设立防汛指挥部，由有关部门、当地驻军、人民武装部负责人组成，由各级人民政府首长担任指挥。各级人民政府防汛指挥部在上级人民政府防汛指挥部和同级人民政府的领导下，执行上级防汛指令，制定各项防汛抗洪措施，统一指挥本地区的防汛抗洪工作。各级人民政府防汛指挥部办事机构设在同级水行政主管部门；城市市区的防汛指挥部办事机构也可以设在城建主管部门，负责管理所辖范围的防汛日常工作。

石油、电力、邮电、铁路、公路、航运、工矿以及商业、物资等有防汛任务的部门和单位，汛期应当设立防汛机构，在有管辖权的人民政府防汛指挥部统一领导下，负责做好本行业和本单位的防汛工作。

河道管理机构、水利水电工程管理单位和江河沿岸在建工程的建设单位，必须加强对所辖水工程设施的管理维护，保证其安全正常运行，组织和参加防汛抗洪工作。

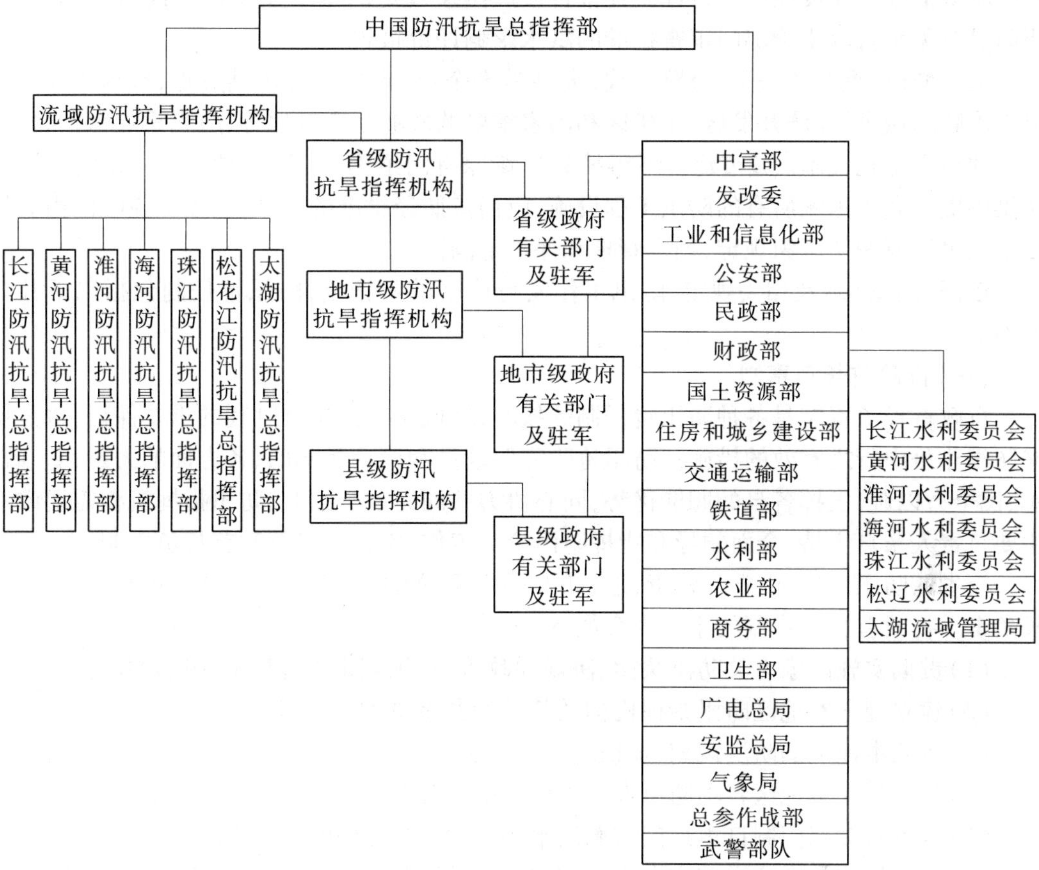

图6-1　中国防汛抗旱组织机构示意图

二、防汛抗洪组织机构职责

防汛工作实行“安全第一，常备不懈，以防为主，全力抢险”的方针，遵循团结协作和局部利益服从全局利益的原则。

《防洪法》第三十八条规定：防汛抗洪工作实行各级人民政府行政首长负责制，统一指挥、分级分部门负责。

《防洪法》第三十六条中明确规定：各级人民政府应当组织有关部门加强对水库大坝的定期检查和监督管理。对未达到设计洪水标准、抗震设防要求或者有严重质量缺陷的险坝，大坝主管部门应当组织有关单位采取除险加固措施，限期消除危险或者重建，有关人民政府应当优先安排所需资金。

地方各级人民政府应当加强对防洪区安全建设工作的领导，组织有关部门、单位对防洪区内的单位和居民进行防洪教育，普及防洪知识，提高水患意识；按照防洪规划和防御洪水方案建立并完善防洪体系与水文、气象、通信、预警以及洪涝灾害监测系统，提高防御洪水能力；组织防洪。在洪泛区、蓄滞洪区内建设非防洪建设项目，应当就洪水对建设项目可能产生的影响和建设项目对防洪可能产生的影响作出评价，编制洪水影响评价报告，提出防御措施。建设项目可行性研究报告按照国家规定的基本建设程序报请批准时，应当附具有关水行政主管部门审查批准的洪水影响评价报告。

大中城市，重要的铁路、公路干线，大型骨干企业，应当列为防洪重点，确保安全。受洪水威胁的城市、经济开发区、工矿区和国家重要的农业生产基地等，应当重点保护，建设必要的防洪工程设施。城市建设不得擅自填堵原有河道沟叉、贮水湖塘洼淀和废除原有防洪围堤。属于国家所有的防洪工程设施，应当按照经批准的设计，在竣工验收前由县级以上人民政府按照国家规定，划定管理和保护范围。

依据《防洪法》及相关规定，防汛工作实行严格的责任制，防汛责任制包括以下几个方面。

（一）行政首长负责制

行政首长负责制是各种防汛责任制的核心，是取得防汛抢险胜利的重要保证，也是历来防汛斗争中行之有效的措施。防汛抢险需要动员和调动各部门、各方面的力量，党、政、军、民全力以赴，发挥各自的职能优势，同心协力共同完成。因此，防汛指挥机构需要政府主要负责人亲自主持，全面领导和指挥防汛抢险工作，实行防汛行政首长负责制。

全省的防汛工作，由省长负责，地（市）、县（区）的防汛工作，由专员（市长）、县（区）长负责。行政首长负责制的主要内容如下：

（1）贯彻实施国家有关防洪法律、法规和政策，组织制定本地区有关防洪措施；

（2）建立健全本地区防汛指挥机构及其常设办事机构；

（3）按照本地区的防洪规划，加快防洪工程建设；

（4）负责督促本地区各项防汛准备工作的落实和重大清障项目的完成；

（5）组织有关部门制订本地区防御洪水预案，并督促各项措施的落实；

（6）贯彻执行上级防洪调度命令，做好防汛宣传和思想动员工作，组织抗洪抢险，及时安全转移受灾人员和国家重要财产；

（7）组织筹集防汛抗洪经费和物资；

（8）组织开展灾后救助、恢复生产、水毁工程修复、保持社会稳定。

（二）分级责任制

根据防洪工程所处地区、工程等级和重要程度等，确定分级管理运用、指挥调度的权限责任。在统一领导下，对防洪工程实行分级管理、分级调度、分级负责。

（三）分包责任制

为确保重点地区和主要防洪工程的度汛安全，各级政府行政负责人和防汛指挥部领导成员实行分包工程责任制，将水库、堤段的防守任务具体落实到人，责任到人，有利于防汛抢险工作的开展。

（四）岗位责任制

工程管理单位的业务处室和管理人员，以及护堤员、防汛人员、抢险队员等要制定岗位责任制，明确任务和要求，定岗定责，落实到人。对岗位责任制的范围、项目、安全程度、责任时间等，要作出明确规定。

（五）技术责任制

在防汛抢险工作中，为充分发挥技术人员的专长，实现科学抢险、优化调度以及提高防汛指挥的准确性和可能性，凡是评价工程抗洪能力、确定预报数字、制订调度方案、采取的抢险措施等有关技术问题，均应由专业技术人员负责、建立技术责任制。关系重大的技术决策，要组织相当技术级别的人员进行咨询，以防失误。

（六）值班责任制

为了随时掌握汛情，防汛指挥机构应建立防汛值班制度，以便及时加强上下联系，多方协调，充分发挥水利工程的作用。汛期值班主要责任如下：

（1）及时掌握汛情。汛情一般包括水情、工情和灾情。水情：按时了解雨情、水情实况和水文、气象预报；工情：当雨情、水情达到某一数值时，要了解水库和河道等防洪工程的运用和防守情况；灾情：主动了解受灾地区的范围和人员伤亡情况以及抢救的措施。

（2）按时请示报告。对于重大汛情及灾情要及时向上级汇报。对需要采取的防洪措施要及时请示批准执行；对授权传达的指挥调度命令及意见要及时准确传达。

（3）及时掌握各地水库发生的险情及处理情况。

（4）对发生的重大汛情要整理好值班记录，以备查阅，并归档保存。

（5）熟悉所辖地区的防汛基本情况。对所发生的各种类型洪水要根据有关资料进行分析研究。

（6）严格执行交接班制度，认真履行交接班手续。

（7）做好保密工作，严守国家机密。

第三节　治理与防护

一、防洪规划

（一）防洪规划的任务和作用

《中华人民共和国防洪法》第九条规定：防洪规划是指为防治某一流域、河段或者区域的洪涝灾害而制订的总体部署，包括国家确定的重要江河、湖泊的流域防洪规划，其他江河、河段、湖泊的防洪规划以及区域防洪规划。防洪规划应当服从所在流域、区域的综合规划；区域防洪规划应当服从所在流域的流域防洪规划。防洪规划是江河、湖泊治理和防洪工程设施建设的基本依据。

防洪规划是为防治洪涝灾害而制订的总体部署，其特点如下：

第一，防洪规划是一种安排或计划，它规定的是一个时期内的防洪工作。

第二，防洪规划是在深入研究有关流域、河段或者区域的自然与社会特点、水文气象资料、洪灾损失的历史经验和现有防洪能力等各种情况，以及广泛调查研究的基础上，通过综合比较论证而制订的，它反映的是对某一流域或区域防洪工作的总体要求，对该地区的防洪工作具有普遍意义。

第三、防洪规划的主要内容是拟定防洪标准和选择优化的防洪系统，包括对现有河流、湖泊的治理计划及兴修新的防洪工程的战略布署，等等。

第四，相对于流域或区域的综合规划而言，防洪规划是一项专业规划。

防洪规划包括流域防洪规划，其他江河、河段、湖泊的防洪规划及区域防洪规划。流域防洪规划是指长江、黄河、淮河、海河、珠江、松花江、辽河等七大流域及太湖流域的防洪规划;以一个行政区、经济区或地理区为对象制订的水害防治规划为区域防洪规划。

防洪规划作为专业规划应当服从综合规划,一定区域的防洪规划应当服从整个流域的防洪规划。综合规划是指综合研究一个流域或区域的水资源开发利用和水害防治的规划。综合规划是根据水具有多种功能的特点,在综合考虑了社会经济发展的需要和可能,统筹兼顾各方面的利益、协调各种关系的基础上,以综合开发利用水资源、兴利除害为基本出发点制订的,其确定的开发目标和方针,选定的治理开发的总体方案、主要工程布局与实施程序都体现了开发利用水资源与防治水害相结合,开发利用和保护水资源服从防洪总体安排的原则。因此,综合规划对防洪规划具有指导意义。防洪规划应当在综合规划的基础上编制,与综合规划相协调。根据洪水的流域性特点,制订区域性的防洪规划也必须以流域的防洪规划为基础。

鉴于上述防洪规划的特点及作用,不难看出,防洪规划应当成为江河、湖泊治理和防洪工程设施建设的基本依据。重视编制防洪规划,全面考虑防洪工作,严格执行防洪规划,就能够保证防洪工作的有序进行,减少重复建设,避免人力、财力和物力的浪费,使各项防洪措施发挥最佳的防洪效益。曾经有一段时期,有的人对防洪规划的重要意义认识不足,认为规划是“纸上画画,墙上挂挂”的事,甚至在防洪工作中违反规划,主观臆断的现象时有发生,有的因不按规划盲目建设导致修建的工程设施不能发挥应有的作用,给国家造成了不必要的损失。因此,《防洪法》规定,在江河、湖泊治理和修建防洪工程设施的活动中,必须以防洪规划为依据,这对我国的防洪工作具有十分重要的意义。

我国流域规划工作有了一个很大的发展。水利部按照国务院的要求,在 1998 年长江、松花江、嫩江发生大洪水之后,就启动了七大流域防洪规划的制订工作。具体规划工作由水利部规划院负责,多位院士、专家,国务院有关部门和地方政府的代表对各个流域的防洪规划进行了审查。至 2005 年 7 月,海河、淮河、珠江、黄河、长江、松花江和辽河等流域的防洪规划相继通过了专家审查,到《太湖流域防洪规划》最终通过,标志着历时 7 年的中国七大流域防洪规划全面成形。此次规划,确定了 10 年、20 年之内中国防洪工作的蓝图,防洪规划对七大流域各自的防洪形势进行了科学的分析和评价,第一次将中国的国土划分为防洪区和非防洪区。其中,防洪区又按照《防洪法》划分为洪泛区、蓄洪区、滞洪区、保护区四个区。七大流域的防洪规划,最大的特点就是体现了人与资源和谐发展的思想,注重调整人和水之间的关系,对于各个不同的区域,能做什么,不能做什么,有了一个明确的规定。并且,本次规划使中国第一次拥有了流域层面的洪水灾害风险图,它可以明确各个区域的洪水风险大小以及有无回避、减轻灾害的办法,对于流域内的国土开发、城镇规划都有很强的指导意义。

(二)防洪规划的编制原则

(1)编制防洪规划,应当遵循确保重点、兼顾一般,以及防汛和抗旱相结合、工程措施和非工程措施相结合的原则,充分考虑洪涝规律和上下游、左右岸的关系以及国民经济对防洪的要求,并与国土规划和土地利用总体规划相协调。

(2)防洪规划应当确定防护对象、治理目标和任务、防洪措施和实施方案,划定洪泛区、蓄滞洪区和防洪保护区的范围,规定蓄滞洪区的使用原则。

（三）防洪规划的批复程序

《中华人民共和国防洪法》第十条规定：国家确定的重要江河、湖泊的防洪规划，由国务院水行政主管部门依据该江河、湖泊的流域综合规划，会同有关部门和有关省、自治区、直辖市人民政府编制，报国务院批准。

其他江河、河段、湖泊的防洪规划或者区域防洪规划，由县级以上地方人民政府水行政主管部门分别依据流域综合规划、区域综合规划，会同有关部门和有关地区编制，报本级人民政府批准，并报上一级人民政府水行政主管部门备案；跨省、自治区、直辖市的江河、河段、湖泊的防洪规划由有关流域管理机构会同江河、河段、湖泊所在地的省、自治区、直辖市人民政府水行政主管部门、有关主管部门拟定，分别经有关省、自治区、直辖市人民政府审查提出意见后，报国务院水行政主管部门批准。

城市防洪规划，由城市人民政府组织水行政主管部门、建设行政主管部门和其他有关部门依据流域防洪规划、上一级人民政府区域防洪规划编制，按照国务院规定的审批程序批准后纳入城市总体规划。

修改防洪规划，应当报经原批准机关批准。

国家确定的重要江河的流域综合规划的批准权在国务院，因此上述流域综合规划必须报国务院批准。如黄河流域综合规划，就应由水利部会同国务院有关行政主管部门和黄河流域的省级人民政府编制并报国务院批准。

跨省、自治区、直辖市的其他江河、湖泊的流域综合规划和区域综合规划，按照流域管理机构的分工管辖范围，由有管辖权的流域管理机构会同江河、湖泊所在地的省、自治区、直辖市人民政府水行政主管部门和有关部门编制，分别经有关省、自治区、直辖市人民政府审查提出意见后，报国务院水行政主管部门审核；由国务院水行政主管部门征求国务院其他有关部门意见后，报国务院或者国务院授权的部门批准。比如黑河流域综合规划就是由黄河水利委员会会同甘肃省和内蒙古自治区的水行政主管部门及有关部门编制，并分别经两省、区人民政府审查后报水利部审核，水利部征求国务院有关部门意见后报国务院批准。上述规定是在总结原《水法》施行 14 年以来的实践经验后形成的，这样规定既可以防止无序开发，又可以避免区域之间的利害冲突，同时还可以按照分级管理的原则，保证流域范围内的区域规划服从流域规划。

国家确定的重要江河以外的江河、湖泊的流域综合规划和区域综合规划，由县级以上地方人民政府水行政主管部门会同同级有关部门和有关地方人民政府编制，原则上应由流域所在行政区域的地方水行政主管部门会同同级有关部门和该流域范围内的地方人民政府编制。如闽江流域基本在福建省内，就应由福建省水利厅会同省有关部门和在该流域内的福州、南平、三明、建阳等城市人民政府编制。《防洪法》规定，流域综合规划的批准权在本级人民政府或政府授权的部门，并报上一级水行政主管部门备案。如闽江流域综合规划就应由福建省人民政府或省政府授权的部门批准，并报水利部备案。

（四）针对不同的灾害，采取不同的规划措施

《中华人民共和国防洪法》第十二条规定：受风暴潮威胁的沿海地区的县级以上地方人民政府，应当把防御风暴潮纳入本地区的防洪规划，加强海堤（海塘）、挡潮闸和沿海防护林等防御风暴潮工程体系建设，监督建筑物、构筑物的设计和施工符合防御风暴潮的需要。

《中华人民共和国防洪法》第十三条规定：山洪可能诱发山体滑坡、崩塌和泥石流的地区以及其他山洪多发地区的县级以上地方人民政府，应当组织负责地质矿产管理工作的部门、水行政主管部门和其他有关部门对山体滑坡、崩塌和泥石流隐患进行全面调查，划定重点防治区，采取防治措施。城市、村镇和其他居民点以及工厂、矿山、铁路和公路干线的布局，应当避开山洪威胁；已经建在受山洪威胁的地方的，应当采取防御措施。

《中华人民共和国防洪法》第十四条规定：平原、洼地、水网圩区、山谷、盆地等易涝地区的有关人民政府，应当制订除涝治涝规划，组织有关部门、单位采取相应的治理措施，完善排水系统，发展耐涝农作物种类和品种，开展洪涝、干旱、盐碱综合治理。城市人民政府应当加强对城区排涝管网、泵站的建设和管理。

（五）防洪规划与国土资源

防洪规划确定的河道整治计划用地和规划建设的堤防用地范围内的土地，经土地管理部门和水行政主管部门会同有关地区核定，报经县级以上人民政府按照国务院规定的权限批准后，可以划定为规划保留区；该规划保留区范围内的土地涉及其他项目用地的，有关土地管理部门和水行政主管部门核定时，应当征求有关部门的意见。

（六）防洪规划与水利工程建设

在江河、湖泊上建设防洪工程和其他水工程、水电站等，应当符合防洪规划的要求；水库应当按照防洪规划的要求留足防洪库容。

建设水工程是指在江河、湖泊和地下水源上建设开发利用水资源的各类工程。为了加强对水资源的宏观管理，确保按规划从事各类兴利除害的水事活动，《水法》规定："建设水工程，必须符合流域综合规划。"建设水工程的审批程序和批准权限分为两个层次：第一个层次是在国家规定的重要江河、湖泊上建设水工程，要由对该流域有管辖权的流域管理机构审查该水工程建设是否符合流域综合规划，并对是否同意该水工程签署意见。第二个层次是在其他江河、湖泊上建设水工程，由县级以上地方人民政府水行政主管部门按照管理权限审查该水工程建设是否符合流域综合规划，并对是否同意建设该水工程签署意见书。

（七）制订防洪规划时应主要的问题

1. 根据实际情况，制定适宜的防洪标准

防洪标准是衡量被保护区防洪能力或承受洪水风险的重要指标，拟定江河、城市防洪标准，要依据社会经济发展水平和河湖的自然条件。它涉及防洪经济效益，关系着上下游、左右岸及有关经济部门的利益和要求，同时要考虑工程上下游生态环境可能引起的变化等因素。一般而言，防洪效益随投入的增加而增加，但不一定是呈线性递增的，这就有一个经济上最合理的选择问题。在受堤防保护的大范围内，可考虑将大中城市、重要工矿企业和一般农业区的防洪标准加以区别。

2. 建立有效的防洪减灾保障体系

我国防洪减灾保障体系主要存在4个方面的问题：一是防洪管理措施不力。对跨省、自治区、直辖市的江河水系缺乏全流域的统一管理，防洪工程的日常维护管理经费不足，对防洪保护区的管理不力等。二是防洪保险措施尚未建立。三是水文站网密度不够，测报设施落后。全国的防洪指挥系统还没有建成。四是基础工作薄弱。

针对以上问题,在今后的防洪减灾工作中应该加强以下两方面的工作:

(1)普及洪涝灾害风险教育,灾害情报向全社会公开。

(2)各级政府认真抓好洪泛区域的管理。

二、治理与防护

《防洪法》第十八条规定:防治江河洪水,应当蓄泄兼施,充分发挥河道行洪能力和水库、洼淀、湖泊调蓄洪水的功能,加强河道防护,因地制宜地采取定期清淤疏浚等措施,保持行洪畅通。

防治江河洪水,应当保护、扩大流域林草植被,涵养水源,加强流域水土保持综合治理。

我国是世界上洪水灾害频繁的国家,在经历了历次洪水灾害后,我国劳动人民总结出了一套适合我国国情的防治江河洪水的有效方法,如在江河的中上游修建水库拦蓄洪水,并大力开展水土保持;在下游加固加高堤坝,整治河道,清淤疏浚,安排与建设蓄滞洪区,以蓄滞超标洪水。

河道是洪水下泄的主要通道,并可以形成一定的行洪能力。水库、洼淀、湖泊是调蓄洪水的重要场所,保证必要的调蓄面积,就会给洪水留有容身之地,充分发挥水库、洼淀、湖泊调蓄洪水的功能,就可以调节洪水流量、减轻洪水压力,因此要严禁围湖造田。而要充分发挥河道的行洪能力,就需要加强对河道的治理与保护,避免在河道内设置障碍物阻拦洪水下泄,并定期清除淤积在河道内的泥沙,对河道进行疏浚,保持和增强河道的行洪能力,确保行洪畅通。清淤疏浚是防治江河洪水的一项重要措施,通过定期清淤疏浚,可以逐步把河道置于地面之下,改变"地上悬河"的危险状况。

1998 年长江流域发生的特大洪水,其中一个重要的原因就是湖泊淤积萎缩,导致湖泊的天然蓄滞能力下降,比较典型的就是洞庭湖。洞庭湖是保证长江安全度汛的主要蓄洪区,也可以说是武汉、江汉平原的救命湖。但是,由于洞庭湖区被大量围垦,使它的调蓄洪水能力严重下降。自 20 世纪 50 年代以来,调蓄洪水的容量减少了 40%。据统计,全国被围的湖泊面积至少有 140 万 hm^2,减少蓄洪容量 350 多亿 m^3。另外一个很重要的原因是,长江上游水土流失严重。由于人为和自然的因素,全国水土流失面积达到 367 万 km^2,占国土面积的 38.2%。水土流失是我国生态环境的一个老大难问题,水土流失在破坏生态环境的同时,又使许多河流的中下游河床提高。如黄河已成为世界上典型的"地上悬河",每年约有 4 亿 t 泥沙淤积在河道内,河床平均每年抬高 0.1 m。在新乡,黄河滩面比地面高出近 20 m。许多中小河流也由于河道淤积,防洪能力下降,大堤加高的作用被河道淤积抵消了。只有进行水土保持综合治理,保护和扩大流域林草植被,涵养水源,才能防止水土流失,保护土壤不受暴雨冲刷,从而减少入河泥沙量,减轻河道淤积。目前,国务院已采取措施,决定将长江、黄河上中游的 51 个国家森工企业及地方森工企业全面停止采伐,转向造林。力争通过十几年的努力,使我国生态环境有较大改善,明显减少水土流失,改变长江、黄河等大江大河泥沙严重淤积状况。同时,根据条件与可能,对过度开垦、围垦的土地,有计划、有步骤地退耕还林、还牧、还湖,维护生态平衡,改善生态环境。

《防洪法》第二十一条规定:河道、湖泊管理实行按水系统一管理和分级管理相结合的原则,加强防护,确保畅通。

国家确定的重要江河、湖泊的主要河段,跨省、自治区、直辖市的重要河段、湖泊,省、自治区、直辖市之间的省界河道、湖泊以及国(边)界河道、湖泊,由流域管理机构和江河、湖泊所在地的省、自治区、直辖市人民政府水行政主管部门按照国务院水行政主管部门的划定依法实施管理。其他河道、湖泊,由县级以上地方人民政府水行政主管部门按照国务院水行政主管部门或者国务院水行政主管部门授权的机构的划定依法实施管理。

有堤防的河道、湖泊,其管理范围为两岸堤防之间的水域、沙洲、滩地、行洪区和堤防及护堤地;无堤防的河道、湖泊,其管理范围为历史最高洪水位或者设计洪水位之间的水域、沙洲、滩地和行洪区。

流域管理机构直接管理的河道、湖泊管理范围,由流域管理机构会同有关县级以上地方人民政府依照前款规定界定;其他河道、湖泊管理范围,由有关县级以上地方人民政府依照前款规定界定。

《防洪法》第二十二条规定:河道、湖泊管理范围内的土地和岸线的利用,应当符合行洪、输水的要求。

禁止在河道、湖泊管理范围内建设妨碍行洪的建筑物、构筑物,倾倒垃圾、渣土,从事影响河势稳定、危害河岸堤防安全和其他妨碍河道行洪的活动。

禁止在行洪河道内种植阻碍行洪的林木和高秆作物。

在船舶航行可能危及堤岸安全的河段,应当限定航速。限定航速的标志,由交通主管部门与水行政主管部门商定后设置。

《防洪法》第二十三条规定:禁止围湖造地。已经围垦的,应当按照国家规定的防洪标准进行治理,有计划地退地还湖。

禁止围垦河道。确需围垦的,应当进行科学论证,经水行政主管部门确认不妨碍行洪、输水后,报省级以上人民政府批准。

《防洪法》第二十四条规定:对居住在行洪河道内的居民,当地人民政府应当有计划地组织外迁。

《防洪法》第二十五条规定:护堤护岸的林木,由河道、湖泊管理机构组织营造和管理。护堤护岸林木,不得任意砍伐。采伐护堤护岸林木的,须经河道、湖泊管理机构同意后,依法办理采伐许可手续,并完成规定的更新补种任务。

《防洪法》第二十六条规定:对壅水、阻水严重的桥梁、引道、码头和其他跨河工程设施,根据防洪标准,有关水行政主管部门可以报请县级以上人民政府按照国务院规定的权限责令建设单位限期改建或者拆除。

《防洪法》第二十七条规定:建设跨河、穿河、穿堤、临河的桥梁、码头、道路、渡口、管道、缆线、取水、排水等工程设施,应当符合防洪标准、岸线规划、航运要求和其他技术要求,不得危害堤防安全,影响河势稳定、妨碍行洪畅通;其可行性研究报告按照国家规定的基本建设程序报请批准前,其中的工程建设方案应当经有关水行政主管部门根据前述防洪要求审查同意。

前款工程设施需要占用河道、湖泊管理范围内土地，跨越河道、湖泊空间或者穿越河床的，建设单位应当经有关水行政主管部门对该工程设施建设的位置和界限审查批准后，方可依法办理开工手续；安排施工时，应当按照水行政主管部门审查批准的位置和界限进行。

《防洪法》第二十八条规定：对于河道、湖泊管理范围内依照本法规定建设的工程设施，水行政主管部门有权依法检查；水行政主管部门检查时，被检查者应当如实提供有关的情况和资料。

前款规定的工程设施竣工验收时，应当有水行政主管部门参加。

三、防汛方案

《中华人民共和国防洪法》第四十条规定：有防汛抗洪任务的县级以上地方人民政府根据流域综合规划、防洪工程实际状况和国家规定的防洪标准，制订防御洪水方案（包括对特大洪水的处置措施）。

各级防汛指挥机构和承担防汛抗洪任务的部门和单位，必须根据防御洪水方案，做好防汛抗洪准备工作。

防洪法明确了防洪预案的编制单位和原则要求。

《中华人民共和国防汛条例》中也明确指出：

（1）有防汛任务的地方，应当根据经批准的防御洪水方案制订洪水调度方案。长江、黄河、淮河、海河（海河流域的永定河、大清河、漳卫南运河和北三河）、珠江、松花江、辽河和太湖流域的洪水调度方案，由有关流域机构会同有关省、自治区、直辖市人民政府制订，报国家防汛抗旱总指挥部批准。跨省、自治区、直辖市的其他江河的洪水调度方案，由有关流域机构会同有关省、自治区、直辖市人民政府制订，报流域防汛抗旱指挥机构批准；没有设立流域防汛指挥机构的，报国家防汛抗旱总指挥部批准。其他江河的洪水调度方案，由有管辖权的水行政主管部门会同有关地方人民政府制订，报有管辖权的防汛指挥机构批准。洪水调度方案经批准后，有关地方人民政府必须执行。修改洪水调度方案，应当报经原批准机关批准。

（2）有防汛抗洪任务的企业应当根据所在流域或者地区经批准的防御洪水方案和洪水调度方案，规定本企业的防汛抗洪措施，在征得其所在地县级人民政府水行政主管部门同意后，由有管辖权的防汛指挥机构监督实施。

（3）水库、水电站、拦河闸坝等工程的管理部门，应当根据工程规划设计、经批准的防御洪水方案和洪水调度方案以及工程实际状况，在兴利服从防洪，保证安全的前提下，制订汛期调度运用计划，经上级主管部门审查批准后，报有管辖权的人民政府防汛指挥部备案，并接受其监督。经国家防汛抗旱总指挥部认定的对防汛抗洪关系重大的水电站，其防洪库容的汛期调度运用计划经上级主管部门审查同意后，须经有管辖权的人民政府防汛指挥部批准。汛期调度运用计划经批准后，由水库、水电站、拦河闸坝等工程的管理部门负责执行。有防凌任务的江河，其上游水库在凌汛期间的下泄水量，必须征得有管辖权的人民政府防汛指挥部的同意，并接受其监督。

防洪预案通常包括以下 7 部分内容：

(1)基本情况：①河道情况，主要是河道基本情况和各河段的排洪能力；②防洪工程，主要是堤防、险工、控导(护滩)、蓄滞洪工程情况及抗洪能力；③滩区基本情况，主要是滩区面积、耕地、村庄、人口、财产、避洪设施、预警反馈系统情况，以及大水时需要转移的人口、安置地点等；④下游决口影响范围。

(2)防洪存在的主要问题：①河道存在的问题；②防洪工程存在的主要问题；③非工程防洪措施存在的主要问题，包括天气预报、水情测报、通信、滩区(蓄滞洪区)群众迁移安置、防汛队伍、料物等方面存在的问题。

(3)防洪任务和防洪重点：①洪水来源；②防洪任务；③防洪重点。

(4)防汛组织指挥与蓄滞洪区运用批准权限：①防汛组织指挥系统；②蓄滞洪工程运用批准权限与组织实施。

(5)防汛队伍的组成、使用及防汛抢险料物的储备与使用：①防汛队伍的组成和使用；②料物的储备与使用。

(6)各级洪水防御措施(防洪预案的中心内容)：①各级洪水处理原则与方案，包括洪水处理原则、各级洪水处理方案、各级洪水防御措施。每级洪水的防御措施主要有水情预测、工情险情预测、防御措施、组织领导；②防守力量部署；③加强河势、工情观测，搞好工程抢险加固；④做好水情测报和汛情传递工作；⑤做好滩区、蓄滞洪区群众搬迁救护工作；⑥做好抢险料物供应等后勤保障工作；⑦加强防汛抗洪督察等。

(7)防洪预案的附件：通常包括洪水测报方案，滩区、蓄滞洪区群众迁安救护方案，防汛物资保障方案，防汛通信保障方案，防汛抢险夜间照明方案，分洪运用方案及实施意见等。每个附件的结构与主预案大体相同，都有情况、有分析、有对策，内容都较为详尽，是主预案的重要补充。

四、汛期的防险与救灾

防汛工作是一项涉及技术、社会的紧急的政府行为，由各级政府行政首长统一指挥进行。《防汛条例》第二十三条规定：省级人民政府防汛指挥部，可以根据当地的洪水规律，规定汛期起止日期。

该条明确了各地汛期的起止日期必须由省级人民政府防汛指挥部来确定，但是针对以下特殊情况，即当江河、湖泊、水库的水情接近保证水位或者安全流量时，或者防洪工程设施发生重大险情，情况紧急时，县级以上地方人民政府可以宣布进入紧急防汛期，但必须报告上级人民政府防汛指挥部。

防汛工作是个不间断的日常工作，需要各级防汛指挥部的精密统筹、各部门的大力配合，才能最大限度地减少灾害的损失。《防汛条例》对各级防汛指挥部以及各相关部门在防汛时期各个阶段的权利和义务做了清晰的介绍。

(一)防汛指挥部的职责

《防汛条例》第二十四条明确规定：防汛期内，各级防汛指挥部必须有负责人主持工作。这是对各级防汛指挥部门的要求，并且要求有关责任人员必须坚守岗位，及时掌握汛情,并按照防御洪水方案和汛期调度运用计划进行调度。而到了紧急防汛期间,地方人民政府防汛指挥部必须由人民政府负责人主持工作,组织动员本地区各有关单位和个人投入抗洪抢险。

紧急防汛期间,各级防汛指挥部的职责如下:

(1)在紧急防汛期,为了防汛抢险需要,防汛指挥部有权在其管辖范围内,调用物资、设备、交通运输工具和人力,事后应当及时归还或者给予适当补偿。因抢险需要取土占地、砍伐林木、清除阻水障碍物的,任何单位和个人不得阻拦。但针对取土占地、砍伐林木的事件,事后,防汛指挥部门应当依法向有关部门补办手续。

(2)当河道水位或者流量达到规定的分洪、滞洪标准时,有管辖权的人民政府防汛指挥部有权根据经批准的分洪、滞洪方案,采取分洪、滞洪措施。

(3)在非常情况下,为保护国家确定的重点地区和大局安全,必须作出局部牺牲时,在报经有管辖权的上级人民政府防汛指挥部批准后,当地人民政府防汛指挥部可以采取非常紧急措施。在实施上述措施时,任何单位和个人不得阻拦,如遇到阻拦和拖延,有管辖权的人民政府有权组织强制实施。

(4)当洪水威胁群众安全时,当地人民政府应当及时组织群众撤离至安全地带,并做好生活安排。

另外,为了保证汛期行洪的安全,《防汛条例》第三十五条中明确规定:按照水的天然流势或者防洪、排涝工程的设计标准,或者经批准的运行方案下泄的洪水,下游地区不得设障阻水或者缩小河道的过水能力;上游地区不得擅自增大下泄流量。未经有管辖权的人民政府或其授权的部门批准,任何单位和个人不得改变江河河势的自然控制点。

(二)防汛各有关部门的职责

防汛是涉及全社会的一项重大任务,所以有关各部门在防汛期间也必须承担其相应的义务。

《防汛条例》中规定:在汛期,河道、水库、水电站、闸坝等水工程管理单位必须按照规定对水工程进行巡查,发现险情,必须立即采取抢护措施,并及时向防汛指挥部和上级主管部门报告。其他任何单位和个人发现水工程设施出现险情,应当立即向防汛指挥部和水工程管理单位报告。

在汛期,公路、铁路、航运、民航等部门应当及时运送防汛抢险人员和物资;电力部门应当保证防汛用电。

在汛期,电力调度通信设施必须服从防汛工作需要;邮电部门必须保证汛情和防汛指令的及时、准确传递,电视、广播、公路、铁路、航运、民航、公安、林业、石油等部门应当运用本部门的通信工具优先为防汛抗洪服务。

电视、广播、新闻单位应当根据人民政府防汛指挥部提供的汛情,及时向公众发布防汛信息。

在紧急防汛期,公安部门应当按照人民政府防汛指挥部的要求,加强治安管理和安全保卫工作。必要时,须由有关部门依法实行陆地和水面交通管制。

第四节　防洪区与防洪设施的管理

一、防洪区的管理

防洪区是指洪水泛滥可能淹及的地区,分为洪泛区、蓄滞洪区和防洪保护区。

洪泛区是指尚无工程设施保护的洪水泛滥所及的地区,如河堤内的行洪区、泛区、滩区以及没有堤防保护的滩区和一些平原洼地等。

蓄滞洪区是指包括分洪口在内的河堤背水面以外临时贮存洪水的低洼地区及湖泊等。蓄滞洪区的修建既有利于发展农业生产,又有利于削减洪峰,蓄纳超额洪水,对保证防洪保护区,尤其是重点地区的防洪安全具有重要作用,是减少洪灾损失的有效措施。

防洪保护区是指在防洪标准内受防洪工程设施保护的地区。我国的五级以上江河堤防有 27.73 万 km,保护耕地 4 300 万 hm^2,保护人口 5.7 亿人。

《防洪法》规定:洪泛区、蓄滞洪区和防洪保护区的范围,在防洪规划或者防御洪水方案中划定,并报请省级以上人民政府按照国务院规定的权限批准后予以公告。

我国四大流域国家蓄滞洪区名录如表 6-1 所示。

表 6-1　我国四大流域国家蓄滞洪区名录

流域名称	蓄滞洪区名称	小计
长江流域	围堤湖、六角山、九垸、西官垸、安澧垸、澧南垸、安昌垸、安化垸、南顶垸、和康垸、南汉垸、民主垸、共双茶、城西垸、屈原农场、义和垸、北湖垸、集成安合、钱粮湖、建设垸、建新农场、君山农场、大通湖东、江南陆城、荆江分洪区、宛市扩建区、虎西备蓄区、人民大垸、洪湖分洪区、杜家台、西凉湖、东西湖、武湖、张渡湖、白潭湖、康山圩、珠湖圩、黄湖圩、方洲斜塘、华阳河	40
黄河流域	北金堤、东平湖、北展宽区、南展宽区、大功	5
海河流域	永定河泛区、小清河分洪区、东淀、文安洼、贾口洼、兰沟洼、宁晋泊、大陆泽、良相坡、长虹渠、白寺坡、大名泛区、恩县洼、盛庄洼、青甸洼、黄庄洼、大黄铺洼、三角淀、白洋淀、小摊坡、任固坡、共渠西、广润坡、团泊洼、永年洼、献县泛区	26
淮河流域	蒙洼、城西湖、城东湖、瓦埠湖、老汪湖、泥河洼、老王坡、蛟停湖、黄墩湖、南润段、邱家湖、姜家湖、唐垛湖、寿西湖、董峰湖、上六坊堤、下六坊堤、石姚湾、洛河洼、汤渔湖、荆山湖、方邱湖、临北段、花园湖、香浮段、潘村洼	26
总计		97

注:选自《蓄滞洪区运用补偿暂行办法》。

加强对防洪区特别是对洪泛区和蓄滞洪区的管理,对减少该区域内的洪灾损失作用很大,也是一项很重要的防洪非工程措施。

加强管理主要是搞好政策法规、技术指导和防洪保险三个体系建设。

(一)制定法律、条例,依法管理

防洪区的特殊性决定了各级人民政府在防洪区的管理中应当给予更多的关心。

首先，各级人民政府应当按照防洪规划对防洪区内的土地利用实行分区管理。

《防汛条例》第十七条规定：各级地方人民政府必须对所管辖的蓄滞洪区的通信、预报警报、避洪、撤退道路等安全设施，以及紧急撤离和救生的准备工作进行汛前检查，发现影响安全的问题，及时处理。

其次，地方各级人民政府应当加强对防洪区安全建设工作的领导，组织有关部门、单位对防洪区内的单位和居民进行防洪教育，普及防洪知识，提高水患意识；按照防洪规划和防御洪水方案建立并完善防洪体系和水文、气象、通信、预警以及洪涝灾害监测系统，提高防御洪水能力；组织防洪区内的单位和居民积极参加防洪工作，因地制宜地采取防洪避洪措施。

再次，洪泛区、蓄滞洪区所在地的省、自治区、直辖市人民政府应当组织有关地区和部门按照防洪规划的要求，制订洪泛区、蓄滞洪区安全建设计划，控制蓄滞洪区人口增长，对居住在经常使用的蓄滞洪区的居民，有计划地组织外迁，并采取其他必要的安全保护措施。

（二）加强技术指导，科学管理

防洪法中对加强技术指导方面做了详尽的解释。

《防洪法》第三十三条规定：在洪泛区、蓄滞洪区内建设非防洪建设项目，应当就洪水对建设项目可能产生的影响和建设项目对防洪可能产生的影响作出评价，编制洪水影响评价报告，提出防御措施。建设项目可行性研究报告按照国家规定的基本建设程序报请批准时，应当附具有关水行政主管部门审查批准的洪水影响评价报告。

在蓄滞洪区内建设的油田、铁路、公路、矿山、电厂、电信设施和管道，其洪水影响评价报告应当包括建设单位自行安排的防洪避洪方案。建设项目投入生产或者使用时，其防洪工程设施应当经水行政主管部门验收。

在蓄滞洪区内建造房屋应当采用平顶式结构。

《防洪法》第三十四条规定：大中城市，重要的铁路、公路干线，大型骨干企业，应当列为防洪重点，确保安全。

受洪水威胁的城市、经济开发区、工矿区和国家重要的农业生产基地等，应当重点保护，建设必要的防洪工程设施。

城市建设不得擅自填堵原有河道沟叉、贮水湖塘洼淀和废除原有防洪围堤；确需填堵或者废除的，应当经水行政主管部门审查同意，并报城市人民政府批准。

（三）洪水保险

《防洪法》第四十七条中明确指出：国家鼓励、扶持开展洪水保险。

洪水保险是按契约方式集合相同风险的多数单位，用合理的计算方式集资，建立保险基金，以备对可能发生的事故损失，实行互助的一种经济补偿制度。

洪水保险是洪泛区洪水风险管理的重要手段，通过运用防洪保险作为经济杠杆，来调整和控制洪泛区的经济发展，实施有关洪泛区的管理法规。另外，广大居民和单位通过参加保险，缴纳保险费用，可以增加防洪意识、树立经常性的防灾观念。将洪水保险与洪泛区管理结合在一起，可以有效地控制洪泛区内经济的盲目发展和降低洪灾损失。

洪水保险可分两种方式：一是法定保险，又称强制保险，是国家以法律、法令的行政手段来实施的;二是自愿保险,是由保险双方当事人在自愿的基础上协商、订立保险合同而成立的。

根据我国的实际情况,现阶段宜采用法定和自愿保险相结合的方式。在洪水保险机制方面,可考虑采用以下三种模式。

1. 单保

单保即由保险公司独立承担全部风险办理洪水保险业务,由水利、防汛部门提供洪水风险范围和受损机遇等资料。

2. 代办

代办即由保险公司代为办理保险业务,所有风险由当地洪水保险基金管理部门负担,保险公司只收取一部分手续费。

3. 共保

共保即水利、防汛部门和保险公司合作,风险共担,或由防汛主管部门成立全国洪水再保险公司。

我国的洪水保险业务还刚刚开始,需要广泛地开展宣传,提高社会各阶层对洪水保险的认识并结合我国的实际情况,进一步研究、完善各种合乎国情的洪水保险制度和机制,使其在防洪事业中发挥更大的作用。

二、防洪工程设施的管理

《中华人民共和国防洪法》规定:属于国家所有的防洪工程设施,应当按照经批准的设计,在竣工验收前由县级以上人民政府按照国家规定,划定管理和保护范围。

上款规定了防洪工程设施的归属权,避免因权属的模糊造成责任分工不明确,导致重大灾害事故的发生。

《防洪法》对防洪工程设施的管理提出了具体的要求。例如,《防洪法》规定:在防洪工程设施保护范围内,禁止进行爆破、打井、采石、取土等危害防洪工程设施安全的活动。

同样,《防洪法》也对加强防洪工程设施的监督管理作了详细的规定。例如,《防洪法》第三十六条规定:各级人民政府应当组织有关部门加强对水库大坝的定期检查和监督管理。

《防洪法》规定:各级人民政府和有关主管部门应当加强对尾矿坝的监督管理,采取措施,避免因洪水导致垮坝。

《防洪法》第三十七条规定:任何单位和个人不得破坏、侵占、毁损水库大坝、堤防、水闸、护岸、抽水站、排水渠系等防洪工程和水文、通信设施以及防汛备用的器材、物料等。另外,《防洪法》在第七章针对防洪过程中的一些破坏行为制定了相应的法律惩罚措施,对违反相应条款的行为也规定了对应的处罚办法。

防洪措施分工程措施和非工程措施两大类。其中,工程措施是防洪减灾的基础,通过工程建筑来改变不利于防洪的自然条件,以减免洪泛的机会和灾害损失。《防洪法》对防洪工程的建设也提出了指导性的要求。

《防洪法》第三十四条规定:大中城市,重要的铁路、公路干线,大型骨干企业,应当列为防洪重点,确保安全。

上条明确了受洪水威胁的城市、经济开发区、工矿区和国家重要的农业生产基地等，应当重点保护，建设必要的防洪工程设施。在具体的实施过程中，城市建设不得擅自填堵原有河道沟叉、贮水湖塘洼淀和废除原有防洪围堤；确需填堵或者废除的，应当经水行政主管部门审查同意，并报城市人民政府批准。

第五节 防汛抗洪与保障

防洪工作作为一项社会性的公益事业，不以营利为目的，需要大量的投入。无论是江河、湖泊的治理，防洪工程的建设，还是水毁防洪工程的修复，抗洪抢险的顺利进行，都需要有坚实的经济支持才能做到。因此，《防洪法》对防洪工作所涉及的投入保障措施作了专门规定，以保证防洪事业的稳步发展。

新中国成立以来，党和政府十分重视防洪工作，投入了大量的资金，建成了一批防洪工程，并逐步建立健全了一系列非工程措施，这些防洪工程和非工程措施在战胜历次大的洪水中都发挥了重大作用。但是，由于我国的防洪任务艰巨，目前存在的问题仍然不少，突出表现在以下方面：

江河防洪标准低，大江、大河的防洪标准一般仅为 10 ~ 20 年一遇，主要堤防尚未全部达到防御新中国成立以来的大洪水的标准；中小河流多数为未设防，少数能防御小洪水；多数城市防洪设施达不到标准，不少城市甚至根本不设防。而且，现有的防洪工程设施也年久失修，病险工程多，防洪能力日渐下降。同时，全国各地的防洪任务都很重，不但许多大江、大河、大湖存在防洪的任务，一些中小江河、湖泊也不断发生洪水灾害，各省、自治区、直辖市都不同程度、不同范围地受到洪水的威胁，都存在防洪建设不能适应国民经济和社会发展要求的问题。

解决上述问题的根本出路，在于建设高标准的防洪工程，并确保各类防洪工程处于良好的状态。这就需要大量的投入，为此，《防洪法》第四十八条规定：各级人民政府应当采取措施，提高防洪投入的总体水平。依照法律规定，各级人民政府应当采取措施，提高防洪投入的总体水平。之所以作这样的规定，是因为防洪工作属于社会公益性事业，不可能依靠企业和个人等民间力量来承担资金投入的责任，而只能依靠管理社会事务、代表社会公共利益的政府来承担资金投入的责任，因为政府通过税收等手段筹集上来的资金，本来就是为了承办与社会公共事业有关的事务，这也是世界各国的通行做法。因此，各级人民政府应当按照《防洪法》的规定，积极筹集资金，增加在防洪方面的投入，逐步提高防洪投入的总体水平。同时，为了加强防洪工程设施建设，尽快形成与社会经济发展水平相适应的防洪体系，提高防洪抗灾能力。

《防洪法》对各级人民政府提高防洪投入总体水平应当采取的措施作了具体规定：

(1)《防洪法》第四十九条规定，江河、湖泊的治理和防洪工程设施的建设和维护所需投资，按照事权和财权相统一的原则，分级负责，由中央和地方财政承担。

(2)《防洪法》第五十条规定，中央财政应当安排资金，用于国家确定的重要江河、湖泊的堤坝遭受特大洪涝灾害时的抗洪抢险和水毁防洪工程修复。省、自治区、直辖市人民政府应当在本级财政预算中安排资金，用于本行政区域内遭受特大洪涝灾害地区的抗洪抢险和水毁防洪工程修复。

(3)《防洪法》第五十一条规定,国家设立水利建设基金,用于防洪工程和水利工程的维护和建设。具体方法由国务院规定。受洪水威胁的省、自治区、直辖市为加强本行政区域内防洪工程设施建设,提高防御洪水能力,按照国务院的有关规定,可以规定在防洪保护区范围内征收河道工程修建维护管理费。

此外,各级人民政府还可以制定相应的政策,采取多种措施,开阔资金渠道,广泛吸收社会资金,逐渐弥补防洪投入的不足,提高防洪标准和水平,使防洪工程设施不断适应经济建设与社会发展的需要。

提高防洪投入的总体水平是法律赋予各级人民政府的责任。各级人民政府应当积极筹措资金,增加防洪投入,使防洪工程建设和维护能有一个稳定的资金来源。《防洪法》是近年来在一部法律中关于资金投入问题写得分量最重,规定的条款最多的。这些规定对于防洪工作的顺利进行、防洪投入总体水平的提高提供了必要的保障。国务院有关主管部门和县级以上地方人民政府应该制定具体的规定,以保障《防洪法》中“保障措施”的贯彻执行。实际上,国务院从1980年开始设立了特大防汛抗旱补助费,专项用于抗洪抢险、堤防修复等支出;又于1997年设立了中央水利建设基金,用于防洪工程和水利工程的维护与建设。地方政府如广东、江苏、河南、安徽等省也征集了防洪资金,用于防洪建设,在开拓资金渠道方面作了有益的尝试。1994年以来,有的地方自筹资金进行防洪工程建设已经超过了国家的投资。这种多元化的投资结构有力地推动了防洪建设的全面发展。

为防止出现资金挪用等违法情况,《防洪法》第五十三条明确规定:任何单位和个人不得截留、挪用防洪、救灾资金和物资。各级人民政府审计机关应当加强对防洪、救灾资金使用情况的审计监督。为了保证防洪、救灾资金和物资不受非法截留、挪用,一方面,任何单位和个人不得截留、挪用防洪、救灾资金和物资。这就确立了禁止性法律规范,该禁止性法律规范要求任何单位和个人不得截留、挪用防洪、救灾资金和物资,所以对于任何单位和公民个人而言,不得截留、挪用防洪、救灾资金和物资是一项法律规定的禁止性义务,违反了该项义务必然会受到法律的制裁。根据《防洪法》和《刑法》的规定,如果非法截留、挪用防洪、救灾资金和物资,构成犯罪的,依法追究刑事责任;尚不构成犯罪的,给予行政处分。另一方面,为了防止防洪、救灾资金和物资不受非法截留、挪用,《防洪法》通过确立人民政府审计机关工作职责的方式来达到防洪、救灾资金和物资不被非法截留、挪用的目的。按照上述规定,加强对防洪、救灾资金和物资使用情况的审计监督是各级人民政府审计机关义不容辞的一项工作职责,各级人民政府审计机关应当依法加强对防洪、救灾资金和物资使用情况的审计监督。

我国宪法、法律规定国家财产神圣不可侵犯,禁止任何单位和个人侵占、哄抢、私分、截留、破坏。任何单位和个人在救灾资金和物资的分配上,必须服从统一指挥、统一调配,保证分配计划落实到位,接受人民群众监督。任何单位和个人不得凭借职权擅自更改救灾资金和物资的分配方案与数额,应当做到分配方案公开、分配结果公开,必要时,还应向捐赠组织或者个人反馈捐赠资金和物资的使用情况。任何单位和个人擅自将防洪、救灾资金和物资截留、挪用,不论是归个人使用还是挪作他用,都应当按照《防洪法》第六十三条和《刑法》的有关规定追究行政法律责任或者刑事法律责任。

审计是独立于被审计单位的机构和人员，对被审计单位的财政、财务收支及其有关的经济活动的真实、合法和效益进行检查、评价、公证的一种监督活动。审计监督是国家的重要财政、财务监督制度，为了严肃财经纪律、提高防洪救灾资金和物资的使用效益，加强宏观调控和管理，各级人民政府应当将防洪、救灾资金和物资的使用情况纳入审计监督计划，加强事前、事中和事后的综合审计监督。

第七章 水土保持

第一节 水土保持概述

19世纪以来,全世界土壤资源受到严重破坏。水土流失、土壤盐渍化、沙化、贫瘠化、渍涝化以及由自然生态失衡而引起的水旱灾害等,使耕地逐步退化而丧失生产能力,而仅由于水土流失与土壤退化,全球每年损失500万~700万 hm^2。因此,水土流失问题已引起了世界各国的普遍关注,联合国也将水土流失列为全球三大环境问题之一。

我国是世界上水土流失最为严重的国家之一。每年因土壤退化损失耕地46.6万~53.3万 hm^2,因自然灾害丧失耕地约10万 hm^2,由于水土流失与土壤退化日趋严重,生物的生存空间日益缩小,已经带给我们极大的危害,对经济社会的可持续发展构成了极大的威胁。

"水土保持"一词提出至今已经60多年了。随着水土保持研究工作的不断深入和发展,水土保持的含义也发生了重大的变化。从最初的水土保护、土壤保持或土壤侵蚀控制,已经逐渐拓展为现在的水土资源的保护、改良和合理利用,农业生产条件的改善和良好生态与环境的建立。《中国大百科全书·农业卷》水土保持学中,对水土保持的定义为:水土保持(water and soil conservation)指防治水土流失,保护、改良与合理利用山丘区、丘陵区和风沙区水土资源、维护和提高土地生产力,以利于充分发挥水土资源的经济与社会效益,建立良好的生态环境的综合性科学技术。

为预防和治理水土流失,保护和合理利用水土资源,减轻水、旱、风沙灾害,改善生态环境,发展生产,中华人民共和国第七届全国人民代表大会常务委员会第二十次会议于1991年6月29日通过了《中华人民共和国水土保持法》。2010年12月25日,《中华人民共和国水土保持法》由中华人民共和国第十一届全国人民代表大会常务委员会第十八次会议修订通过,自2011年3月1日起施行。《水土保持法》第二条规定:本法所称水土保持,是指对自然因素和人为活动造成水土流失所采取的预防和治理措施。

一、水土保持的必要性

水土保持是江河治理的根本,是水资源利用和保护的源头与基础,是与水资源管理互为促进、紧密结合的有机整体,是国土整治的根本。保护珍贵的土地资源免受外力侵蚀,既是水土保持的基本内涵,也是土地资源利用和保护的主要内容。我国是世界上水土流失最为严重的国家之一。治理水土流失,事关经济社会可持续发展和中华民族长远福祉。

(一)预防和治理水土流失的紧迫性

预防和治理水土流失是基于我国水土流失十分严重的现实国情提出的。根据《第一次全国水利普查公报》,我国土壤侵蚀总面积294.91万 km^2,占普查范围总面积的

31.12%。其中,水力侵蚀129.32万 km^2、风力侵蚀165.59万 km^2。各省(自治区、直辖市)的水力侵蚀和风力侵蚀各级强度的面积与比例分别见表7-1和表7-2。

水土流失既是资源问题,又是环境问题,既是土地退化和生态恶化的主要形式,也是土地退化和生态恶化程度的集中反映,对经济社会发展的影响是多方面的、全局性的和深远的,甚至是不可逆的。加快水土流失防治进程,维护和改善生态环境,是当前我国生态环境建设的一项重要而紧迫的战略任务。

(二)水土流失加剧了水土资源的锐减,必须保护和合理利用水土资源

水是生命之源,土是万物之本,水土资源是人类赖以生存和发展的基础性资源。我国水土资源绝对量大、相对量少、后备严重不足,时空分布不均衡、利用难度较大。我国多年平均水资源总量居世界第4位,占世界水资源总量的7%。但人均水资源总量仅为2 100 m^3 左右。按照联合国可持续发展委员会水资源评估标准,人均小于2 000 m^3 属于严重缺水。按单位面积耕地占用水资源量计算,预测到2030年,人均水资源量将下降到1 760 m^3。根据原国家土地管理局公布的全国土地利用现状汇总,全国耕地面积为13亿 hm^2。其中,灌溉耕地面积占39.8%,雨养农业的旱耕地面积约占60.2%。人均耕地仅为0.09 hm^2,不及世界人均水平的1/2。耕地大量减少且破坏、浪费严重,耕地减少的速度也呈明显加快的趋势。联合国粮农组织提出,我国人均耕地的最低限为0.05 hm^2,而预测到2030年我国人口达到零增长时,人均耕地仅在0.05 hm^2 左右。

保护和合理利用水土资源,对于有效防治水土流失,维护和提高区域水土保持功能,保护和改善生态环境具有重要意义。保护和合理利用水土资源,关键是要改变落后、粗放和无节制的利用方式,摒弃重开发、轻保护,重眼前、轻长远的传统观念和做法,坚持保护与开发相结合,实现水土资源的可持续利用。

(三)减轻水、旱、风沙灾害,改善生态环境

水土流失破坏土地资源,造成土地退化,降低水源涵养能力,大量泥沙淤积江河湖库,加剧水、旱、风沙灾害,恶化生态环境。只有有效防治水土流失,才能从源头上减少水、旱、风沙灾害发生的频率,降低危害程度,达到维护和改善生态环境的目的。

(四)经济社会可持续发展的保障

进入21世纪,随着我国现代化进程的加快,人口、资源和环境之间的矛盾日益突出。实现水土资源的可持续利用和生态环境的可持续维护,保障经济社会可持续发展是水土保持工作的根本目标。水土保持在生态建设中具有独特的优势,能够充分考虑自然、社会等各种因素,统筹协调各方面力量,科学配置各项措施,确保人口、资源、环境和经济社会的协调发展。

二、水土保持主管部门及职责

水土保持是一项综合性的工作,涉及土地、水资源、环境及其他社会经济部门的工作,同时和社会经济组织以及公民又是密不可分的。统一协调各方的行为,对做好水土保持工作是非常必要的。

新中国成立60多年来,水土保持主管部门多次调整,除1958年至1964年6年间部分水土保持工作由农业行政主管部门主管外,水土保持工作一直由水行政主管部门负责。

表 7-1 各省(自治区、直辖市)水力侵蚀各级强度面积与比例

省(自治区、直辖市)	水力侵蚀总面积(km²)	各级强度的水力侵蚀面积及比例									
		轻度		中度		强烈		极强烈		剧烈	
		面积(km²)	比例(%)	面积(km²)	比例(%)	面积(km²)	比例(%)	面积(km²)	比例(%)	面积(km²)	比例(%)
合计	1 293 246	667 597	51.62	351 448	27.18	168 687	13.04	76 272	5.9	29 242	2.26
北京	3 202	1 746	54.53	1 031	32.2	341	10.65	70	2.19	14	0.43
天津	236	108	45.76	60	25.43	59	25	6	2.54	3	1.27
河北	42 135	22 397	53.15	13 087	31.06	4 565	10.84	1 464	3.47	622	1.48
山西	70 283	26 707	38	24 172	34.39	14 069	20.02	4 277	6.09	1 058	1.5
内蒙古	102 398	68 480	66.88	20 300	19.82	10 118	9.88	2 923	2.86	577	0.56
辽宁	43 988	21 975	49.96	12 005	27.29	6 456	14.68	2 769	6.29	783	1.78
吉林	34 744	17 297	49.78	9 044	26.03	4 342	12.5	2 777	7.99	1 284	3.7
黑龙江	73 251	36 161	49.37	18 343	25.04	11 657	15.91	5 459	7.45	1 631	2.23
上海	4	2	50	2	50	0	0	0	0	0	0
江苏	3 177	2 068	65.08	595	18.73	367	11.55	133	4.19	14	0.45
浙江	9 907	6 929	69.94	2 060	20.8	582	5.88	177	1.78	159	1.6
安徽	13 899	6 925	49.82	4 207	30.27	1 953	14.05	660	4.75	154	1.11
福建	12 181	6 655	54.64	3 215	26.4	1 615	13.26	428	3.5	268	2.2
江西	26 497	14 896	56.22	7 558	28.52	3 158	11.92	776	2.93	109	0.41
山东	27 253	14 926	54.77	6 634	24.34	3 542	13	1 727	6.33	424	1.56
河南	23 464	10 180	43.39	7 444	31.72	4 028	17.17	14 446	15	368	1.57

续表 7-1

省(自治区、直辖市)	水力侵蚀总面积(km^2)	各级强度的水力侵蚀面积及比例									
		轻度		中度		强烈		极强烈		剧烈	
		面积(km^2)	比例(%)	面积(km^2)	比例(%)	面积(km^2)	比例(%)	面积(km^2)	比例(%)	面积(km^2)	比例(%)
湖北	36 903	20 732	56	1 810 272	27.83	3 637	9.86	1 573	4.26	689	1.87
湖南	32 288	19 615	60.75	8 687	26.9	2 515	7.79	1 019	3.16	452	1.4
广东	21 305	8 886	41.71	6 925	32.5	3 535	16.59	1 629	7.65	330	1.55
广西	50 537	22 633	44.79	14 395	28.48	7 371	14.59	4 804	9.5	1 334	2.64
海南	2 116	1 171	55.34	666	31.47	190	8.98	45	2.13	44	2.08
重庆	31 363	10 644	33.94	9 520	30.35	5 189	16.54	4 356	13.89	1 654	5.28
四川	114 420	48 480	42.37	35 854	31.34	15 573	13.61	9 748	8.52	4 765	4.16
贵州	55 269	27 700	50	1 216 356	29.59	6 012	10.88	2 960	5.36	2 241	4.05
云南	109 588	44 876	40.95	34 764	31.72	15 860	14.47	8 963	8.18	5 125	4.68
西藏	61 602	28 650	46.51	23 637	38.37	5 929	9.63	2 084	3.38	1 302	2.11
陕西	70 807	48 221	68.1	2 124	3	14 679	20.73	4 569	6.45	1 214	1.72
甘肃	76 112	30 263	39.76	25 455	33.45	12 866	16.9	5 407	7.1	2 121	2.79
青海	42 805	26 563	62.06	10 003	23.37	3 858	9.01	2 179	5.09	202	0.47
宁夏	13 891	6 816	49.07	4 281	30.82	2 065	14.86	526	3.79	203	1.46
新疆	87 621	64 895	74.06	18 752	21.4	2 556	2.92	1 320	1.51	98	0.11

注:数据来源为2013年发布的《第一次全国水利普查水土保持情况公报》。

表 7-2　各省（自治区、直辖市）风力侵蚀各级强度面积与比例

省（自治区、直辖市）	水力侵蚀总面积（km^2）	各级强度的风力侵蚀面积及比例									
		轻度		中度		强烈		极强烈		剧烈	
		面积（km^2）	比例（%）	面积（km^2）	比例（%）	面积（km^2）	比例（%）	面积（km^2）	比例（%）	面积（km^2）	比例（%）
合计	1 655 916	716 016	43.24	217 422	13.13	218 159	13.17	220 382	13.31	283 937	17.15
河北	4 961	3 498	70.52	1 310	26.4	153	3.08	0	0	0	0
山西	63	61	96.83	2	3.17	0	0	0	0	0	0
内蒙古	526 624	232 674	44.18	46 463	8.82	62 090	11.79	82 231	15.62	103 166	19.59
辽宁	1 947	1 794	92.15	117	6.01	1	0.05	25	1.28	10	0.51
吉林	13 529	8 462	62.55	3 142	23.22	1 908	14.1	17	0.13	0	0
黑龙江	8 687	4 294	49.43	3 172	36.51	1 214	13.98	7	0.08	0	0
四川	6 622	6 502	98.19	109	1.65	6	0.09	5	0.07	0	0
西藏	37 130	14 525	39.12	5 553	14.96	17 052	45.92	0	0	0	0
陕西	1 879	734	39.06	154	8.2	682	36.3	308	16.39	1	0.05
甘肃	125 075	24 972	19.97	11 280	9.02	11 325	9.05	33 858	27.07	43 640	34.89
青海	125 878	51 913	41.24	20 507	16.29	26 737	21.24	19 950	15.85	6 771	5.38
宁夏	5 728	2 562	44.73	405	7.07	482	8.41	2 094	36.56	185	3.23
新疆	797 793	364 025	45.63	125 208	15.69	96 509	12.1	81 887	10.26	130 164	16.32

注：数据来源为2013年发布的《第一次全国水利普查水土保持情况公报》。

目前,已形成了较为完善的水土保持工作管理体制,在我国水土流失预防和治理实践以及水土保持制度建设方面都取得了极为显著的成效。我国现有水土保持机构主要包括水利部水土保持司,七大流域机构水土保持局(处),省、市、县级水行政主管部门水土保持局(处、办),还有协调机构、监测机构、有关科研及大专院校和学会等单位。全国大部分县级以上地方人民政府的水土保持管理机构都设在水行政主管部门,一些水土流失面积大、治理任务重的地(市)、县(旗)还单设了水土保持管理机构(与水行政主管部门同级),直接归政府管理。这些部门和机构维系着我国水土保持工作的正常运转。

由此规定可知,各级水行政主管部门是全国水土保持工作的主管机关。水利部是全国最高水行政主管机关,它承担以下职责:

(1)拟定节约用水政策、编制节约用水规划,制定有关标准,组织、指导和监督节约用水工作。

(2)按照国家资源与环境保护的有关法律法规和标准,拟定水资源保护规划;组织水功能区的划分和向饮水区等水域排污的控制;监测江河湖库的水量、水质,审定水域纳污能力;提出限制排污总量的意见。

(3)组织、指导水利设施、水域及其岸线的管理与保护;组织指导大江、大河、大湖及河口、海岸滩涂的治理和开发;办理国际河流的涉外事务;组织建设和管理具有控制性的或跨省(自治区、直辖市)的重要水利工程;组织、指导水库、水电站大坝的安全监管。

(4)指导农村水利工作;组织协调农田水利基本建设、农村水电电气化和乡镇供水工作。

(5)组织全国水土保持工作。研究制订水土保持的工程措施规划,组织水土流失的监测和综合防治。

(6)承担国家防汛抗旱总指挥部的日常工作,组织、协调、监督、指导全国防洪工作,对大江、大河和重要水利工程实施防汛抗旱调度。

地方政府的水行政主管机关,是该政府的组成机构,代表政府主管该行政区域内水资源的开发、利用、节约、保护和防治水害活动。同样,它也负责本行政区域内的水土保持工作。它在业务方面接受上级水行政主管部门的指导和监督。与此同时,水土流失防治是一项综合性工作,需要得到各有关部门的密切配合和支持。林业主管部门主要组织好植树造林和防沙治沙工作,配合水行政主管部门做好林区采伐林木水土流失防治;农业主管部门主要组织做好农耕地的免耕、等高耕作等水土保持措施;国土资源主管部门主要在滑坡、泥石流等重力侵蚀区建立监测、预报、预警体系,并采取相应的治理措施,组织做好矿产资源开发、土地复垦过程中的水土流失治理和生态环境恢复工作。发展改革、财政、环境保护等主管部门要积极配合水行政主管部门做好相应的工作。交通、铁路、建设、电力、煤炭、石油等主管部门要组织做好本行业生产建设活动中的水土流失防治工作。

应当注意的是,水行政主管机关是水土保持的主管机关,但是全社会对此项工作都负有义务。《水土保持法》第六条规定:各级人民政府及其有关部门应当加强水土保持宣传和教育工作,普及水土保持科学知识,增强公众的水土保持意识。《水土保持法》第八条规定:任何单位和个人都有保护水土资源、预防和治理水土流失的义务,并有权对破坏水土资源、造成水土流失的行为进行举报。《水土保持法》第九条规定:国家鼓励和支持社会力量参与水土保持工作。对水土保持工作中成绩显著的单位和个人，由县级以上人民政府给予表彰和奖励。

第二节　水土保持的预防与治理

预防和治理水土流失是水土保持的基本内涵，是水土保持的精髓，应高度重视水土流失预防和治理工作。预防和治理水土流失是水土保持工作的基本要求；保护和合理利用水土资源是防治水土流失的途径和手段；减轻水、旱、风沙灾害，改善生态环境，保障经济社会可持续发展是水土保持工作的最终目的。实践证明，在水土流失未得到有效治理的情况下，水土资源就不能持续利用，生态环境就不能持续维护，广大水土流失区经济社会就不可能稳定、健康发展，长期困扰我国大部分地区的干旱、洪涝问题也不可能得到有效解决，而且会严重影响其他地区的经济社会发展。没有大江、大河中上游的水土保持，就难以确保下游地区的长久安澜。如果任由大范围的水土流失发展下去，会严重影响国家的生态安全、粮食安全和供水安全，甚至会丧失人们赖以生存和发展的基础。因此，当前和今后一个时期必须高度重视水土保持工作，加快水土流失防治步伐，为经济社会可持续发展提供支撑和保障。预防水土流失就是通过法律的、行政的、经济的、教育的手段，使人们在生产活动、开发建设中，尽量避免造成水土流失，更不能加剧水土流失。在2011年实施的《水土保持法》中，进一步强化了预防为主、保护优先的水土保持工作方针。总结历史水土治理的经验和教训，预防和治理水土流失必须坚持如下指导思想：

(1)对生态环境良好，但水土流失潜在威胁较大的区域，依据实际情况，采取禁止和限制开发等保护性措施，尽可能减少对地表的扰动，控制水土流失的发生和发展。

(2)对可能产生水土流失的人为活动，包括农业生产活动以及基础设施建设、矿产资源开发、城镇建设等各类生产建设活动，实行严格监管，最大限度地减少人为水土流失及可能发生的危害。

(3)对历史原因和自然因素造成的水土流失进行综合治理，提高土地生产力，恢复生态环境。

一、水土保持工作的方针

《水土保持法》第三条规定：水土保持工作实行预防为主、保护优先、全面规划、综合治理、因地制宜、突出重点、科学管理、注重效益的方针。

水土保持工作方针既是指导水土保持工作的指导方针，也是贯穿于水土保持法律体系的基本原则，是总结多年来正反两方面实践经验的结果，涵盖水土保持工作的全部内容，具有提纲挈领、全面指导工作实践的作用。在某一具体工作找不到对应条款时，可适用水土保持工作方针来予以解释和解决。

水土保持工作方针体现了以下四个层次的含义。

(一)预防为主、保护优先

预防为主、保护优先体现的是预防保护在水土保持工作中的重要地位和作用，即在水土保持工作中，首要的是预防产生新的水土流失，要保护好原有植被和地貌，把人为活动产生的新的水土流失控制在最低程度,不能走先破坏后治理的老路。

(二)全面规划、综合治理

全面规划、综合治理体现的是水土保持工作的全局性、长期性、重要性和水土流失治理措施的综合性。对水土流失防治工作必须进行全面规划,统筹预防和治理、统筹治理的需要与投入的可能、统筹各区域的治理需求、统筹治理的各项措施。对已发生水土流失的治理,必须坚持以小流域为单元,工程措施、生物措施和农业技术措施优化配置,山、水、田、林、路、村综合治理,形成综合防护体系。

(三)因地制宜、突出重点

因地制宜、突出重点体现的是水土保持措施要因地制宜,防治工程要突出重点。水土流失治理要根据各地的自然和社会经济条件,分类指导,科学确定当地水土流失防治工作的目标和关键措施。如黄土高原区,措施配置应以坡面梯田和沟道淤地坝为主,加强基本农田建设,荒山荒坡和退耕的陡坡地开展生态自然修复,或营造以适生灌木为主的水土保持林。长江上游及西南诸河区,溪河沿岸及山脚建设基本农田,在山腰建设茶叶、柑橘等经果林带,在山顶营造水源涵养林,形成综合防治体系。东北黑土区,治理措施应以改变耕作方式、控制沟道侵蚀为重点,有效控制黑土流失或退化的趋势,使黑土层厚度不再变薄。西南岩溶区,应紧紧抓住基本农田建设这个关键,有效保护和可持续利用水土资源,提高环境承载力。西北草原区,加强对水资源的管理,合理和有效利用水资源,控制地下水位的下降。对已经退化的草地实施轮封轮牧,有条件的建设人工草场,科学合理地确定单位面积的载畜量。当前,我国水土流失防治任务十分艰巨,国家财力还较为有限。因此,水土流失治理一定要突出重点,由点带面,整体推进。当前国家水土流失治理的重点区域应当是黄河中游、长江上游、珠江上游、东北黑土区等水土流失严重的大江、大河中上游地区。黄河中游的黄土高原区则要将多沙粗沙区治理作为重中之重。在治理的措施上要抓住坡耕地改造这个关键。

(四)科学管理、注重效益

科学管理、注重效益体现的是对水土保持管理手段和水土保持工作效果的要求。随着现代化、信息化的发展,水土保持管理也要与时俱进,引入现代管理的科学理念和先进技术手段,促进水土保持由传统向现代的转变,提高管理效率。注重效益是水土保持工作的生命力。水土保持效益主要包括生态、经济和社会三大效益。在防治水土流失工作中要统筹兼顾三大效益,妥善处理国家生态建设、区域社会发展与当地群众增加经济收入需求三者的关系,把治理水土流失与改善民生、促进群众脱贫致富紧密结合起来,充分调动群众参与治理的积极性。

《水土保持法》中也明确规定:各级人民政府及其有关部门应当加强水土保持宣传和教育工作,普及水土保持科学知识,增强公众的水土保持意识。国家鼓励和支持水土保持科学技术研究,提高水土保持科学技术水平,推广先进的水土保持技术,培养水土保持科学技术人才。这也说明了水土保持工作应当坚持"预防为主"的方针的重要性。

二、水土保持的预防

《水土保持法》中明确规定了水土保持工作应当坚持以"预防为主"的方针,国务院和地方人民政府应当将水土保持工作列为重要职责，采取措施做好水土流失防治工作。

（一）加强管理，制定相应的法律法规，确保水土保持工作的顺利开展

1991 年全国人民代表大会制定了《水土保持法》，1993 年国务院颁布了《中华人民共和国水土保持法实施条例》，各省、直辖市、自治区也相继制定了各自的法律法规。2010 年，《水土保持法》再次修订，于 2011 年 3 月 1 日正式施行。另外，水利部、各大流域机构也相应制定了水土保持的规章制度，使得开展水土保持工作有了依据，确保了水土保持工作的顺利开展。

（二）做好前期调查工作，规划编制要遵循统筹协调、分类指导的原则

《水土保持法》第十条规定：水土保持规划应当在水土流失调查结果及水土流失重点预防区和重点治理区划定的基础上，遵循统筹协调、分类指导的原则编制。

水土流失调查结果主要包括水土流失的分布、类型、面积、成因、程度、危害、发生发展规律以及防治情况等。开展水土流失调查是因地制宜、因害设防、有针对性地开展水土保持工作的前提和基础。划定水土流失重点预防区和重点治理区，实行分区防治、分类管理，是统筹协调、突出重点，有效开展水土保持工作的重要依据。作为指导水土保持工作的纲领性文件，水土保持规划只有在水土流失调查结果和重点防治区划定的基础上进行编制，才更具有科学性、针对性、指导性和可操作性。

水土保持是一项复杂的、综合性很强的系统工程，涉及水利、国土、农业、林业、交通、能源等多学科、多领域、多行业、多部门。编制水土保持规划一定要坚持统筹协调的原则，充分考虑自然、经济和社会等多方面的影响因素，协调好各方面关系，规划好水土保持目标、措施和重点，最大限度地提高水土流失防治水平和综合效益。

我国幅员辽阔，自然、经济、社会条件差异大，水土流失范围广、面积大，形式多样、类型复杂。水力、风力、重力、冻融及混合侵蚀特点各异，防治对策和治理模式各不相同。因此，必须从实际出发，坚持分类指导的原则，对不同区域、不同侵蚀类型区水土流失的预防和治理区别对待，因地施策、因势利导，不能“一刀切”。

《水土保持法》第十四条规定：县级以上人民政府水行政主管部门会同同级人民政府有关部门编制水土保持规划，报本级人民政府或者其授权的部门批准后，由水行政主管部门组织实施。

水土保持规划一经批准，应当严格执行；经批准的规划根据实际情况需要修改的，应当按照规划编制程序报原批准机关批准。

（三）地方各级人民政府应当加强对日常生产建设等活动的管理，预防和减轻水土流失

《水土保持法》第十七条规定：禁止在崩塌、滑坡危险区和泥石流易发区从事取土、挖砂、采石等可能造成水土流失的活动。崩塌、滑坡危险区和泥石流易发区的范围，由县级以上地方人民政府划定并公告。崩塌、滑坡危险区和泥石流易发区的划定，应当与地质灾害防治规划确定的地质灾害易发区、重点防治区相衔接。

水土流失严重、生态脆弱的地区，应当限制或者禁止可能造成水土流失的生产建设活动，严格保护植物、沙壳、结皮、地衣等。在侵蚀沟的沟坡和沟岸、河流的两岸以及湖泊和水库的周边，土地所有权人、使用权人或者有关管理单位应当营造植物保护带。禁止开垦、开发植物保护带。

水土保持设施的所有权人或者使用权人应当加强对水土保持设施的管理与维护，落实管护责任，保障其功能正常发挥。

（四）鼓励群众植树造林，鼓励种草，禁止乱开乱砍行为

《水土保持法》第十六条规定：地方各级人民政府应当按照水土保持规划，采取封育保护、自然修复等措施，组织单位和个人植树种草，扩大林草覆盖面积，涵养水源，预防和减轻水土流失。

根据相关法律、法规规定，禁止在25°以上陡坡地开垦种植农作物。在25°以上陡坡地种植经济林的，应当科学选择树种，合理确定规模，采取水土保持措施，防止造成水土流失。

省、自治区、直辖市根据本行政区域的实际情况，可以规定小于25°的禁止开垦坡度。禁止开垦的陡坡地的范围由当地县级人民政府划定并公告。

禁止毁林、毁草开垦和采集发菜。禁止在水土流失重点预防区和重点治理区铲草皮、挖树蔸或者滥挖虫草、甘草、麻黄等。

林木采伐应当采用合理方式，严格控制皆伐；对水源涵养林、水土保持林、防风固沙林等防护林只能进行抚育和更新性质的采伐；对采伐区和集材道应当采取防止水土流失的措施，并在采伐后及时更新造林。

在林区采伐林木的，采伐方案中应当有水土保持措施。采伐方案经林业主管部门批准后，由林业主管部门和水行政主管部门监督实施。

在5°以上坡地植树造林、抚育幼林、种植中药材等，应当采取水土保持措施。

在禁止开垦坡度以下、5°以上的荒坡地开垦种植农作物，应当采取水土保持措施。具体办法由省、自治区、直辖市根据本行政区域的实际情况规定。

《水土保持法》实施后，在增加社会效益的同时，为了不影响当地人民群众的经济效益，政府部门应当全面规划，因地制宜地开展水土保持工作。山区、丘陵区、风沙区的地方人民政府，对从事挖药材、养柞蚕、烧木炭、烧砖瓦等副业生产的单位和个人，必须根据水土保持的要求，加强管理，采取水土保持措施，防止水土流失和生态环境恶化。在水土流失严重、草场少的地区，地方人民政府及其有关主管部门应当采取措施，推行舍饲，改变野外放牧习惯。为了减少树木的砍伐，地方人民政府及其有关主管部门应当因地制宜，组织营造薪炭林，发展小水电、风力发电，发展沼气，利用太阳能，推广节能灶。

（五）加强工程建设中水土保持工作的管理，增加技术的监督指导

为进一步落实水土保持工作的开展，水利部相继出台了《开发建设项目水土保持方案管理办法》、《关于进一步加强水土保持重点工程建设管理的意见》等，为在工程建设中健全水土保持工作管理和加强技术指导提供了很好的依据。

（1）修建铁路、公路和水利工程，应当尽量减少破坏植被；废弃的砂、石、土必须运至规定的专门存放地堆放，不得向江河、湖泊、水库和专门存放地以外的沟渠倾倒；在铁路、公路两侧地界以内的山坡地，必须修建护坡或者采取其他土地整治措施；工程竣工后，取土场、开挖面和废弃的砂、石、土存放地的裸露土地，必须植树种草，防止水土流失。开办矿山企业、电力企业和其他大中型工业企业，排弃的剥离表土、矸石、尾矿、废渣等必须堆放在规定的专门存放地，不得向江河、湖泊、水库和专门存放地以外的沟渠倾倒；因采矿和建设使植被受到破坏的，必须采取措施恢复表土层和植被，防止水土流失。

(2)在山区、丘陵区、风沙区修建铁路、公路、水工程，开办矿山企业、电力企业和其他大中型工业企业，在建设项目环境影响报告书中，必须有水行政主管部门同意的水土保持方案。

(3)在山区、丘陵区、风沙区依照矿产资源法的规定开办乡镇集体矿山企业和个体申请采矿，必须持有县级以上地方人民政府水行政主管部门同意的水土保持方案，方可申请办理采矿批准手续。并且，各级地方人民政府应当采取措施，加强对采矿、取土、挖砂、采石等生产活动的管理，防止水土流失。在崩塌滑坡危险区和泥石流易发区禁止取土、挖砂、采石。崩塌滑坡危险区和泥石流易发区的范围，由县级以上地方人民政府划定并公告。

需要说明的是，建设项目中的水土保持设施，必须与主体工程同时设计、同时施工、同时投产使用。建设工程竣工验收时，应当同时验收水土保持设施，并有水行政主管部门参加。

此外，《水土保持法实施条例》中也明确规定了在工程建设中开展水土保持工作的程序。《水土保持法实施条例》第十四条规定：在山区、丘陵区、风沙区修建铁路、公路、水工程，开办矿山企业、电力企业和其他大中型工业企业，其环境影响报告书中的水土保持方案，必须先经水行政主管部门审查同意。在山区、丘陵区、风沙区依法开办乡镇集体矿山企业和个体申请采矿，必须填写"水土保持方案报告表"，经县级以上地方人民政府水行政主管部门批准后，方可申请办理采矿批准手续。建设工程中的水土保持设施竣工验收，应当有水行政主管部门参加并签署意见。水土保持设施经验收不合格的，建设工程不得投产使用。水土保持方案的具体报批办法，由国务院水行政主管部门会同国务院有关主管部门制定。

三、水土保持的治理

我国是水土流失最为严重的国家之一。面对严峻的事实，我国制定了相应的法律法规政策，加强水土流失的治理。从 2011 年《水土保持公报》可以看出，到目前为止，我国的水土保持工作已经取得了喜人的成绩。但是，由于历史的原因以及我国建设初期的忽略，在取得成绩的同时，我们还应该看到，我国的水土保持工作还很繁重，还需要更进一步加强治理。

水土保持工作的方针中明确指出，水土保持工作应当做到全面规划，综合治理。

《水土保持法》第五条规定：国务院水行政主管部门主管全国的水土保持工作。

国务院水行政主管部门在国家确定的重要江河、湖泊设立的流域管理机构，在所管辖范围内依法承担水土保持监督管理职责。县级以上地方人民政府水行政主管部门主管本行政区域的水土保持工作。县级以上人民政府林业、农业、国土资源等有关部门按照各自职责，做好有关的水土流失预防和治理工作。这里所指的地方人民政府水行政主管部门是地方人民政府根据当地实际情况设立的水土保持机构，它可以行使《水土保持法》和《水土保持法实施条例》规定的水行政主管部门对水土保持工作的职权。在水土流失的治理过程当中，各级人民政府应当做到以下几点。

（一）认真组织编制水土保持规划，切实落实有关资金来源

国务院和县级以上地方人民政府的水行政主管部门，应当在调查评价水土资源的基础上，总结过去的历史经验和教训，会同有关部门，认真编制水土保持规划。以县为基本单位，以小流域为治理单元，工程措施和非工程措施相结合，切实做好相关的水土保持工作。并且县级以上人民政府应当将水土保持规划确定的任务，纳入国民经济和社会发展计划，安排专项资金，组织实施，并按照有关规定，安排水土流失地区的部分扶贫资金、以工代赈资金和农业发展基金等资金，用于水土保持。

在规划编制初期，县级以上人民政府应当依据水土流失的具体情况，划定水土流失重点防治区，进行重点防治。水土流失重点防治区按国家、省、县三级划分，具体范围由县级以上人民政府水行政主管部门提出，报同级人民政府批准并公告。水土流失重点防治区可以分为重点预防保护区、重点监督区和重点治理区。

水土保持规划须经同级人民政府批准。县级以上地方人民政府批准的水土保持规划，须报上一级人民政府水行政主管部门备案。水土保持规划的修改，须经原批准机关批准。

（二）根据已编制的水土保持规划，组织有关行政主管部门和单位有计划地对水土流失进行治理

《水土保持法》第三十三条规定：国家鼓励单位和个人按照水土保持规划参与水土流失治理，并在资金、技术、税收等方面予以扶持。此规定旨在增加组织和个人对水土保持工作的关注程度，增强他们参加水土保持工作的积极性。

《水土保持法实施条例》第十六条规定：县级以上地方人民政府应当组织国有农场、林场、牧场和农业集体经济组织及农民，在禁止开垦坡度以下的坡耕地，按照水土保持规划，修筑水平梯田和蓄水保土工程，整治排水系统，治理水土流失。第十七条规定：水土流失地区的集体所有的土地承包给个人使用的，应当将治理水土流失的责任列入承包合同。当地乡、民族乡、镇的人民政府和农业集体经济组织应当监督承包合同的履行。

荒山、荒沟、荒丘、荒滩可以由农业集体经济组织、农民个人或者联户承包水土流失的治理。对荒山、荒沟、荒丘、荒滩水土流失的治理实行承包的，应当按照谁承包治理谁受益的原则，签订水土保持承包治理合同。承包治理所种植的林木及其果实，归承包者所有，因承包治理而新增加的土地，由承包者使用。国家保护承包治理合同当事人的合法权益。在承包治理合同有效期内，承包人死亡时，继承人可以依照承包治理合同的约定继续承包。

（三）因地制宜，综合防治

《水土保持法》总结了水土流失地区的特点，提出针对不同情况采取不同工程措施的指导性意见。

《水土保持法》第三十五条规定：在水力侵蚀地区，地方各级人民政府及其有关部门应当组织单位和个人，以天然沟壑及其两侧山坡地形成的小流域为单元，因地制宜地采取工程措施、植物措施和保护性耕作等措施，进行坡耕地和沟道水土流失综合治理。

在风力侵蚀地区，地方各级人民政府及其有关部门应当组织单位和个人，因地制宜地采取轮封轮牧、植树种草、设置人工沙障和网格林带等措施，建立防风固沙防护体系。

在重力侵蚀地区，地方各级人民政府及其有关部门应当组织单位和个人，采取监测、径流排导、削坡减载、支挡固坡、修建拦挡工程等措施，建立监测、预报、预警体系。

各级人民政府应当根据《水土保持法》中所给的指导性意见，针对各自所管辖范围的特点，采取有效的方案，将科学技术与专业科技力量直接投入生态环境建设，采取工程、生物和耕作措施，增加地面植被覆盖，提高土壤抗蚀力，防止水土流失，保护水土资源，维持和提高土壤生产力的活动。在优先考虑生态的前提下，做到生态经济协调发展。

(四)加强对水土保持工作的检查、验收工作

在水土流失地区建设的水土保持设施和种植的林草，由县级以上人民政府组织有关部门检查验收。对水土保持设施、试验场地、种植的林草和其他治理成果，应当加强管理和保护。建成的水土保持设施和种植的林草，应当按照国家技术标准进行检查验收；验收合格的，应当建立档案，设立标志，落实管护责任制。任何单位和个人不得破坏或者侵占水土保持设施。企业事业单位在建设和生产过程中损坏水土保持设施的，应当给予补偿。

四、加强水土保持工作的监测和监督工作，确保水土保持工作的持续发展

《水土保持法》第四十条规定：县级以上人民政府水行政主管部门应当加强水土保持监测工作，发挥水土保持监测工作在政府决策、经济社会发展和社会公众服务中的作用。县级以上人民政府应当保障水土保持监测工作经费。国务院水行政主管部门应当完善全国水土保持监测网络，对全国水土流失进行动态监测。

本条是对水土保持监测工作的性质、经费保障，以及监测网络建设、开展动态监测的规定。

(一)水土保持监测是一项重要的基础性工作

(1)水土保持监测是开展水土保持工作的重要基础和手段。通过水土保持监测，可以准确掌握水土流失预防和治理情况，分析和评价水土保持效果，为水土流失防治总体部署、规划布局、防治措施科学配置等提供科学依据；可以掌握生产建设项目造成水土流失情况、防治成效，为各级水行政主管部门有针对性地开展监督检查、案件查处等提供重要依据；可以积累长期的监测数据和成果，为水土保持科学研究、标准规范制定等提供可靠数据资料。

(2)水土保持监测是国家生态保护与建设的重要基础。通过水土保持监测，可以及时、准确掌握全国生态环境现状、变化和动态趋势，分析和评价重大生态工程成效，为国家制定生态建设宏观战略、调整总体部署、实施重大工程提供重要依据。

(3)水土保持监测是国家保护水土资源、促进可持续发展的重要基础。通过水土保持监测，可以不断掌握水土资源状况、消长变化，为国家制订经济社会发展规划、调整经济发展格局与产业布局、保障经济社会的可持续发展提供重要技术支撑。

(4)水土保持监测是社会公众了解、参与水土保持的重要基础。通过水土保持监测，可以使公众及时了解水土流失、水土保持对生活环境的影响，满足社会和公众的知情权、参与权和监督权，促进全社会水土保持意识的提高。

(二)水土保持监测数据和成果是服务于政府、服务于社会、服务于公众的

水土保持监测是一项社会公益事业，各级人民政府及其水行政主管部门应加强领导，

保障监测工作经费。县级以上人民政府应当将水土保持监测工作纳入水土保持规划，将监测网络运行经费、监测业务工作经费等列入同级财政预算，保障水土保持监测工作的正常开展。根据我国财政体制分级负责的原则，中央财政应保障中央水土保持监测机构（主要包括水利部、长江水利委员会等七大流域机构的水土保持监测机构）的运行和工作经费，重点开展国家级水土保持重点预防区和重点治理区、国家重大水土保持工程的监测，并对承担国家水土保持监测任务的地方水土保持监测机构、监测站点给予一定经费支持。此外，中央财政应加大对革命老区、少数民族地区、贫困地区以及边远地区水土保持监测经费支持的力度。省级财政应保障省级、市级监测机构的运行和工作经费，以及监测站点的工作经费。

（三）国家要加快完善监测网络建设，全面开展水土流失动态监测工作

（1）全国水土保持监测网络由两部分组成：一是各级政府批准成立的水土保持监测机构，即水利部水土保持监测中心、长江等大江大河流域监测中心站、省级监测总站、重点防治地区监测分站和监测站；二是根据监测任务需要，经科学论证，在全国各地设立的水土保持监测站点，包括为国家提供基础数据的监测点、水土流失抽样调查点、水土保持重点工程监测点等。目前，国家已实施了全国水土保持监测网络与信息系统一期、二期工程建设，在国家、流域、省、市层面建立了监测机构，在全国建设了 75 个综合监测站、738 个监测点。这些站点是我国长期开展水土保持监测的基本站点。今后，还将依据水土保持监测规划和国家信息化规划，逐步健全水土保持监测网络，完善监测信息系统，提高自动化和信息化水平，开展监测机构和监测站点标准化建设，提升监测能力。

（2）各级政府设立的水土保持监测机构，应根据法律规定和社会需求，开展水土流失动态监测，掌握水土流失发生、发展、变化趋势，进行监测预报，满足政府、社会公众的信息需求，实现水土保持监测数据和成果的社会共享。对严重水土流失灾害性事件，应能迅速开展监测，为各级政府及时应对灾害，采取科学的处置措施提供支持。

（3）水土保持监测数据与成果要为在水土流失重点预防区和重点治理区实行政府水土保持目标责任制及考核奖惩制度提供重要依据。

《水土保持法》第四十三条规定：县级以上人民政府水行政主管部门负责对水土保持情况进行监督检查。流域管理机构在其管辖范围内可以行使国务院水行政主管部门的监督检查职权。本条规定明确了县级以上人民政府水行政主管部门是水土保持监督检查的主体，即县级以上人民政府水行政主管部门可以自己的名义，在其管辖范围内独立行使水土保持监督检查职权。监督检查是指县级以上人民政府水行政主管部门，依据法律、法规、规章及规范性文件或政府授权，对所辖区域内公民、法人和其他组织与水土保持有关的行为活动的合法性、有效性等的监察、督导、检查及处理的各项活动的总称，如实施水土保持行政许可、行政检查、行政处理等。因此，水土保持监督检查属行政管理范畴，是公共行政的有机组成部分，需要运用国家行政权力来保护生态环境和公众利益，依法对违法行为进行行政处罚。同时，水土保持监督检查属于法定职权，各级水行政主管部门及其监督管理机构不能超越法律和国务院所规定的职权违法行事。

根据规定，水土保持工作主要包括以下三个方面：

（1）水土保持监督管理贯彻落实水土保持法律法规的情况，主要包括水土保持法律法规的宣传普及、配套法规政策体系的建设、监督执法队伍的建设以及生产建设单位落实水土保持“三同时”制度情况等。

(2)水土流失预防和治理开展情况,主要包括水土流失重点预防区和重点治理区的划定、水土保持规划的编制、重点治理项目的安排和实施、经费保障等。

(3)水土保持科技支撑服务开展情况,主要包括水土保持监测网络建设与监测预报、技术标准制定、科学研究与技术创新,以及水土保持方案编制、验收评估和监理监测的技术服务等。

流域管理机构是国务院水行政主管部门的派出机构。按照《水土保持法》第五条和第四十三条的规定,流域管理机构在其管辖范围内可以行使国务院水行政主管部门的水土保持监督检查职权。

《水土保持法》第四十七条规定,水行政主管部门或者其他依照本法规定行使监督管理权的部门,不依法作出行政许可决定或者办理批准文件的,发现违法行为或者接到对违法行为的举报不予查处的,或者有其他未依照本法规定履行职责的行为的,对直接负责的主管人员和其他直接责任人员依法给予处分。

第八章　水污染防治

第一节　水污染防治概述

水污染，是指水体因某种物质的介入，而导致其化学、物理、生物或者放射性等方面特性的改变，从而影响水的有效利用，危害人体健康或者破坏生态环境，造成水质恶化的现象。

防治水污染是广大群众改善生产、生活环境的强烈愿望。目前，我国水污染比较严重。首先，全国地表水污染严重。长江、黄河、淮河、海河、珠江、松花江和辽河七大水系主体总体为轻度污染。浙闽区河流和西南诸河水质良好，西北诸河水质为优。湖泊（水库）富营养化问题突出。全国131个主要湖泊中，达富营养化程度的湖泊占51%。每年有近500亿t未经处理的污水直接排向河道、湖泊、水库，90%以上的城市水污染严重。其中，水质变差的城市主要集中在华北、东北和西北地区。其次，地下水污染也不容乐观。2012年，全国198个地市级行政区开展了地下水水质监测，监测点总数为4 929个，其中国家级监测点800个。依据《地下水质量标准》（GB/T 14848—93），综合评价结果为水质呈优良级的监测点580个，占全部监测点的11.8%；水质呈良好级的监测点1 348个，占27.3%；水质呈较好级的监测点176个，占3.6%；水质呈较差级的监测点1 999个，占40.5%；水质呈极差级的监测点826个，占16.8%。主要超标指标为铁、锰、氟化物、“三氮”（亚硝酸盐氮、硝酸盐氮和氨氮）、总硬度、溶解性总固体、硫酸盐、氯化物等，个别监测点存在重（类）金属超标现象。

2012年全国地下水水质状况如图8-1所示。

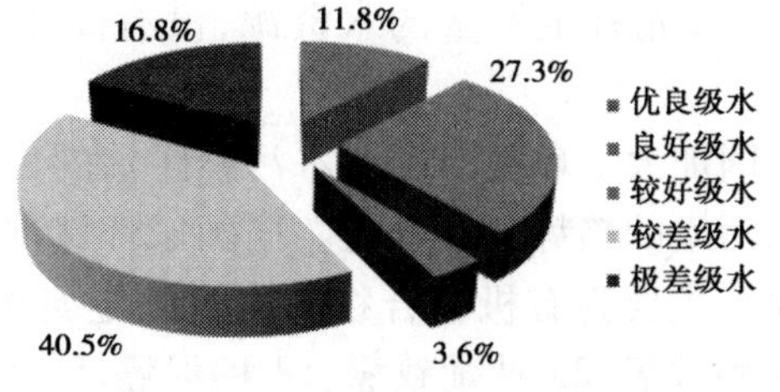

图8-1　2012年全国地下水水质状况

近年来，国家高度重视水污染防治工作，严格执行新建项目“三同时”制度，拒批了一批污染项目；不断加大执法力度，查处了一批环境违法企业。但随着人口、经济和城市的不断发展，城市生活污水逐年增加，2005年已占污水总量的60%以上，大量生活污水未经处理便被外排；企业治污投入严重不足，有的根本不上治污设施，有的即便上了，也开开停停，偷排偷放现象屡禁不止；面源污染日趋严重，农村水环境质量状况令人担忧。受此影响，个别地方发生了一些水污染事件，如有的农民用水灌溉，使经济作物遭到毁坏；有的鱼塘灌入了污水，成塘的鱼苗死亡；有的坑塘、河流灌满了污水，蚊虫滋生，恶臭难闻，个别地方的群众生活受到了较大冲击，群众要求加强水污染防治的愿望越来越强烈。

防治水污染也是企业生存和发展的根本保证。我国水环境容量人均少，且负荷越来越重，如果现有企业不稳定达标排放，将严重影响到企业生产经营和规模扩张。今后国家对企业排污标准提出了更加严格的要求，特别是造纸、化工、医药、皮革等企业，如实现不了达标排放，将直接被限产、停产整顿或关停，不少企业正面临着达标即生存、超标就淘汰的艰难选择。

就水质要求而言，人类生活饮用水对水质要求最高，工业用水其次，农业用水要求最低。但就用水的经济效益而言，工业用水最高，农业用水次之，生活用水最低。为了追求经济效益，往往把工业用水放在第一位，农业用水其次，生活饮用水放到最后一位。因此，尽管饮用水用水量所占比例最小，却往往被工业用水挤掉，甚至被农业用水挤掉。例如，天津新中国成立前用海河的水，不论是城市生活用水，还是工业用水，都从无缺水之虞。新中国成立后，海河上游修了许多水库，水库的水大部分被农业灌溉所占用，加上下游水质严重恶化，无法再加以利用，农业用水占用了城市用水。因而，有相当长的一段时间，天津市民只能饮用水质很差、略带咸味取自滨海水库的水。天津市水质较好的地下水又主要被工业用水所占用。20 世纪 80 年代，天津市在宝坻开发了一个以利用地下水为主的新水源地，水量丰富，水质十分优良，如果作为饮用水，至少可满足 30 万居民的需求，但这个水源地却被一个化纤厂作为工业用水占用了。此类实例不胜枚举。

随着社会经济的发展所伴随的水污染问题，特别是近年来水污染对饮用水的影响，许多人提出，清洁、卫生的饮用水是人民生活的必需品，人民政府应当积极采取措施改善城乡居民的饮用水质量。因此，《水法》第五十四条规定：各级人民政府应当积极采取措施，改善城乡居民的饮用水条件。根据这一规定，各级人民政府都有责任改善城市居民和农村居民生活饮用水的质量和数量以及用水便利条件。随着我国经济社会的快速发展、城市化进程的加快和人民生活水平的提高，水资源短缺越来越成为一个重要的制约条件。水资源是量和质的高度统一，光有足够量的水资源，没有高质量的水资源不行；反之也一样。

进入 21 世纪，虽然我国加大了环境治理和水污染防治的力度，水质恶化的势头有所控制，但从总体上来看，水污染的趋势很难避免。据国家环保部门统计，目前水中污染物已达 2 000 多种（2 221 种），主要为有机化合物、碳化物、金属物。其中，自来水里有 765 种（190 种对人体有害，20 种致癌，23 种疑致癌，18 种促癌，56 种致突变）。在我国，只有不到 11% 的人饮用符合我国卫生标准的水，而高达 65% 的人饮用混浊、苦碱、含氟、含砷、工业污染、含传染病菌的水。2 亿人饮用自来水，7 000 万人饮用高氟水，3 000 万人饮用高硝酸盐水，5 000 万人饮用高氟化物水，1.1 亿人饮用高硬度水。现在我国农村还有 4 300 万人饮用水困难，即饮用水量尚不能保证供给。面对这样的饮水状况，我国政府近年来通过发行国债来加大城乡供水、水污染处理的基础设施建设，以改善城乡居民的生活用水条件，提高城乡居民的生活质量。水利部正组织全国水利部门开展水功能区区划工作，依法划定饮用水水源保护区，目的就是从源头上保护饮用水水质。

为了防治水污染,保护和改善环境,保障饮用水安全,促进经济社会全面协调可持续发展,1984年5月11日第六届全国人民代表大会常务委员会第五次会议通过《中华人民共和国水污染防治法》,中华人民共和国第十届全国人民代表大会常务委员会第三十二次会议于2008年2月28日修订。《水污染防治法》第二条中作出了如下规定:本法适用于中华人民共和国领域内的江河、湖泊、运河、渠道、水库等地表水体以及地下水体的污染防治。海洋污染防治适用《中华人民共和国海洋环境保护法》。

《水污染防治法》从原则上规定了我国水污染防治的基本原则和主要目标。

(1)综合治理原则。水污染防治应当坚持预防为主、防治结合、综合治理的原则。优先保护饮用水水源,严格控制工业污染、城镇生活污染,防治农业面源污染,积极推进生态治理工程建设,预防、控制和减少水环境污染和生态破坏。

(2)责任制原则。县级以上人民政府应当将水环境保护工作纳入国民经济和社会发展的总体规划。县级以上地方人民政府应当采取防治水污染的对策和措施,对本行政区域内的水环境质量负责。县级以上人民政府环境保护主管部门对水污染防治实施统一监督管理。交通主管部门的海事管理机构对船舶污染水域的防治实施监督管理。县级以上人民政府水行政、国土资源、卫生、建设、农业、渔业等部门以及重要江河、湖泊的流域水资源保护机构,在各自的职责范围内,对有关水污染防治实施监督管理。国家实行水环境保护目标责任制和考核评价制度,将水环境保护目标完成情况作为对地方人民政府及其负责人考核评价的内容。

(3)不得超标排放污染物。排放水污染物,不得超过国家或者地方规定的水污染物排放标准和重点水污染物排放总量控制指标。

(4)建立生态保护补偿机制。国家通过财政转移支付等方式,建立健全对位于饮用水水源保护区区域和江河、湖泊、水库上游地区的水环境生态保护补偿机制。

(5)加强水污染防治的宣传教育。国家鼓励、支持水污染防治的科学技术研究和先进适用技术的推广应用,加强水环境保护的宣传教育。任何单位和个人都有义务保护水环境,并有权对污染损害水环境的行为进行检举。县级以上人民政府及其有关主管部门对在水污染防治工作中做出显著成绩的单位和个人给予表彰与奖励。

第二节　排污总量控制和水质监测的规定

一、排污总量控制

水污染物,是指直接或者间接向水体排放的,能导致水体污染的物质。污染物排放总量控制,通常是指根据一个地区(区域或流域,下同)的环境特点和自净能力,依据环境质量标准,将污染物排放总量控制在环境承载能力范围之内。近年来,国家适当提高了主要污染物排放浓度标准,但由于受经济、技术等条件的限制,单靠控制浓度达标,无法有效遏制环境污染加剧的趋势,必须对污染物的排放总量进行控制。

排污总量控制是指国家对污染物的排放实施总量控制的法律制度。在此概念中,“总量”一词指的是在一定区域和时间范围内的排污量总和或一定时间范围内某个企业的排污量总和。长期以来,我国环境管理主要采取污染物排放浓度控制,浓度达标即视为合法。由于对污染物排放重视与监管力度不够,水体污染的排放所造成的江河水质问题日益严重。中国的设置管理机构的七大流域包括长江流域、黄河流域、淮河流域、海河流域、珠江流域、松辽流域和太湖流域。在其中的 11.36 万 km 的评价河长中,37.6% 的水质较差,其中以辽河、黄河、海河、淮河水污染最为严重。

据 2012 年的中国环境状况公报统计,长江、黄河、珠江、松花江、淮河、海河、辽河、浙闽片河流、西北诸河和西南诸河等流域的国控断面中,Ⅰ~Ⅲ类,Ⅳ、Ⅴ类和劣Ⅴ类水质断面比例分别为 68.9%、20.9% 和 10.2%。主要污染指标为化学需氧量、五日生化需氧量和高锰酸盐指数。

2012 年我国主要流域水质类别比例如图 8-2 所示。

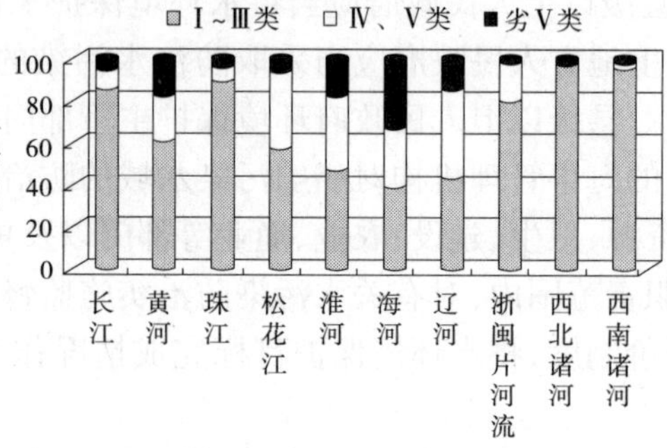

图 8-2　2012 年我国主要流域水质类别比例

我国自 1988 年起,国家环保局在全国 18 个城市和山西、江苏两省进行了总量控制基础上的排污许可证试点和推广工作。实践证明,总量控制和排污许可证制度对控制污染物排放的效果显著。2008 年第二次修订后的《水污染防治法》中规定了排污总量控制制度。“十二五”规划中明确指出,加大环境保护力度。以解决饮用水不安全和空气、土壤污染等损害群众健康的突出环境问题为重点,加强综合治理,明显改善环境质量。落实减排目标责任制,强化污染物减排和治理,增加主要污染物总量控制种类,加快城镇污水、垃圾处理设施建设,加大重点流域水污染防治力度。“十二五”国家总量控制指标为二氧化硫(SO_2)、化学需氧量(COD)、氨氮(NH_3-N)和氮氧化物(NO_x)。

《水法》规定:县级以上人民政府水行政主管部门或者流域管理机构应当按照水功能区对水质的要求和水体的自然净化能力,核定该水域的纳污能力,向环境保护行政主管部门提出该水域的限制排污总量意见。一般而言,纳污能力是指依据水域的环境功能区划,在充分利用其环境容量的基础上水域能够承纳污染物的能力。自净能力是指水域纳污之后,因其物理的、化学的、生物的各种特性,使污染物能被迁移、扩散出水域,或者在本水域内迁移转换,使该水域的水质得到部分甚至完全恢复的能力。《河道管理条例》规定:向河道、湖泊排污的排污口的设置和扩大,排污单位在向环境保护部门申报之前,应当征得河道主管机关的同意。在河道管理范围内,禁止堆放、倾倒、掩埋、排放污染水体的物体。禁止在河道内清洗装贮过油类或者有毒污染物的车辆、容器。河道主管机关应当开展河道水质监测工作,协同环境保护部门对水污染防治实施监督管理。

实行向水域排污的排污总量控制，是对水功能区实行有效管理的重要手段之一。污染控制应当建立在水资源的承载能力基础上，实行污染物浓度控制与总量控制相结合。水域都有自净能力，当水域容纳了超过其自身净化能力的污染物质时，就表现出被污染的特征。保护水体，首先要确定其自身的纳污能力。《水法》中关于核定水域的纳污能力、提出水域的限制排污总量意见的规定，对水污染防治工作提出了更高要求，使水污染防治与水资源的综合开发、利用、保护相结合，使防治工作更加科学、合理。在具体实施中，水行政主管部门和环境保护部门应当加强配合与协作，水行政主管部门提出的水域限制排污总量意见，应当作为环境保护部门进行污染物排放总量控制的依据。

二、水质监测

《水法》规定：县级以上地方人民政府水行政主管部门和流域管理机构应当对水功能区的水质状况进行监测，发现重点污染物排放总量超过控制指标的，或者水功能区的水质未达到水域使用功能对水质的要求的，应当及时报告有关人民政府采取措施，并向环境保护行政主管部门通报。

以上是对水功能区实行有效管理的法律依据。加强对水功能区的水质状况的监测和监督管理是保证水功能区水质目标的重要手段之一。监测是管理工作的基础，因此要加强监测，并建立完善的监测、报告和监督管理工作制度，保证水功能区的使用功能和总量控制要求的实现。按照规定，水行政主管部门和流域管理机构应当加强对水功能区的水质状况进行监测；一旦发现重点污染物排放总量超过控制指标的，或者水功能区的水质未达到水域使用功能对水质的要求的，应当及时报告有关人民政府，有关人民政府应当及时采取治理措施。同时，水行政主管部门和流域管理机构还应当及时向环境保护行政主管部门通报。

水利部门水文系统自 20 世纪 50 年代中期起在水文站网的基础上，开展了天然水化学检测，70 年代初增加了水污染监测项目，80 年代至今已发展到能对各类型水体、水生生物和底质等水环境要素进行监测，并拥有水量、水质同步监测的优势。目前已建成由部、流域、省级及市四级共计 250 多个水环境监测中心组成的全国水环境监测体制，各级监测机构都已通过国家级计量认证。全国水质监测网络由 2 600 多个水质监测站组成，定期监测评价地表水、地下水的水质，直接为水资源管理与保护等服务。依据《中华人民共和国水污染防治法》赋予水利部门各流域水资源保护机构的职责，1997 年，在全国七大流域主要水系的省界水体共设置了 329 个监测站点，定期测报省界水体水环境质量状况。目前，水利部门已基本掌握了七大流域水系、浙闽片河流、内陆河湖和藏南滇西河流地表水、地下水及省界水体水质基本状况。

自 1989 年起，水利部采用质量控制、量值溯源条件下的全国各级水环境监测中心提供的系统水质监测成果，定期发布了《全国主要江河重点河段水质通报》、《省界水体水环境质量通报》和《重点城市供水水源地水资源质量状况旬报》，参与编制《中国水资源公报》（水质部分）和《中国水资源质量年报》。同时，每年为《中国环境状况公报》提供各主要水系水质监测评价结果。

第三节　水污染防治的规划与管理

一、水污染防治的标准和规划

(一)水环境质量标准的制定与修订

水环境质量标准(standard of water environmental quality)也称水质量标准,是指为保护人体健康和水的正常使用而对水体中污染物或其他物质的最高容许浓度所作的规定,目的是控制和消除污染物对水体的污染,根据水环境长期和近期目标而提出的质量标准。除制定全国水环境质量标准外,各地区还可参照实际水体的特点、水污染现状、经济和治理水平,按水域主要用途,会同有关单位共同制定地区水环境质量标准。

水环境质量标准按水体类型划分为地表水环境质量标准、海水水质标准、地下水质量标准;按水资源用途划分为生活饮用水卫生标准,城市供水水质标准,渔业水质标准,农田灌溉水质标准,生活杂用水水质标准,景观娱乐用水水质标准,瓶装饮用纯净水水质标准,无公害食品畜禽饮用水水质标准,各种工业用水水质标准等;按制定的权限分为国家水环境质量标准和地方水环境质量标准。

水环境质量直接关系着人类生存和发展的基本条件,水环境质量标准是制定污染物排放标准的根据,同时也是确定排污行为是否造成水体污染及是否应当承担法律责任的根据。因此,《水污染防治法》规定,国务院环境保护部门制定国家水环境质量标准。省、自治区、直辖市人民政府可以对国家水环境质量标准中未规定的项目,制定地方补充标准,并报国务院环境保护部门备案。

由此,我国对水环境质量标准的制定是非常严格的,一是国家水环境质量标准由国务院环境保护部门制定,其他部门无权制定:二是国家水环境质量标准中未规定的项目,省、自治区、直辖市人民政府可以制定地方补充标准。这里需要说明的是,地方补充标准制定的前提是国家水环境质量标准中未规定的项目,当国家水环境质量标准对未规定的项目作出规定时,地方补充标准不得与国家水环境质量标准相矛盾,否则应废止,并按照国家水环境质量标准执行;地方补充标准的制定和颁布机关是省、自治区、直辖市人民政府,省、自治区、直辖市人民政府只有部分制定水环境质量标准的权力;地方补充标准制定后,要报国务院环境保护部门备案。

国务院环境保护主管部门会同国务院水行政主管部门和有关省、自治区、直辖市人民政府,可以根据国家确定的重要江河、湖泊流域水体的使用功能以及有关地区的经济、技术条件,确定该重要江河、湖泊流域的省界水体适用的水环境质量标准,报国务院批准后施行。国务院环境保护主管部门根据国家水环境质量标准和国家经济、技术条件,制定国家水污染物排放标准。省、自治区、直辖市人民政府对国家水污染物排放标准中未作规定的项目,可以制定地方水污染物排放标准;对国家水污染物排放标准中已作规定的项目,可以制定严于国家水污染物排放标准的地方水污染物排放标准。地方水污染物排放标准须报国务院环境保护主管部门备案。向已有地方水污染物排放标准的水体排放污染物的,应当执行地方水污染物排放标准。

国务院环境保护主管部门和省、自治区、直辖市人民政府,应当根据水污染防治的要求和国家或者地方的经济、技术条件,适时修订水环境质量标准和水污染物排放标准。

(二)水污染防治规划

防治水污染应当按流域或者按区域进行统一规划。国家确定的重要江河、湖泊的流域水污染防治规划,由国务院环境保护主管部门会同国务院经济综合宏观调控、水行政等部门和有关省、自治区、直辖市人民政府编制,报国务院批准。

其他跨省、自治区、直辖市江河、湖泊的流域水污染防治规划,根据国家确定的重要江河、湖泊的流域水污染防治规划和本地实际情况,由有关省、自治区、直辖市人民政府环境保护主管部门会同同级水行政等部门和有关市、县人民政府编制,经有关省、自治区、直辖市人民政府审核,报国务院批准。省、自治区、直辖市内跨县江河、湖泊的流域水污染防治规划,根据国家确定的重要江河、湖泊的流域水污染防治规划和本地实际情况,由省、自治区、直辖市人民政府环境保护主管部门会同同级水行政等部门编制,报省、自治区、直辖市人民政府批准,并报国务院备案。经批准的水污染防治规划是防治水污染的基本依据,规划的修订须经原批准机关批准。

县级以上地方人民政府应当根据依法批准的江河、湖泊的流域水污染防治规划,组织制订本行政区域的水污染防治规划。国务院有关部门和县级以上地方人民政府开发、利用和调节、调度水资源时,应当统筹兼顾,维持江河的合理流量和湖泊、水库以及地下水体的合理水位,维护水体的生态功能。

深入贯彻落实科学发展观,切实加快经济发展方式转变,"让江河湖泊休养生息",以改善重点流域及近岸海域水环境质量、维护人民群众身体健康、保障水环境安全为目标,以流域—控制区—控制单元三级分区体系为框架,以水功能区限制纳污红线为依据,以污染物总量减排为抓手,以规划项目为依托,以政策措施为保障,综合运用工程、技术、生态的方法,实施重点流域水污染综合防治战略,努力恢复江河湖泊的生机和活力,促进流域经济社会的可持续发展。

二、水污染防治的监督管理

(一)环境影响评价制度与"三同时"制度

环境影响评价制度,是指对规划和建设项目实施后可能造成的环境影响进行分析、预测和评估,提出预防或者减轻不良环境影响的对策和措施,进行跟踪监测的制度。我国从1979年开始实施建设项目环境影响评价制度,经过30多年的实践,已经形成了比较完善的环境影响评价技术和管理体系,评价和审批工作逐步规范化。然而,随着经济活动范围和规模的不断扩大,区域开发、产业发展和自然资源开发利用活动对环境所造成的影响越来越突出,尤其是因有关政策和规划所造成的各种环境问题已经成为影响我国可持续发展的重大问题。《中华人民共和国环境影响评价法》规定:国务院有关部门、设区的市级以上地方人民政府及其有关部门,对其组织编制的土地利用的有关规划,区域、流域、海域的建设、开发利用规划,应当在规划编制过程中组织进行环境影响评价,编制规划有关环境影响的篇章或者说明;对其组织编制的工业、农业、畜牧业、林业、能源、水利、交通、城市建设、旅游、自然资源开发的有关专项规划,应当在该专项规划草案上报审批前,组织进行环境影响评价，并向审批该专项规划的机关提出环境影响报告书。这部法律的出台，为我们实现源头控制污染，预防因政策规划和建设项目实施后对环境造成的不良影响提供了法律保障。

我国《环境保护法》第二十六条规定：建设项目中防治污染的设施，必须与主体工程同时设计、同时施工、同时投产使用。防治污染的设施必须经原审批环境影响报告书的环境保护行政主管部门验收合格后，该建设项目方可投入生产或者使用。这一规定在我国环境立法中通称为“三同时”制度。它适用于在中国领域内的新建、改建、扩建项目（含小型建设项目）和技术改造项目，以及其他一切可能对环境造成污染和破坏的工程建设项目和自然开发项目。“三同时”制度是我国首创的。它是总结我国环境管理的实践经验为我国法律所确认的一项重要的控制新污染的法律制度。它与环境影响评价制度相辅相成，是防止新污染和破坏的两大“法宝”，是中国预防为主方针的具体化、制度化。

我国原有的工业企业一般都没有防治污染的设施，这不仅污染环境、造成经济损失和危害人民健康，而且为了消除污染和危害后果需要付出巨大的代价。如果新建企业仍不采取防治措施，随着建设事业的发展，环境污染势必加剧。为此，我国在 1973 年的《关于保护和改善环境的若干规定（试行草案）》中提出，一切新建、扩建和改建的企业中的防治污染项目必须坚持和主体工程同时设计、同时施工、同时投产的原则。1979 年《中华人民共和国环境保护法（试行）》又重申了这一原则。随后，为确保“三同时”制度的有效执行，中国又规定了一系列的行政法令和规章。例如，1981 年 5 月由国家计委、国家建委、国家经委、国务院环境保护领导小组联合下达的《基本建设项目环境保护管理办法》，把“三同时”制度具体化，并纳入基本建设程序。于是，到 1984 年大中型项目“三同时”执行率上升到 79%。第二次全国环境保护会议以后又颁布了《建设项目环境保护设计规定》，进一步强化了这一制度的功能。至 1988 年，大中型项目“三同时”执行率已接近 100%，小型项目也接近 80%，有些地方的乡镇企业也试行了这一制度。针对现实中存在的污染防治设施运行率不高、不能发挥正常效益的问题，2014 年修订的《中华人民共和国环境保护法》第四十一条规定：建设项目中防治污染的设施，应当与主体工程同时设计、同时施工、同时投产使用。防治污染的设施应当符合经批准的环境影响评价文件的要求，不得擅自拆除或者闲置。

为了使这一原则得到切实有效的执行，国务院有关部门在 1981 年 5 月颁发的《基本建设项目环境保护管理办法》中又具体规定以下内容：

第一，基本建设项目的确定，必须充分注意布局的合理性，使其对环境的有害影响缩小到最低程度。现有大城市和污染严重地区，一般不新建扩建大型项目，在城镇生活居住区、水源保护区、名胜古迹、风景游览区等需要特殊保护的地区，不准建设污染环境的项目。

第二，建设单位和主管部门对基建项目的环境保护负责。从基建的选址报告、项目设计、施工安排到竣工验收等各个环节，都必须有环境保护内容，并将环境保护的投资、设备、材料等与主体工程同时安排。环境保护设施要与主体工程同时设计、同时施工、同时投产。达不到要求的不准投产，强行投产的要追究责任。这是在总结近几年实践经验基础上，对“三同时”制度的发展。“三同时”制度的推行，对控制基本建设中产生的新污染源起了重要作用。

《水污染防治法》第十七条规定：新建、改建、扩建直接或者间接向水体排放污染物的建设项目和其他水上设施，应当依法进行环境影响评价。建设单位在江河、湖泊新建、改建、扩建排污口的，应当取得水行政主管部门或者流域管理机构同意；涉及通航、渔业水域的，环境保护主管部门在审批环境影响评价文件时，应当征求交通、渔业主管部门的意见。建设项目的水污染防治设施，应当与主体工程同时设计、同时施工、同时投入使用。水污染防治设施应当经过环境保护主管部门验收，验收不合格的，该建设项目不得投入生产或者使用。

（二）国家对重点水污染物排放实施总量控制制度

除《水法》对水污染物排放实施总量控制制度进行了相关规定外，《水污染防治法》也确立了这一重要的制度。实行对水域排污的总量控制，是对水功能区实行有效管理的重要手段之一。污染控制应当建立在水资源的承载能力基础上，实行污染物浓度控制与总量控制相结合。水域都有自净能力，当污染物进入水体后，经过一系列的物理、化学、生物等方面的作用，污染物的浓度会逐渐降低，经过一段时间后，水体往往能恢复到受污染前的状态。水的这种自我调节、净化的能力，称为水体的自净能力。影响水体自净过程的因素很多，主要有河流、湖泊、海洋等水体的地形和水文条件，水中微生物的种类和数量，水温和充氧状况，污染物的性质和浓度等。

水体自净包括沉淀、稀释、混合等物理过程，氧化还原、分解化合、吸附凝聚等化学和物理化学过程以及生物化学过程。各种过程同时发生，相互影响，并相互交织进行。一般来说，物理和生物化学过程在水体自净中占主要地位。水体的自净能力是有限度的。当污染物的数量超过了水体的自净能力时，就会使水体出现危害人体健康或破坏生态环境的现象，称为水体污染。当水域容纳了超过其自身净化能力的污染物质时，就表现出被污染的特征。保护水体，首先要确定其自身的纳污能力。在具体实施中，水行政主管部门和环境保护部门应当加强配合与协作，水行政主管部门提出的水域限制排污总量意见，应当作为环境保护部门进行污染物排放总量控制的依据。

《水污染防治法》规定：省、自治区、直辖市人民政府应当按照国务院的规定削减和控制本行政区域的重点水污染物排放总量，并将重点水污染物排放总量控制指标分解落实到市、县人民政府。市、县人民政府根据本行政区域重点水污染物排放总量控制指标的要求，将重点水污染物排放总量控制指标分解落实到排污单位。具体办法和实施步骤由国务院规定。省、自治区、直辖市人民政府可以根据本行政区域水环境质量状况和水污染防治工作的需要，确定本行政区域实施总量削减和控制的重点水污染物。对超过重点水污染物排放总量控制指标的地区，有关人民政府环境保护主管部门应当暂停审批新增重点水污染物排放总量的建设项目的环境影响评价文件。

《水污染防治法》规定：国务院环境保护主管部门对未按照要求完成重点水污染物排放总量控制指标的省、自治区、直辖市予以公布。省、自治区、直辖市人民政府环境保护主管部门对未按照要求完成重点水污染物排放总量控制指标的市、县予以公布。县级以上人民政府环境保护主管部门对违反本法规定、严重污染水环境的企业予以公布。

根据水污染防治法规定，重点污染物排放总量控制制度包括以下四方面内容：

（1）适用的范围是实现水污染物达标排放后仍不能达到国家规定的水环境质量标准

的水体。如果尚未实现达标排放或者实现达标排放后能够达到水环境质量标准,就不需要实施重点污染物排放总量控制制度。同时,这种控制制度是针对某一水体实施的,而不是在某一地区普遍实施的。

(2)总量控制的对象是重点污染物的排放。这里讲的重点污染物是指造成某一水体污染的主要污染物。因各地的排污情况不同,重点污染物的控制也有所不同。

(3)有权实施重点污染物排放总量控制制度的机关是省级以上人民政府。总量控制制度是一项重大措施,涉及的问题也比较复杂,法律规定只有国务院和省、自治区、直辖市人民政府才有权实施总量控制制度,具体办法由国务院规定。

(4)实施总量控制的途径是对有排污量削减任务的企业实行重点污染物排放量的核定制度。也就是说,对这些企业要按照总量控制的要求分配排污量,超过所分配的排污量的,要限期削减,其排污量的多少,要依照国务院的规定进行核定。这里讲的"核定"就是为实现区域总量控制目标,将总量落实到工业污染源的一项管理制度。

(三)国家实行排污许可制度

排放许可制度,是以污染物排放总量控制为基础,由环境保护行政主管部门对企业排污的种类、数量、性质、去向、方式等实行审查许可的制度。排污单位在持有排污许可证的情况下方有权排污,同时必须按照许可证规定的范围和要求排污。实施排污许可证制度有利于落实污染物排放总量控制制度;有利于提高环境管理水平,增强环境执法透明度,推进环境保护的科学化管理;有利于实施排污权交易,为加快污染治理、降低治理成本创造条件。我国现行环保法律法规已对实施排污许可证制度作出规定。目前,纳入排污许可制度管理的污染物主要有化学需氧量、氨氮、氰化物、砷、汞、铅、镉、六价铬等。

《水污染防治法》第二十条规定:国家实行排污许可制度。

直接或者间接向水体排放工业废水和医疗污水以及其他按照规定应当取得排污许可证方可排放的废水、污水的企业事业单位,应当取得排污许可证;城镇污水集中处理设施的运营单位,也应当取得排污许可证。禁止企业事业单位无排污许可证或者违反排污许可证的规定向水体排放不符合排放标准的废水、污水。排污许可的具体办法和实施步骤由国务院规定。

《水污染防治法》第二十一条规定:直接或者间接向水体排放污染物的企业事业单位和个体工商户,应当按照国务院环境保护主管部门的规定,向县级以上地方人民政府环境保护主管部门申报登记拥有的水污染物排放设施、处理设施和在正常作业条件下排放水污染物的种类、数量和浓度,并提供防治水污染方面的有关技术资料。

企业事业单位和个体工商户排放水污染物的种类、数量和浓度有重大改变的,应当及时申报登记;其水污染物处理设施应当保持正常使用;拆除或者闲置水污染物处理设施的,应当事先报县级以上地方人民政府环境保护主管部门批准。

《水污染防治法》第二十二条规定:向水体排放污染物的企业事业单位和个体工商户,应当按照法律、行政法规和国务院环境保护主管部门的规定设置排污口;在江河、湖泊设置排污口的,还应当遵守国务院水行政主管部门的规定。

禁止私设暗管或者采取其他规避监管的方式排放水污染物。

实施排污许可制度应当做好以下几方面工作:

(1)排污总量控制是排污许可制度的基础、关键,抓好排污总量控制是根本。政府部门要严格把好污染物的排放总量,确定各地区的排污总定量。由于区域辖区与环境容量存在矛盾,所以在排放量分配时,要组织地区环境容量分配的研究和预算,进行充分的调查、合理的规划。当然在有制度可依的情况下,有效的监督更能促使总量控制制度的实施。

(2)完善健全法律法规,做到有法可依。政府要切实落实其职能。

(3)加强环保宣传,增强企业环保意识。环境是全球性的,不能因为经济的发展而弃之不顾,这是长远利益与眼前利益的较量,也是公共利益与私人利益的较量。

(4)完善好排污许可证的初始分配。排污许可证的初始分配有拍卖、免费分配和定价出售三种方式。应有效地、合理地分配好排污许可证,我国采用免费分配为主,拍卖和定价出售为辅的模式。因为从我国实际情况来看,普遍存在着企业承受能力不足,政府管理水平相对较低,信息不对称、保护环境费用低的问题。

(5)调动公众参与的热情,让公众参与到环保监督中来。只有完善监督制度,完善排污许可证制度,才能为我国环境保护作贡献,为建设社会主义和谐社会提供保障。

(四)排污监测与江河水质监测

重点排污单位应当安装水污染物排放自动监测设备,与环境保护主管部门的监控设备联网,并保证监测设备正常运行。排放工业废水的企业,应当对其所排放的工业废水进行监测,并保存原始监测记录。具体办法由国务院环境保护主管部门规定。应当安装水污染物排放自动监测设备的重点排污单位名录,由设区的市级以上地方人民政府环境保护主管部门根据本行政区域的环境容量、重点水污染物排放总量控制指标的要求以及排污单位排放水污染物的种类、数量和浓度等因素,商同级有关部门确定。直接向水体排放污染物的企业事业单位和个体工商户,应当按照排放水污染物的种类、数量和排污费征收标准缴纳排污费。排污费应当用于污染的防治,不得挪作他用。

国务院环境保护主管部门负责制定水环境监测规范,统一发布国家水环境状况信息,会同国务院水行政等部门组织监测网络。国家确定的重要江河、湖泊流域的水资源保护工作机构负责监测其所在流域的省界水体的水环境质量状况,并将监测结果及时报国务院环境保护主管部门和国务院水行政主管部门;有经国务院批准成立的流域水资源保护领导机构的,应当将监测结果向流域水资源保护领导机构及时报告。环境保护主管部门和其他依照本法规定行使监督管理权的部门,有权对管辖范围内的排污单位进行现场检查,被检查的单位应当积极配合,如实反映情况,提供必要的资料。检查机关有义务为被检查的单位保守在检查中获取的商业秘密。

第四节　污染防治措施

一、水污染防治措施的一般规定

(一)禁止直接向水体排放污染物

《水污染防治法》第二十九条至第三十三条对水污染的具体防治措施作出了一般规定,禁止直接向水体排放污染物。

禁止向水体排放油类、酸液、碱液或者剧毒废液。禁止在水体清洗装贮过油类或者有毒污染物的车辆和容器。禁止向水体排放、倾倒放射性固体废物或者含有高放射性和中放射性物质的废水。向水体排放含低放射性物质的废水,应当符合国家有关放射性污染防治的规定和标准。向水体排放含热废水,应当采取措施,保证水体的水温符合水环境质量标准。含病原体的污水应当经过消毒处理;符合国家有关标准后,方可排放。禁止向水体排放、倾倒工业废渣、城镇垃圾和其他废弃物。禁止将含有汞、镉、砷、铬、铅、氰化物、黄磷等的可溶性剧毒废渣向水体排放、倾倒或者直接埋入地下。存放可溶性剧毒废渣的场所,应当采取防水、防渗漏、防流失的措施。

(二)防止间接污染水体

《水污染防治法》第三十四条至第三十九条规定了防止间接污染水体的具体措施。

禁止在江河、湖泊、运河、渠道、水库最高水位线以下的滩地和岸坡堆放、存贮固体废弃物和其他污染物。禁止利用渗井、渗坑、裂隙和溶洞排放、倾倒含有毒污染物的废水、含病原体的污水和其他废弃物。禁止利用无防渗漏措施的沟渠、坑塘等输送或者存贮含有毒污染物的废水、含病原体的污水和其他废弃物。多层地下水的含水层水质差异大的,应当分层开采;对已受污染的潜水和承压水,不得混合开采。兴建地下工程设施或者进行地下勘探、采矿等活动,应当采取防护性措施,防止地下水污染。人工回灌补给地下水,不得恶化地下水质。

二、工业水污染防治

国家对工业水污染的防治有着强制性的规定。国务院有关部门和县级以上地方人民政府应当合理规划工业布局,要求造成水污染的企业进行技术改造,采取综合防治措施,提高水的重复利用率,减少废水和污染物排放量。

国家对严重污染水环境的落后工艺和设备实行淘汰制度。国务院经济综合宏观调控部门会同国务院有关部门,公布限期禁止采用的严重污染水环境的工艺名录和限期禁止生产、销售、进口、使用的严重污染水环境的设备名录。国家禁止新建不符合国家产业政策的小型造纸、制革、印染、染料、炼焦、炼硫、炼砷、炼汞、炼油、电镀、农药、石棉、水泥、玻璃、钢铁、火电以及其他严重污染水环境的生产项目。

生产者、销售者、进口者或者使用者应当在规定的期限内停止生产、销售、进口或者使用列入禁止目录规定的设备名录中的设备。工艺的采用者应当在规定的期限内停止采用列入禁止目录规定的工艺名录中的工艺。被淘汰的设备,不得转让给他人使用。企业应当采用原材料利用效率高、污染物排放量少的清洁工艺,并加强管理,减少水污染物的产生。

三、城镇水污染防治

城镇污水应当集中处理。

县级以上地方人民政府应当通过财政预算和其他渠道筹集资金,统筹安排建设城镇污水集中处理设施及配套管网,提高本行政区域城镇污水的收集率和处理率。

国务院建设主管部门应当会同国务院经济综合宏观调控、环境保护主管部门,根据城乡规划和水污染防治规划,组织编制全国城镇污水处理设施建设规划。县级以上地方人民政府组织建设、经济综合宏观调控、环境保护、水行政等部门编制本行政区域的城镇污水处理设施建设规划。县级以上地方人民政府建设主管部门应当按照城镇污水处理设施建设规划,组织建设城镇污水集中处理设施及配套管网,并加强对城镇污水集中处理设施运营的监督管理。

城镇污水集中处理设施的运营单位按照国家规定向排污者提供污水处理的有偿服务,收取污水处理费用,保证污水集中处理设施的正常运行。向城镇污水集中处理设施排放污水、缴纳污水处理费用的,不再缴纳排污费。收取的污水处理费用应当用于城镇污水集中处理设施的建设和运行,不得挪作他用。城镇污水集中处理设施的污水处理收费、管理以及使用的具体办法,由国务院规定。

向城镇污水集中处理设施排放水污染物,应当符合国家或者地方规定的水污染物排放标准。城镇污水集中处理设施的出水水质达到国家或者地方规定的水污染物排放标准的,可以按照国家有关规定免缴排污费。城镇污水集中处理设施的运营单位,应当对城镇污水集中处理设施的出水水质负责。环境保护主管部门应当对城镇污水集中处理设施的出水水质和水量进行监督检查。建设生活垃圾填埋场,应当采取防渗漏等措施,防止造成水污染。

四、农业和农村水污染防治

(一)农药施用与水污染防治

施用农药,应当符合国家有关农药安全使用的规定和标准。运输、存贮农药和处置过期失效农药,应当加强管理,防止造成水污染。县级以上地方人民政府农业主管部门和其他有关部门,应当采取措施,指导农业生产者科学、合理地施用化肥和农药,控制化肥和农药的过量施用,防止造成水污染。

(二)农业养殖与水污染防治

国家支持畜禽养殖场、养殖小区建设畜禽粪便、废水的综合利用或者无害化处理设施。畜禽养殖场、养殖小区应当保证其畜禽粪便、废水的综合利用或者无害化处理设施正常运转,保证污水达标排放,防止污染水环境。从事水产养殖应当保护水域生态环境,科学确定养殖密度,合理投饵和使用药物,防止污染水环境。

(三)农田灌溉与水污染防治

向农田灌溉渠道排放工业废水和城镇污水,应当保证其下游最近的灌溉取水点的水质符合农田灌溉水质标准。利用工业废水和城镇污水进行灌溉,应当防止污染土壤、地下水和农产品。

五、船舶水污染防治

船舶排放含油污水、生活污水,应当符合船舶污染物排放标准。从事海洋航运的船舶进入内河和港口的,应当遵守内河的船舶污染物排放标准。船舶的残油、废油应当回收,禁止排入水体。禁止向水体倾倒船舶垃圾。船舶装载运输油类或者有毒货物,应当采取防止溢流和渗漏的措施,防止货物落水造成水污染。船舶应当按照国家有关规定配置相应的防污设备和器材,并持有合法有效的防止水域环境污染的证书与文书。船舶进行涉及污染物排放的作业,应当严格遵守操作规程,并在相应的记录簿上如实记载。

港口、码头、装卸站和船舶修造厂应当备有足够的船舶污染物、废弃物的接收设施。从事船舶污染物、废弃物接收作业,或者从事装载油类、污染危害性货物船舱清洗作业的单位,应当具备与其运营规模相适应的接收处理能力。

船舶进行下列活动,应当编制作业方案,采取有效的安全和防污染措施,并报作业地海事管理机构批准:

(1)进行残油、含油污水、污染危害性货物残留物的接收作业,或者进行装载油类、污染危害性货物船舱的清洗作业;

(2)进行散装液体污染危害性货物的过驳作业;

(3)进行船舶水上拆解、打捞或者其他水上、水下船舶施工作业。

在渔港水域进行渔业船舶水上拆解活动,应当报作业地渔业主管部门批准。

六、饮用水水源和其他特殊水体保护

饮用水安全是关系民生的重要问题,是一个地区发展水平和生活质量的重要标志,也是实现小康社会的一项重要指标。水法要求各地依法严格实施饮用水水源保护区制度,严格禁止污染水环境以及破坏水生态、涵养林和水资源保护设施的行为,因地制宜地进行水污染防治、水源安全防护、生态保护和恢复以及水源涵养等工程建设。

(一)饮用水水源保护区的设立

国家建立饮用水水源保护区制度。饮用水水源保护区分为一级保护区和二级保护区;必要时,可以在饮用水水源保护区外围划定一定的区域作为准保护区。

饮用水水源保护区的划定,由有关市、县人民政府提出划定方案,报省、自治区、直辖市人民政府批准;跨市、县饮用水水源保护区的划定,由有关市、县人民政府协商提出划定方案,报省、自治区、直辖市人民政府批准;协商不成的,由省、自治区、直辖市人民政府环境保护主管部门会同同级水行政、国土资源、卫生、建设等部门提出划定方案,征求同级有关部门的意见后,报省、自治区、直辖市人民政府批准。

跨省、自治区、直辖市的饮用水水源保护区,由有关省、自治区、直辖市人民政府商有关流域管理机构划定;协商不成的,由国务院环境保护主管部门会同同级水行政、国土资源、卫生、建设等部门提出划定方案,征求国务院有关部门的意见后,报国务院批准。

国务院和省、自治区、直辖市人民政府可以根据保护饮用水水源的实际需要,调整饮用水水源保护区的范围,确保饮用水安全。有关地方人民政府应当在饮用水水源保护区的边界设立明确的地理界标和明显的警示标志。

(二)在饮用水水源保护区内的禁止性规定

在饮用水水源保护区内,禁止设置排污口。禁止在饮用水水源一级保护区内新建、改建、扩建与供水设施和保护水源无关的建设项目;已建成的与供水设施和保护水源无关的建设项目,由县级以上人民政府责令拆除或者关闭。禁止在饮用水水源一级保护区内从事网箱养殖、旅游、游泳、垂钓或者其他可能污染饮用水水体的活动。

禁止在饮用水水源二级保护区内新建、改建、扩建排放污染物的建设项目;已建成的排放污染物的建设项目,由县级以上人民政府责令拆除或者关闭。在饮用水水源二级保护区内从事网箱养殖、旅游等活动的，应当按照规定采取措施，防止污染饮用水水体。禁止在饮用水水源准保护区内新建、扩建对水体污染严重的建设项目；改建建设项目，不得增加排污量。

县级以上地方人民政府应当根据保护饮用水水源的实际需要，在准保护区内采取工程措施或者建造湿地、水源涵养林等生态保护措施，防止水污染物直接排入饮用水水体，确保饮用水安全。饮用水水源受到污染可能威胁供水安全的，环境保护主管部门应当责令有关企业事业单位采取停止或者减少排放水污染物等措施。国务院和省、自治区、直辖市人民政府根据水环境保护的需要，可以规定在饮用水水源保护区内，采取禁止或者限制使用含磷洗涤剂、化肥、农药以及限制种植、养殖等措施。

凡饮用水水源水质不符合标准的，应尽快采取水源修复措施，必要时，应调整或改进水厂处理工艺，确保供水水质达标。经水厂采取技术措施仍达不到供水水质标准的，饮用水水源应当立即停止使用。各级政府应当严禁饮用水水源保护区内一切污染水质的活动，避免水源污染。各地应当结合本地实际，按照“谁管理、谁负责”的原则，全面落实水源安全管理责任制。建立饮用水水源保护区定期检查制度，对查出的问题要立即进行专项整治。

（三）其他特殊水体的保护

县级以上人民政府可以对风景名胜区水体、重要渔业水体和其他具有特殊经济文化价值的水体划定保护区，并采取措施，保证保护区的水质符合规定用途的水环境质量标准。渔业水体，是指划定的鱼虾类的产卵场、索饵场、越冬场、洄游通道和鱼虾贝藻类的养殖场的水体。在风景名胜区水体、重要渔业水体和其他具有特殊经济文化价值的水体的保护区内，不得新建排污口。在保护区附近新建排污口，应当保证保护区水体不受污染。

七、水污染事故处置

（一）水污染事故的应急准备

各级人民政府及其有关部门，可能发生水污染事故的企业事业单位，应当依照《突发事件应对法》的规定，做好突发水污染事故的应急准备、应急处置和事后恢复等工作。可能发生水污染事故的企业事业单位，应当制订有关水污染事故的应急方案，做好应急准备，并定期进行演练。生产、储存危险化学品的企业事业单位，应当采取措施，防止在处理安全生产事故过程中产生的可能严重污染水体的消防废水、废液直接排入水体。

（二）水污染事故处置

企业事业单位发生事故或者其他突发性事件，造成或者可能造成水污染事故的，应当立即启动本单位的应急方案，采取应急措施，并向事故发生地的县级以上地方人民政府或者环境保护主管部门报告。环境保护主管部门接到报告后，应当及时向本级人民政府报告，并抄送有关部门。造成渔业污染事故或者渔业船舶造成水污染事故的，应当向事故发生地的渔业主管部门报告，接受调查处理。其他船舶造成水污染事故的，应当向事故发生地的海事管理机构报告，接受调查处理；给渔业造成损害的，海事管理机构应当通知渔业主管部门参与调查处理。

第五节 水环境污染的法律责任

一、环境保护主管部门的法律责任

环境保护主管部门或者其他依照《水污染防治法》规定行使监督管理权的部门，不依法作出行政许可或者办理批准文件的，发现违法行为或者接到对违法行为的举报后不予查处的，或者有其他未依照《水污染防治法》规定履行职责的行为的，对直接负责的主管人员和其他直接责任人员依法给予处分。

二、违反《水污染防治法》规定的行政法律责任

拒绝环境保护主管部门或者其他依照《水污染防治法》规定行使监督管理权的部门的监督检查，或者在接受监督检查时弄虚作假的，由县级以上人民政府环境保护主管部门或者其他依照《水污染防治法》规定行使监督管理权的部门责令改正，处 1 万元以上 10 万元以下的罚款。

违反《水污染防治法》规定，建设项目的水污染防治设施未建成、未经验收或者验收不合格，主体工程即投入生产或者使用的，由县级以上人民政府环境保护主管部门责令停止生产或者使用，直至验收合格，处 5 万元以上 50 万元以下的罚款。

违反《水污染防治法》规定，有下列行为之一的，由县级以上人民政府环境保护主管部门责令限期改正；逾期不改正的，处 1 万元以上 10 万元以下的罚款：

（1）拒报或者谎报国务院环境保护主管部门规定的有关水污染物排放申报登记事项的；

（2）未按照规定安装水污染物排放自动监测设备或者未按照规定与环境保护主管部门的监控设备联网，并保证监测设备正常运行的；

（3）未按照规定对所排放的工业废水进行监测并保存原始监测记录的。

违反《水污染防治法》规定，不正常使用水污染物处理设施，或者未经环境保护主管部门批准拆除、闲置水污染物处理设施的，由县级以上人民政府环境保护主管部门责令限期改正，处应缴纳排污费数额 1 倍以上 3 倍以下的罚款。

违反《水污染防治法》规定，排放水污染物超过国家或者地方规定的水污染物排放标准，或者超过重点水污染物排放总量控制指标的，由县级以上人民政府环境保护主管部门按照权限责令限期治理，处应缴纳排污费数额 2 倍以上 5 倍以下的罚款。

限期治理期间，由环境保护主管部门责令限制生产、限制排放或者停产整治。限期治理的期限最长不超过 1 年；逾期未完成治理任务的，报经有批准权的人民政府批准，责令关闭。

在饮用水水源保护区内设置排污口的，由县级以上地方人民政府责令限期拆除，处 10 万元以上 50 万元以下的罚款；逾期不拆除的，强制拆除，所需费用由违法者承担，处 50 万元以上 100 万元以下的罚款，并可以责令停产整顿。

除上述规定外，违反法律、行政法规和国务院环境保护主管部门的规定设置排污口或

者私设暗管的，由县级以上地方人民政府环境保护主管部门责令限期拆除，处2万元以上10万元以下的罚款；逾期不拆除的，强制拆除，所需费用由违法者承担，处10万元以上50万元以下的罚款；私设暗管或者有其他严重情节的，县级以上地方人民政府环境保护主管部门可以提请县级以上地方人民政府责令停产整顿。

未经水行政主管部门或者流域管理机构同意，在江河、湖泊新建、改建、扩建排污口的，由县级以上人民政府水行政主管部门或者流域管理机构依据职权，依照前述规定采取措施、给予处罚。

有下列行为之一的，由县级以上地方人民政府环境保护主管部门责令停止违法行为，限期采取治理措施，消除污染，处以罚款；逾期不采取治理措施的，环境保护主管部门可以指定有治理能力的单位代为治理，所需费用由违法者承担：

(1)向水体排放油类、酸液、碱液的；

(2)向水体排放剧毒废液，或者将含有汞、镉、砷、铬、铅、氰化物、黄磷等的可溶性剧毒废渣向水体排放、倾倒或者直接埋入地下的；

(3)在水体清洗装贮过油类、有毒污染物的车辆或者容器的；

(4)向水体排放、倾倒工业废渣、城镇垃圾或者其他废弃物，或者在江河、湖泊、运河、渠道、水库最高水位线以下的滩地、岸坡堆放、存贮固体废弃物或者其他污染物的；

(5)向水体排放、倾倒放射性固体废物或者含有高放射性、中放射性物质的废水的；

(6)违反国家有关规定或者标准，向水体排放含低放射性物质的废水、热废水或者含病原体的污水的；

(7)利用渗井、渗坑、裂隙或者溶洞排放、倾倒含有毒污染物的废水、含病原体的污水或者其他废弃物的；

(8)利用无防渗漏措施的沟渠、坑塘等输送或者存贮含有毒污染物的废水、含病原体的污水或者其他废弃物的。

违反《水污染防治法》规定，建设不符合国家产业政策的小型造纸、制革、印染、染料、炼焦、炼硫、炼砷、炼汞、炼油、电镀、农药、石棉、水泥、玻璃、钢铁、火电以及其他严重污染水环境的生产项目的，由所在地的市、县人民政府责令关闭。

船舶未配置相应的防污染设备和器材，或者未持有合法有效的防止水域环境污染的证书与文书的，由海事管理机构、渔业主管部门按照职责分工责令限期改正，处2 000元以上2万元以下的罚款；逾期不改正的，责令船舶临时停航。

三、水环境污染的刑事责任的有关规定

违反环境保护法的规定，造成重大环境污染事故，导致公私财产重大损失或者人身伤亡的严重后果的，对直接责任人员依法追究刑事责任。

造成土地、森林、草原、水、矿产、渔业、野生动植物等资源的破坏的，依照有关法律的规定承担法律责任。

环境保护监督管理人员滥用职权、玩忽职守、徇私舞弊的，由其所在单位或者上级主管机关给予行政处分；构成犯罪的，依法追究刑事责任。

第九章 水法的法律责任

第一节 水事法律责任概述

法律责任是指公民、法人、企事业单位、国家机关及其工作人员实施了违法行为而应承担的法律后果。承担法律责任的结果是接受法律制裁。违法行为是产生法律责任的前提,法律制裁是承担法律责任的必然结果。

水事法律、法规的法律责任是指公民、法人、企事业单位、国家机关及其工作人员,不履行水事法律、法规规定的义务,或者实施了水事法律、法规禁止的行为,并具备了违法行为的构成条件,应当承担由此引起的法律后果,受到国家法律制裁。违反水法的行为,依其侵犯的客体、违法性质及危害程度不同,分为民事违法、行政违法和刑事违法。应承担的法律责任相应为民事责任、行政责任和刑事责任。国家给予的制裁相应为民事法律制裁、行政法律制裁和刑事法律制裁。

一、水事违法行为

(一)水事违法行为的概念及构成要件

人们在水事活动中的行为可以分为水事合法行为和水事违法行为。水事合法行为是指符合水事法律、法规规定的,对社会有益或至少无害的,受到水事法律、法规保护的行为。在很多情况下,合法行为是一种有意识的自觉行为,其自觉的性质、程度和动机,构成合法行为的主观方面。当水事活动的参加者按照水事法律、法规的要求作出合乎法律要求的行为时,就可以认为水事法律、法规在水事活动中建立了法律秩序。

与之相对的水事违法行为,也称水事违法,是指在水事活动中发生的、有社会危害性的、有过错的不合法行为。不履行法定义务,违反水事法律、法规的禁止性规定,滥用权利等,都可以构成水事违法。任何水事违法行为都应当受到法律的制裁。

对违法一般有广义和狭义两种理解。广义的违法是指一切违法,包括一般违法和严重违法(犯罪)。狭义的违法是指一般违法,不包括犯罪。

不论是一般违法,还是严重违法,作为一种社会现象,都是由特定的要件构成的。违法构成是引起法律后果所必须具备的法律事实系统,是一种特殊的事实构成。只有具备这一事实的全部要件,才能构成违法。水事违法行为的构成要件如下。

1. 违法侵犯的客体

任何水事违法都有被侵犯的客体,即水事违法必须是在不同程度上侵犯了水事法律、法规所保护的社会水事关系。

2. 违法的客观方面

水事违法必须是行为人在水事活动中违反水事法律、法规和其他法律、法规规定的行为，既可以是积极的作为，也可以是消极的不作为。被视为水事违法的作为和不作为，具备两个特点：一是它必须表现为人的外在活动，单纯的思想意识活动是不能构成违法的；二是它必须表现为对水事法律、法规规定的违反，即做了水事法律、法规所禁止的行为，或者没有做水事法律、法规所要求的行为。

3. 违法的主体

水事违法者必须是具有法定责任能力的主体。水事违法必须是违反水法规定的、有社会危害性的、有过错的行为，但并不是任何人的这种行为都会构成水事违法。根据我国法律规定，能够成为违法主体的自然人必须是达到法定年龄并具有责任能力的人，能够成为违法主体的组织必须是能够独立承担法律责任的法人。如果行为者没有法定责任能力，就不能成为水事违法主体。

4. 违法的主观方面

水事违法必须是行为者出于故意或过失，即行为者在主观方面有过错。这种过错包括故意和过失两种心理状态。明知自己的行为会发生危害社会的结果，并且希望或者放任这种结果发生，因而构成水事违法的，是故意违法。应当预见自己的行为可能发生危害社会的结果，因为疏忽大意而没有预见，或者已经预见而轻信能够避免，以致发生这种结果而构成违法的，是过失违法。如果某种行为在客观上虽然造成了危害社会的后果，但是行为人不是出于故意或者过失，而是由于不可抗力或者不能预见的原因所引起的则不能认为是水事违法。

上述构成要件是水事违法的 4 个要素，它们是相互联系、相互制约、缺一不可的。缺少任何一个要素，都不能构成水事违法。

(二)水事违法行为的分类

根据水事违法的性质和危害程度，一般可将其分为水事行政违法、水事民事违法、水事刑事违法和违宪。

1. 水事行政违法

水事行政违法是指违反了水事行政法律规范而应当承担水事行政责任的行为。水事行政违法属于一般违法。水事行政违法主要由水行政机关认定，涉及违反《治安管理处罚法》或其他行政法律规范的行为，由公安机关或其他行政机关确定。对其中某些违法的认定，如果行为人不服，可提请法院解决。另外，水事行政违法也指水行政机关、法律法规授权的机关或组织、受委托的组织及其执法人员违反纪律，但尚不构成犯罪的行为，这种违法的责任由行政法律规范加以规定。

2. 水事民事违法

水事民事违法是指在水事活动中，违反民事法律应当承担民事责任的行为。民事违法也属于一般违法。水事活动涉及的民事违法，主要是指不法侵犯他人的财产权。

3. 水事刑事违法

水事刑事违法也称犯罪，是指在水事活动中，危害社会的、违反我国《刑法》并且应当受到刑罚处罚的行为。犯罪在所有的水事违法活动中，对社会的危害性最大，是严重违法。

4. 违宪

《宪法》是我国根本大法，上述行政违法、民事违法和刑事违法无疑都是违反《宪法》的，但是它们并不是这里所讲的特定意义上的违宪行为。水事领域的违宪行为是一种特殊的违法行为，它主要是指以下两种行为：一是指国家机关制定的水事方面的法律、法规、规章、决定、命令和决议等，与宪法的原则和内容相抵触；二是指重要的国家机关的领导人员在水事领域行使职权的过程中的行为与宪法的原则和内容相抵触。违宪行为通常危害全局，后果严重。

违法行为是产生法律责任的前提。任何水事违法行为都应当承担相应的法律责任，受到法律的追究，这是依法行政、依法治水的本质要求。

二、水事法律责任的概念及特点

水事法律责任，是指水事违法者对自己实施的水事违法行为依法所必须承担的法律后果。这种法律责任是同水事违法行为密切联系在一起的，是一种追溯性的责任。水事法律责任具有如下特点：

(1)水事法律责任与水事违法行为相联系，只有对水事违法者才能追究其法律责任，违法是承担法律责任的根据。不构成违法，就不承担惩罚性的责任。

(2)水事法律责任是一定的国家机关代表国家对水事违法实行法律制裁的根据，在法律上有明确具体的规定。对不同的水事违法行为，法律规定有不同的法律责任，违法者只对其违法行为承担法律规定的相应责任。

(3)水事法律责任体现了水事违法者与国家机关之间的关系。水事法律责任意味着一定的国家机关要代表国家查清水事违法行为的性质、特点、情节，水事法律责任具有国家强制性，是由国家强制力予以保障的。因此，只能由国家司法机关、水行政机关、公安机关或其他行政机关来追究水事法律责任，其他任何组织和个人都无此项权力。

水事法律责任具有国家强制力，但这并不等于说一切水事法律责任的实现均由国家强制力直接介入，比如民事责任可以由当事人自行协商解决。只有在当事人没有或无法自行协商解决时，才出现国家强制保证实施法律责任的追究和执行，即进行法律制裁。

(4)水事法律责任还意味着国家对水事违法行为的否定性反应和谴责。根据水事违法的性质和危害不同，水事违法者所承担的水事法律责任不同。行政违法承担行政法律责任，民事违法承担民事法律责任，刑事违法承担刑事法律责任，违宪承担违宪法律责任。

水事领域的违宪法律责任，简称违宪责任，是指违反宪法规定所应承担的法律责任。违宪责任的基本形式有：撤销同宪法相抵触的法律、法规、规章、决定、命令、决议等，罢免国家机关的领导人员等。违宪责任的确认，通常由特定的宪法监督机构来进行。在我国，监督宪法实施的权力属于全国人民代表大会及其常务委员会。

三、水事法律制裁的概念及分类

水事法律制裁是指水行政机关、司法机关和其他专门机关对水事违法者依其所应当承担的水事法律责任而采取的强制性措施。水事法律制裁与水事法律责任一样，也是基于水事违法行为才产生的。没有水事违法，就不能追究水事法律责任，也谈不上实施水事法律制裁。水事法律责任是一般的法律规定，水事法律制裁是针对个案的实际处置。水事法律制裁是水事法律责任在现实中的实施。在追究水事违法者的水事法律责任时，可视其违法情节、危害程度、主观方面等具体情况，依法减免或从重、加重制裁。

水事法律制裁包括恢复权利性措施和对构成水事违法、犯罪者实施的惩罚性措施。恢复权利性的制裁旨在消除非法行为造成的损害，恢复被侵犯的合法权利，保证已有义务的履行。惩罚性的制裁旨在使违法者承担受惩罚的责任，即追加承受不利后果的新的义务。这两者有时单独存在，有时同时并存。

根据水事违法者所应当承担的水事法律责任的性质和实施法律制裁的主体的不同，可以将水事法律制裁分为水事行政制裁、民事制裁和刑事制裁。这三种水事法律制裁的具体方式对应相应的水事法律责任中的具体方式。

第二节　违反水法的行政责任

一、违反水法的行政责任的概念及其特征

违反水法的行政责任，亦即水事行政法律责任，是指水行政主体在行使水行政管理职权的过程中，以及公民、法人或其他组织在水事活动中，违反水事行政法律规范而应承担的一种法律后果，具有以下特征：

(1)承担水事行政责任的主体是水事法律关系主体，主要有水行政机关(包括流域机构、法律法规授权的机关和组织，下同)、公民、法人和其他组织。

(2)水事行政责任是水事法律关系主体在水事活动中，违反了水事行政法律规范产生的。水事行政责任不仅仅是水事法律关系主体不履行水事专门法律规范，如《水法》、《防洪法》所规定的义务应承担的法律后果，还包括在水事活动中，违反其他行政法律规范所规定的义务而应承担的法律后果，如治安管理处罚。

(3)水事行政责任是一种独立的法律责任。水事行政责任作为一种法律责任，具有强制性，由行政机关，即水行政机关或公安机关等其他行政机关来追究。水事行政责任以水事行政法律规范所规定的职权、义务为基础，在水事活动中，水事行政法律规范所确定的责任、义务以及方式与内容是追究水事行政责任的依据。因此，水事行政责任不同于水事民事责任与刑事责任，彼此之间也不能相互替代。

二、违反水法的行政责任的种类

水事行政违法可按不同标准，从不同角度作不同的分类。如按违法主体的不同，分为水行政主体违法和水行政相对人违法；按行为方式的不同，分为作为违法和不作为违法；按行政内容、形式的不同，分为实体违法和程序违法；按行政的范围，分为内部违法和外部违法等。

(一)水行政机关的行政违法行为

1. 水行政失职

水行政失职又称放弃职权。这是一种不作为违法行为，是指水行政机关在行使行政

权、进行行政管理活动中有义务作出某种管理行为，以履行法定职责，却拒不履行，因而使相对人或国家的利益遭到损害。

2. 水行政越权

与水行政失职相反，水行政越权是一种作为的违法行为。它是指水行政机关超越法定的权限范围或者被法律、法规授权的组织超越法律、法规授权的范围作出行政管理行为，进行行政管理活动。

3. 滥用职权行为

滥用职权行为是指水行政机关有这项职权，但是水行政执法人员在行使该项权力时，违反该项法律的立法原则和宗旨，以致损害了相对人的合法权益或国家的利益。如水行政机关有权对破坏水工程及堤防、护岸等有关设施，毁坏防汛设施、水文监测设施以及导航、助航设施的公民进行询问调查和依法处罚，但是如果水行政执法人员在讯问中采取了刑讯逼供的手段，就违反了《行政处罚法》的有关规定和立法目的、宗旨，属于滥用职权。

4. 适用法律、法规错误

适用法律、法规错误是指水行政机关适用了不应使用的法律条文。如适用了已失效的法律法规，或者本应适用此法却适用了彼法等。

5. 违反法定程序

违反法定程序是指水行政机关行使行政权不按法定的手段、方式和程序办事。程序违法往往会影响法定主体权利义务关系的实现，不能有效地保护水行政相对人的合法权益和国家与公众的利益。

6. 主要证据不足

主要证据不足是指水行政机关作出行政行为，用来定案的证据不充分，或者认定案件事实不清。

（二）水行政执法人员的行政违法行为

1. 执行职务上的违法

执行职务上的违法如玩忽职守、滥用职权、执法犯法、贻误工作、对抗上级、压制批评、打击报复、弄虚作假、侵犯群众利益、泄露国家机密等。

2. 财产方面的违法

财产方面的违法如贪污、受贿、以权谋私、挥霍公款、浪费国家资财等。

（三）水行政相对人的行政违法行为

1. 违反水事专门法律规范的行为

新中国成立 60 多年来，已颁布《水法》等四部水法律，以及水行政法规 192 项、部规章 80 多项，各省（自治区、直辖市）制定地方性水法律法规和省级规范性文件近 800 件，初步建立了水管理和水法规框架体系。这些法律规范对水事行政违法行为均作出了具体的界定。一般而言，水事行政违法行为包括危害或损害水资源、水域、水工程、水土保持生态环境、防汛抗旱、水文监测设施等违法行为。

2. 违反《治安管理处罚法》的行为

违反《治安管理处罚法》的行为主要包括以下几个方面：

（1）侵占、毁坏水工程及堤防、护岸等有关设施，毁坏防汛、水文监测、水文地质监测设施的行为。

(2)在水工程保护范围内,从事爆破、打井、采石、取土等影响水工程运行和危害水工程安全的活动。

(3)在水事纠纷发生及其处理过程中煽动闹事、结伙斗殴、抢夺或者损坏公私财物、非法限制他人人身自由的。

(4)拒绝、阻碍国家工作人员依法执行公务,未使用暴力、威胁方法的。

3. 违反其他相关行政法律规范的行为

违反其他相关行政法律规范的行为主要指相对人在水事活动中违反工商行政管理、税收行政管理等行为。

三、水行政执法不当应当承担的责任

这里是指水行政机关在水行政执法过程中,由于违法或不当执法行为给公民、法人或其他组织的合法权益造成损害所应承担的责任。水行政执法不当责任分为水行政机关执法责任和水行政执法人员执法责任。水行政机关的违法或不当执法行为,由水行政机关自身承担水行政执法责任;被委托的组织的违法或不当执法行为,由委托的水行政机关承担水行政执法责任,再由委托的水行政机关依据委托关系追究该组织的相关责任;水行政执法人员的违法或不当执法行为,由所属的水行政机关承担赔偿责任,再由该水行政机关对有故意或重大过失的执法人员行使追偿权。执法人员属于被委托组织的,按水行政机关—被委托组织—执法人员的顺序承担执法责任。

(一)水行政机关承担水行政执法责任

水行政执法机关承担行政执法责任的方式很多,主要有下列几种。

1. 撤销或部分撤销原水行政执法行为

撤销或部分撤销原水行政执法行为方式的前提是原水行政执法行为完全违法或部分违法。

2. 变更原水行政执法行为或重新作出水行政执法行为

变更原水行政执法行为或重新作出水行政执法行为方式主要针对原水行政执法行为程序违法或实体上有不当之处的水行政执法行为。重新作出水行政执法行为时,要对原来的不当或遗漏之处加以补正。

3. 停止侵害

水行政执法机关的具体水行政行为在被认定之前已经执行的,在认定违法后,应立即停止执行;如不停止执行,相对人可申请有关国家机关强制停止执行。

4. 返还财产

即由水行政机关负责将非法获得的罚款、非法收取的费用、非法没收的财物归还给相对人;非法冻结的账号应予解冻,非法查封的财产予以启封以及归还非法没收的证照等。

5. 恢复原状

恢复原状包括工作的恢复,住房的恢复,被损坏的、遗失的财产的重作、修理与重换等。

6. 恢复名誉

恢复名誉即因违法的具体水行政行为而使公民、法人或其他组织的名誉权遭受损害的,水行政机关应予恢复。

7. 赔礼道歉

赔礼道歉即由水行政机关承担道义上的补救责任,向被侵害的当事人认错,取得对方的谅解。这种方式可与恢复名誉同时使用,也可以单独使用。

8. 赔偿损失

赔偿损失即水行政机关对其给相对人造成的损失作金钱上的赔偿。

上述几种方式可以单独使用,也可以将其中的某些项合并使用,应根据具体情况而定。

(二)水行政执法人员承担行政执法责任

水行政执法人员承担行政执法责任的方式主要有以下几种：

1. 行政处分

行政处分是行政机关对行政执法人员违法行为所广泛实施的一种制裁措施。

行政处分有警告、记过、记大过、降级、撤职和开除等几种。

2. 剥夺执法资格

剥夺执法资格如吊扣或收缴水行政执法证件,调离执法岗位等。

3. 经济赔偿

水行政机关在向行政相对人履行赔偿责任之后,对有过错的水行政执法人员可以进行追偿。水行政执法机关根据执法人员个人应负责任的大小,责令执法人员承担赔偿费用的全部或部分。

四、水行政相对人承担的行政责任

水行政相对人承担的水事行政责任主要有以下几种。

(一)水行政处罚

水行政处罚是相对人承担水事违法行政责任的一种重要方式。根据《水行政处罚实施办法》,其具体内容包括警告、罚款、吊销许可证、没收非法所得以及法律、法规规定的其他水行政处罚等类别。

(二)治安管理处罚

《水法》第七十二条及《防洪法》第六十一条、第六十二条均作出规定,对违反水事法律、法规的规定同时违反《治安管理处罚法》的行为,应当由公安机关依照《治安管理处罚法》的规定给予治安处罚,其具体内容包括警告、罚款、拘留等类别。

(三)履行法定义务

相对人因为怠于履行水事法律、法规所规定的法定义务而构成水事行政违法行为的,水行政主体可以责令其履行该项义务。如果相对人在法定时间期限内仍然不履行的,水行政主体可以依法采取强制措施。

(四)恢复原状

相对人的水事行政违法行为改变水资源的所有权、使用权等权属状态的,或者以此取得一定财产的，水行政主体可以责令其恢复原状并返还财产。

(五)赔偿损失

相对人的水事行政违法行为给国家造成损失的，应当依法承担赔偿责任。水行政主体在对相对人适用上述水事行政责任类别与方式时，既可以单独适用一种，也可以同时适用多种。

第三节　违反水法的民事责任

一、违反水法的民事责任的概念及其特征

《民法通则》第九条规定：公民从出生时起到死亡时止，具有民事权利能力，依法享有民事权利，承担民事义务。民事权利是公民的基本权利。水事活动中涉及的民事权利主要是财产权。财产权主要包括物权和债权。物权是民事主体依法对特定的物进行管理支配并享受物之利益的排他性财产权利。物权的核心部分是所有权，即所有人依法对所有物享有占有、使用、收益和处分4项权能。民事法律中的债，是指按照合同的约定或法律的规定在特定的当事人之间产生的权利与义务关系。享有权利的人是债权人，负有义务的人是债务人。债权人享有请求债务人为一定行为或不为一定行为的权利即为债权。

违反水法的民事责任简称水事民事责任，是指水事法律关系主体在水事活动中，侵犯了他人的合法民事权利而依法应当承担的法律责任。水事民事责任的法律特征如下：

(1)水事民事责任主要是补偿性的，行为人承担民事责任的方式主要是财产性的经济补偿，而以非财产性的排除措施为辅。

(2)水事民事责任一般都采用损失填补和恢复原状为原则，经济赔偿的数额一般只能等于而不能高于受害人所受到的损失。

(3)水事民事责任的经济赔偿是为补偿受害人所受到的损失，赔偿一般都归属受害人。

(4)除法律规定外，允许当事人自由处分其权利，当事人可以自行协商，国家一般不加干涉。

二、违反水法规定需承担民事责任的行为

(一)公民、法人和其他组织需承担民事责任的违法行为

《水法》、《防洪法》、《水土保持法》等水事法律、法规规定了公民、法人或其他组织在水资源开发利用与保护、防治水害、防治水土流失过程中，侵犯他人的合法民事权利而应承担的民事责任的情形。概括起来主要有以下几种。

1.侵犯了他人的合法权益

侵犯了他人的合法权益体现在以下方面：

(1)引水、截(蓄)水、排水，损害公共利益或者他人的合法权益的。

(2)侵占、毁坏水工程及堤防、护岸等有关设施，毁坏防汛、水文监测、水文地质监测设施，或在水工程保护范围内，从事影响水工程运行和危害水工程安全的爆破、打井、采

石、取土等活动，对他人造成损失的。

(3)开采矿藏或者建设地下工程，因疏干排水导致地下水位下降、水源枯竭或者地面塌陷，对他人生活和生产造成损失的。

(4)造成水土流失，直接损害单位和个人的合法利益的。

2. 侵犯了水行政主体和水利工程管理单位的合法权益

公民、法人或其他组织破坏、损毁水利设施，如堤防、水闸、护岸、抽水站、排水沟系等防洪工程和水文、通信设施以及防汛备用的器材、物料，侵犯了水行政主体和水利工程管理单位对水利设施的所有权和使用权的。

3. 侵犯了水事法律关系参与者的合法权益

《水法》规定：使用水工程供应的水，应当按照国家规定向供水单位缴纳水费。该规定是典型的以工程拦蓄的水为对象的民事法律关系。供水单位和用水户之间的关系是依照法律的规定，采用合同或其他形式而确定的供用水法律关系。在这个法律关系中，供水单位和用水者之间的关系除受水事法律规范的约束外，还受民事法律规范的约束。供水单位和用水者各自享有不同的民事权利，履行不同的民事义务，供水单位享有向用水者收取水费的权利，但是必须依约向用水者供水；用水者享有依约取用水的权利，但是必须依约向供水单位按时足额缴纳水费，否则，就属于不承担义务的违约行为。《防洪法》、《水土保持法》等水事法律、法规也有类似的规定。

4. 侵犯了水利投资者的合法权益

为了搞好水利建设，国家允许公民、法人或其他组织，从事水利项目的投资。法律规范应当保护投资者合法的投资收益权。这些规定是我国《民法通则》规定财产收益权原则在水事活动中的具体运用与体现，是党和国家为调动全社会共同兴办水利的集中体现。

(二)水行政机关需承担民事责任的违法行为

1. 侵犯水利工程移民的合法权益

公民、法人或其他组织为兴建水利工程作出了牺牲，其合法权益应当受到法律的保护。对移民进行合理安置与补偿，体现了法律公平、公正原则，也体现了平等保护合法权益的民法精神。任何人不得侵犯移民的合法权利。

2. 行政侵权

行政侵权是水行政主体及其工作人员在行使水事管理职权过程中造成他人损害所应当承担的责任。当然，当事人可以在提起水行政复议或水行政诉讼时提出行政赔偿，也可以按照《民法通则》的规定通过民事途径予以解决。

三、违反水法的民事责任的类型

根据水事法律规范和民事法律规定，违反水法的民事责任有以下类型。

(一)制止性的民事责任

1. 停止侵害

停止侵害方式适用于侵害行为还在继续进行的情况，其目的是制止侵害行为的继续和防止损害的进一步扩大。

2. 排除妨碍

排除妨碍方式适用于权利人因受到非法妨碍而无法正常行使权利的情况。

3. 消除危险

消除危险是一项预防措施,适用于虽然未造成实质性的损害,但是将来可能甚至必然造成损害的情况。

(二)补救性的民事责任

1. 返还财产

返还财产方式适用于侵权行为人因其侵权行为而从受害人处实际取得财产的,如盗窃水文测验设施的,侵权行为人应当返还所取得的财产。

2. 恢复原状

恢复原状适用于侵权行为人侵害权利人的水利设施及水工程等财物而且有可能也有必要恢复的情况。

3. 赔偿损失

赔偿损失是一项适用比较广泛的承担责任方式。凡是侵权行为人造成权利人经济损失,用别的责任方式无法弥补的都可以采取这种责任方式。

(三)其他民事责任

1. 支付违约金

支付违约金这种方式主要适用于在水事合同法律关系中的责任,当然,水事法律、法规和民事法律规范有特殊规定以及当事人双方有特别约定的也可以适用。

2. 消除影响、恢复名誉、赔礼道歉

消除影响、恢复名誉、赔礼道歉这几种责任方式在水事相邻关系中较普遍,当然,在适用时大都按照民事法律规范的规定执行。

第四节　违反水法的刑事责任

一、违反水法的刑事责任的概念及特征

违反水法的刑事责任简称水事刑事责任,是指在水事活动中,行为人实施了刑事法律规范所禁止的行为而应承担的一种法律后果。水事刑事责任具有以下法律特征:

(1)刑事责任是一种由犯罪行为所引起的法律效应,是一种强制犯罪人向国家承担的法律责任;

(2)刑事责任是一种性质最为严重、制裁后果最为严厉的法律责任;

(3)行为人是否承担刑事责任,只能由司法机关按照刑事诉讼程序依照法律的规定加以决定;

(4)承担刑事责任的一般要给予刑事处罚。

二、违反水法的刑事责任的类型

在目前所颁布的水事法律规范中,《水法》、《水污染防治法》、《水土保持法》和《防洪

法》等规定了行为人承担刑事责任的情况，归纳起来主要有以下几种典型类型：

(1)违反水环境保护方面的规定，构成犯罪的。水不仅是一种自然资源，而且也是一种重要的环境要素，《刑法》对环境保护作了规定，有助于环境的保护，尤其是水环境的保护。在司法实践中，因为违反此规定而受到刑事制裁、承担刑事责任的典型案例有可能会逐渐增多。

(2)违反河道保护方面的规定，构成犯罪的。这主要是指在河道管理范围内堆放阻碍行洪物体，修建围堤、阻水渠道、阻水道路，未经批准在河道管理范围从事影响河势稳定及堤防安全的采砂等活动，围垦湖泊、河流，擅自砍伐护堤林木等，造成严重后果的。

(3)违反防汛救灾方面的规定，构成犯罪的。主要犯罪行为有：

①不按照天然流势或者防御洪水方案、蓄滞洪方案与措施等防汛调度方案泄洪、排涝、蓄滞洪而造成严重后果的。

②盗窃或抢夺防汛物料、水工程器材，贪污、挪用国家救灾、抢险、防汛、移民安置款物，情节严重的。

(4)违反水工程与设施的保护规定，构成犯罪的。主要犯罪行为有：

①侵占、毁坏水工程及堤防、护岸相关设施，毁坏防汛、水文监测、水文地质监测、导(助)航设施，已经或可能造成严重社会后果的。

②在水工程保护范围内从事爆破、打井、采石、取土等对水工程有严重威胁或已经造成严重后果的。

(5)违反水事纠纷调处的规定，构成犯罪的。在水事纠纷发生及其处理过程中煽动闹事、结伙斗殴、抢夺或者损坏公共财物、非法限制他人人身自由，情节严重的。

(6)违反移民安置的规定，构成犯罪的。在征地补偿和移民安置过程中，扰乱公共秩序，致使工作、生产不能正常进行，情节严重的。

(7)暴力抗法，构成犯罪的。这主要是指以暴力、威胁方法阻碍水行政执法人员依法执行职务的，或阻碍、威胁水行政执法人员依法执行职务、情节严重的。

(8)水行政机关工作人员、水工程与设施管理人员以及其他国家工作人员玩忽职守、滥用职权、徇私舞弊，对公共财产、国家和人民利益造成重大损失，符合刑法相应罪名的犯罪构成，应当负刑事责任的情形。

三、刑事责任的承担方式

刑事责任的承担方式，也就是刑罚。根据《刑法》规定，刑罚分主刑和附加刑两大类。主刑的种类有管制、拘役、有期徒刑、无期徒刑、死刑。附加刑的种类有罚金、剥夺政治权利、没收财产。

(一)主刑

1. 管制

管制是指对犯罪分子不予关押，但限制其一定自由，由公安机关予以执行的刑罚方法。

管制是我国主刑中最轻的一种刑罚方法，属于限制自由刑。

管制的期限为3个月以上2年以下。数罪并罚时，最高不能超过3年。

2. 拘役

拘役是指短期剥夺犯罪分子的自由,就近执行并实行劳动改造的刑罚方法。

拘役属于短期自由刑,是主刑中介于管制与有期徒刑之间的一种轻刑。

拘役的期限为1个月以上6个月以下。数罪并罚时,最高不能超过1年。

3. 有期徒刑

有期徒刑是指剥夺犯罪分子一定期限的人身自由,并强制其进行劳动并接受教育改造的刑罚方法。

有期徒刑的刑期为6个月以上15年以下。数罪并罚时,最高不能超过20年。

4. 无期徒刑

无期徒刑是指剥夺犯罪分子的终身自由,强制其参加劳动并接受教育改造的刑罚方法。它是仅次于死刑的一种严厉的刑罚。

5. 死刑

死刑也称生命刑,是指剥夺犯罪分子生命的刑罚方法。死刑是对犯罪分子的肉体予以剥夺,而不是对犯罪分子的自由予以剥夺,是最严厉的刑罚方法,因此也称为极刑。

我国对于死刑的适用,历来采取少杀、慎杀政策。刑法总则关于适用死刑的限制性规定主要表现在:死刑只适用于罪行极其严重的犯罪分子;犯罪的时候不满18周岁的人和审判的时候怀孕的妇女,不适用死刑;死刑除依法由最高人民法院判决的外,都应当报请最高人民法院核准;对于应当判处死刑的犯罪分子,如果不是必须立即执行的,可以判处死刑,同时宣告缓期二年执行。死刑缓期执行的期间,从判决确定之日起计算。死刑缓期执行减为有期徒刑的刑期,从死刑缓期执行期满之日起计算。

(二)附加刑

1. 罚金

罚金是指人民法院判处犯罪分子或者犯罪单位向国家缴纳一定金钱的刑罚方法。罚金属于财产刑。罚金数额应当根据犯罪情节、后果来决定。

2. 剥夺政治权利

剥夺政治权利是指剥夺犯罪分子参加国家管理与政治活动权利的刑罚方法。剥夺政治权利属于资格刑。

剥夺政治权利是指剥夺下列权利:选举权和被选举权;言论、出版、集会、结社、游行、示威自由的权利;担任国家机关职务的权利;担任国有公司、企业、事业单位和人民团体领导职务的权利。

剥夺政治权利作为一种附加刑适用时,适用于以下三种情况:对于危害国家安全的犯罪分子应当附加剥夺政治权利;对于故意杀人、强奸、放火、爆炸、投毒、抢劫等严重破坏社会秩序的犯罪分子,可以附加剥夺政治权利;对于被判处死刑、无期徒刑的犯罪分子,应当附加剥夺政治权利终身。

3. 没收财产

没收财产是指将犯罪分子个人所有财产的一部分或全部强制无偿地收归国有的刑罚方法。没收财产是我国附加刑中较重的一种。

没收全部财产的,应当对犯罪分子个人及其扶养的家属保留必需的生活费用。在判处没收财产的时候,不得没收属于犯罪分子家属所有或者应有的财产。

下 篇

第十章 水行政管理

第一节 水行政管理概述

一、概念及特征

(一)行政管理的概念及特征

1. 行政管理的概念

行政管理(administration management)是指运用国家权力对社会事务的一种管理活动,也可以泛指一切企业、事业单位的行政事务管理工作。行政管理系统是一类组织系统,它是社会系统的一个重要分系统。随着社会的发展,行政管理的对象日益广泛,包括经济建设、文化教育、市政建设、社会秩序、公共卫生、环境保护等各个方面。现代行政管理多应用系统工程思想和方法,以减少人力、物力、财力和时间的支出与浪费,提高行政管理的效能和效率。

最广义的行政管理是指一切社会组织、团体对有关事务的治理、管理和执行的社会活动。广义的行政管理是指国家政治目标的执行,包括立法、行政、司法等。狭义的行政管理是指国家行政机关对社会公共事务的管理,又称为公共行政。

2. 行政管理的特征

1) 鲜明的政治性

行政管理是国家管理的基础和核心内容,必然体现国家的本质,为国家的根本统治服务,具有鲜明的政治性。

2) 服务的广泛性

政府权力来自广大人民,必须为人民服务,行政管理的全部活动都必须服从于人民的利益和要求。

3) 重要的执行性

国家行政机关是国家权力机关的执行机关,对国家权力机关负责和报告工作,并接受其监督。国家权力机关根据人民的利益和要求,决定国家的大政方针,制定和颁布法律法规;而行政机关负责制定具体的措施、细则来贯彻施行这些内容。没有行政管理,就不能实现国家的意志。

4)一定的强制性

行政管理以国家权力为后盾,具有一定的强制性。

(二)水行政管理的概念及特征

1.水行政管理的概念

水行政管理是指政府对水事活动实施的行政管理。水利部是我国的国家水行政主管部门,负责我国领土范围内的全部水资源(包括地表水和地下水)的管理。县级以上地方人民政府的水利厅(局)是所辖行政区域内的水行政主管部门,负责所辖行政区域内水资源的统一管理和监督工作。水利部设立的各流域机构,在所管辖的范围内行使法律、行政法规规定的和水利部授予的水资源管理与监督职责。

1988年我国第一部《水法》规定,国家对水资源实行统一管理与分级、分部门管理相结合的体制。随后,国务院明确规定水利部是国务院的水行政主管部门,各级地方人民政府也先后明确了本地区的各级水行政主管部门及其统一管理本地区水资源的权限和职责。《水法》立法的宗旨就是对全国水资源实行统一管理。1993年国务院颁布的《取水许可制度实施办法》明确规定,城市和农村的地表水和地下水统一由各级水行政主管部门颁发取水许可证,并进行监督管理。我国水资源统一管理格局初步形成。

但是,水资源是一种动态的、可再生的资源,地表水和地下水可相互转换,江河流域的上下游、干支流、左右岸、水量水质相互关联,相互影响,难以按照地区、部门划分,原《水法》规定的水资源管理体制容易造成分割管理,不利于水资源的统一管理,影响了水资源的合理配置和高效利用。

2002年修订后的《水法》对水资源管理体制作了重大修改,明确规定:"国家对水资源实行流域管理与行政区域管理相结合的管理体制。"水资源管理体制是国家管理水资源的组织体系和权限划分的基本制度,是合理开发、利用、节约、保护水资源和防治水害,实现水资源可持续利用的组织保障。改革水资源管理体制,加强水资源的统一管理,从水资源分割管理的体制向"一龙管水、多龙治水"的体制转变,是新形势下实现水资源可持续利用的迫切要求,也是修订后的《水法》的重要特点。

水资源统一管理是对地表水、地下水,城市与农村,水量水质实行整体性的统一管理。水资源管理的核心是水资源的权属管理。水资源权属管理当前主要应做到"六统一",即对水资源实行统一规划、统一配置、统一调度、统一发放许可证、统一实施水资源有偿使用制度、统一管理水量水质。

2002年《水法》确立的这种流域管理与行政区域管理相结合、统一管理与分级管理相结合的水资源权属管理原则,明确了水行政主管部门的职责和权限。只有水行政主管部门明确了自己的具体职责,才能管好水资源,实现水资源的可持续利用;只有水行政主管部门明确了自己的权限,才能依法行政,将自己的行政管理、行政执法行为置于公开的监督之下。

2.水行政管理的特征

1998年国务院批准的水利部"三定"方案中明确规定:"水利部统一管理水资源(含空中水、地表水、地下水)","原地质矿产部承担的地下水行政管理职能交给水利部承担”,“原由建设部承担的指导城市防洪职能、城市规划区地下水资源的管理保护职能,交给水利部承担”。《水法》规定,国务院水行政主管部门负责全国水资源的统一管理和监督工作。水利部既是水行政主管部门,又是水利行业主管部门。水利行业管理的内容,按照水利部1994年“三定”方案的规定,主要有水文行业管理、水工程建设行业管理、水利工程行业管理、水利综合经营和水库移民行业管理等内容。现阶段我国的水利行业管理还是实行水行政管理的单一模式。但随着我国经济体制改革的进一步深化,社会主义市场经济体制的建立,政府的行业管理方式和手段正处在变革时期。水利行业管理模式与其他自然资源相比,有其特殊性,所以水行政管理也有其特有表现,具体表现在以下几方面:

(1)水资源是循环再生的动态资源,从总体上看是相对稳定的,但从具体的时间、空间来看,又是极不稳定的,具有强烈的周期波动性和随机性。因此,水行政管理工作必须要在大量的、全面的、扎实的、长期的水文测验工作基础上,进行复杂的水文计算、水资源评价,才能大体上掌握客观的水文规律。即使这样,人们也只能相对地推算洪水频率和枯水保证率,不可能掌握精确的绝对值。这种特征决定了水行政管理必须尊重客观规律,做好艰苦细致的工作。

(2)防治水害,开发水利,离不开水利工程。水利工程与其他建筑工程相比,具有特殊的复杂性。水利工程的边界条件复杂,施工难度大,风险大。它需要解决大量的工程技术等问题,如果再扩大到流域治理,就更加复杂,在某一问题上稍有疏忽或处理不当,都会带来严重后果,因此水行政管理中的重大决策,需慎之又慎。

(3)水资源与土地、森林、矿产等自然资源相比较,有一显著特点,即存在有害与有利的双重性,它既是可开发利用的自然资源,又是洪水灾害的灾害源。因此,水行政管理在任何时候都应把抗洪救灾放在首位,在服从防洪总体安排的前提下,开办各项兴利事业。恰当处理兴利与除害的关系,是水行政管理比其他专门行政管理更复杂、更困难的重要原因。

(4)水是以流域(水系)为自然单元,上下游、干支流、左右岸、地区之间联系密切。水又具有多功能的特点,防洪、治涝、灌溉、供水、水产、发电、航运、水环境保护等各项事业之间相互依存。水资源的流域性和行政管理体制的区域性的矛盾,决定了水资源管理必须实行流域管理与行政区域管理相结合,统一管理与分级管理相结合的制度,这就增加了水行政管理工作的难度。

(5)水事关系通常都会涉及有关地区、部门的利益,水行政主管部门在实施管理时会面临特殊的困难,例如处理水事纠纷的决定,如当事的地方政府持犹豫或保留态度,就难以贯彻执行。

(6)其他物权具有排他性,如一个煤矿归某个矿务局开发,他人没有开发权,而水权不同,因为水是流动的自然资源,应突出它的公共性、公益性。所以,水资源开发利用排斥垄断,强调水利共享、水害共当。这就使水行政管理工作在协调社会利害关系方面十分艰巨复杂。

(7)在当代社会,水的问题与水环境问题难以分开,水法规与水环境保护法规相互交织,成为现代水法的一大特点。因此,水行政管理工作必须体现社会效益、经济效益和环境效益的相结合。

(8)水行政主管部门集行政管理、行业管理、产业管理于一身,集管理与建设的功能于一身,这与税收、工商管理等纯行政管理不同,也与其他自然资源的管理部门有区别;其他自然资源的行政管理主要是对资源的权属管理和对资源开发利用的监督。

二、行政管理的原则

(一)行政管理原则的含义

行政法基本原则是行政法学的基本理论问题,从行政法学研究起步之日开始,学者们对这一命题的争论就没有停止过,行政法基本原则应当反映出植根于社会主义市场经济体制下的行政法所有的内涵。行政法基本原则的含义,归纳起来有下列四种:

(1)行政法基本原则是指导行政法制定、执行、遵守以及解决行政争议的基本准则,是整个行政法的理论基础,是贯穿于整个行政法的主导思想和核心观念。

(2)行政法基本原则是贯穿行政法之中,指导行政法的制定和实施等活动的基本准则,它是人们对行政法规范的精神实质的概括,反映行政法的价值和目的所在。

(3)行政法基本原则是贯穿行政法律规范之中,指导行政权的获得,行使及对其监督的基本准则,也是揭示行政法基本特征并将其与其他部门法区别开来的主要标志。

(4)行政法基本原则是贯穿于行政法始终,指导行政法的制定和实施的基本准则或原理,是行政法精神实质的体现,是行政法律规范或规则存在的基础。

这四种不同的含义体现了学者们对行政法基本原则认识的逐步深化,也体现了其所依据的行政法基础理论的发展。同时,上述四种行政法基本原则的概念都包含了相同的含义,即对行政法制定、实施等全部活动具有指导作用。在行政法基本原则的功能中,指导作用是最根本的,是行政法基本原则的核心价值所在,也是行政法基本原则借以建立和展开的基础。基于此,作者认为我国行政管理的基本原则应为:合法性原则、民主性原则、及时救济原则和行政统一原则。

(二)行政管理的原则

1. 合法性原则

合法性原则要求行政主体的各种行为都应严格依法,强调依法行政是行政法作为独立法律部门存在的最根本性原则,也是行政法与其他部门法区别的主要标志,它贯穿行政权力过程始终,是指导、规范行政权力运作的基本准则。

合法性原则是近年来行政法学界普遍主张的一项基本原则。该原则强调行政机关行使行政权力、管理行政事务,必须依法进行,法律是行政机关权力活动的依据和标准,依法行政原则是社会发展到一定阶段的产物,是法治原则(宪法原则)对行政活动的具体要求。依法行政是行政法目的得以实现的保障,可以确保行政活动建立在理性的法律规则之上,免受个人意志的干预。依法行政也是行政法最高层次的规则,对行政法律规范的制定以及行政机关的具体管理活动都有指导意义。依法行政原则不同于自由、权利保障原则。首先,依法行政原则主要针对行政机关而言,强调对行政机关的规范,而自由、权利保障原则则对国家的立法机关、行政机关以及司法机关都有指导意义。其次,依法行政原则主要是制度层面的原则,尤其在法律适用方面发挥作用,而自由、权利保障原则则不仅是制度层面的原则，而且已上升到价值层面。就两项原则的地位而言，自由、权利保障原则更为基本，依法行政原则不得与自由、权利保障原则相背离。

行政合法性原则主要包含两个方面的内容：一方面，强调行政主体的各种行为都应严格依法，并对违法行政承担法律责任；同时，行政主体在行使自上裁量权时，必须严格依据体现行政法精神实质的行政法基本原则，严格在行政法规范规定的幅度、范围内行使自由裁量权。另一方面，要求参加到行政法律关系中的行政相对人，应对行政主体的行政管理行为依法进行配合、支持，并切实履行其行政法上的义务。

2. 民主性原则

民主性原则要求一切与行政主体行使行政权力有关的活动都要实行民主，必须代表广大人民群众的利益，依靠广大人民群众的支持，采用适合广大人民群众的方法。民主性原则是行政法的一项基本原则，包括以下内容。

一是行政法规、规章的制定程序，除不应公开外都应公开，充分征求利害关系人的意见，必要时，还应举行立法听证会、论证会和座谈会。这样做才能符合“法治”的前提要求，即有“良法”，使行政法规范的内容充分体现民主。行政法规范的调整涉及作为管理者的行政主体及被管理的行政相对人之间的行政权利和义务，该行政权利和义务与当事人的切身利益密切相关，是行政执法的依据和基础。如果行政法内容不能充分体现民主，就不能切实维护人民群众的利益，也不能取得行政相对人对行政管理行为的信任、理解和支持，这势必影响行政管理的效率。只有行政法规范的内容充分体现民主，才能在行政执法中真正做到民主，更有效地实施对社会的管理。

二是人民有权要求政府提供政治、经济和社会各方面的信息，回答有关咨询，以便公民参加经济和社会活动。对此，各行政主体应创造条件，这也是行政相对人积极参与各种社会管理活动，主动配合并履行其行政法义务的重要保障。

三是在作出具体影响行政相对人权利义务的决定时，必须听取相对人的意见，即建立听证程序。

四是行政相对人应遵循民主程序的约束机制，在其充分行使民主权利的同时，当其个人利益和意志与公共利益、多数人意志发生冲突时，其应让位于公共利益及多数人的利益，服从行政主体的行政管理行为，积极支持、配合并切实履行其行政法义务。

3. 及时救济原则

及时救济原则要求行政主体在行使行政权力影响行政相对人的合法权益时，行政主体应始终确保行政相对人受损权益的及时恢复和补救。

行政法所追求的价值之一就是促进行政效率的提高，而行政效率除讲求时间、数量等量上的效率外，还应包括质的效率，也即取得较好的社会效益。它要求行政相对人心悦诚服并积极地予以协助，单纯的强制服从是不能取得很好的效率的。若某一行政行为不能取得行政相对人的支持与协助，甚至侵害其合法权益，就应给予行政相对人一定的救济途径。但行政救济也应讲求效率，尽快解决争议，否则也会影响整个行政效率的提高。而目前我国的现实是：无论某一具体行政行为是否为明显的违法与不当，都只能通过行政复议和行政诉讼来解决，这对于那些需要调查取证的不很明显的执法不当的具体行政行为来说是可行的、必要的，可对那些明显的执法不当的具体行政行为，就显得不必要而徒耗时间、人力、物力，无疑也导致行政效率低下。要解决这一问题，我们还应把视线放在行政实体法本身上，要求行政主体在作出行政行为包括行政立法行为时，始终有一套给予行政相对人及时救济的机制，要建立这一机制，就应有一指导性原则给予概括或指导，这便是及时救济原则。它要求行政主体行使行政权的整个过程中，始终关注行政相对人的合法权益，不去侵害其合法权益。同时，这一原则也要求行政相对人始终以合法行为行使其获得及时救济的权利，监督行政主体的各种行政行为，如此才能做到行政法治。

及时救济原则要求行政主体在行使行政权时自始至终将行政相对人的权益放在首位，在行政相对人的合法权益受到损害时，应给予行政相对人充分的救济机会。同时，这一原则有利于行政相对人参与行政、配合行政积极性的提高，并促使其充分理解行政主体的管理行为，切实履行行政法义务。

4. 行政统一原则

行政统一原则要求与国家行政管理有关的活动都必须统一、协调，即统一指挥、统一组织、统一规定。同时，要求行政相对人服从行政主体的统一管理行为，并予以支持配合、行政立法、行政执法和行政守法都应遵循这一原则，具体有以下五方面要求：

一是理顺现有行政法规之间、行政规章之间及其相互之间的关系，消除彼此冲突的地方，并在以后的行政立法中始终本着统一的要求，实行行政立法程序的统一化，确保我国行政法律规范体系的统一和协调（如我国已经颁布的《立法法》）。

二是要求行政法能尽其涵盖力，将现有的乃至今后可能产生的行政事务统一由行政法规范加以规定，使行政执法的法律依据协调、一致、统一（当然，这还依赖于一定的立法技术性规定）。

三是要求实行行政程序统一化，尽快进行行政程序法典化，使各种行政行为的程序有法可依、有章可循，不致行政行为之间前后矛盾和冲突。不同的行政主体的行政行为必须统一、一致，不应彼此矛盾，相互冲突。

四是要求国家行政机关及其机构设置应从实际出发，统筹规划、统一设置，防止机构重叠、职能重复、相互推诿扯皮，防止政出多门、朝令夕改。同时，要求国家行政机关工作人员的上下级关系要统一；国家行政机关工作人员的职位、职称、职权、工资、任免、奖惩、选举及退休等都要有统一的规定，以便使国家行政机关工作人员的管理走上统一的法治化轨道。

五是要求行政相对人服从行政主体的统一管理，同时监督行政主体的各种行政行为，使同一行政主体的前后行为及不同行政主体之间的行政行为协调一致，促进我国行政法治进程。

第二节　水行政主管机关

一、水行政主管部门

水资源属于国家所有。水资源的所有权由国务院代表国家行使。国家对水资源实行流域管理与行政区域管理相结合的管理体制。

国务院水行政主管部门负责全国水资源的统一管理和监督工作。国务院有关部门按照职责分工,负责水资源开发、利用、节约和保护的有关工作。水利部作为国务院的水行政主管部门,是国家统一的用水管理机构。

国务院水行政主管部门在国家确定的重要江河、湖泊设立的流域管理机构,在所管辖的范围内行使法律、行政法规规定的和国务院水行政主管部门授予的水资源管理和监督职责。

我国已按七大流域设立了流域管理机构,有长江水利委员会、黄河水利委员会、淮河水利委员会、海河水利委员会、珠江水利委员会、松辽水利委员会和太湖流域管理局。七大江河湖泊的流域机构依照法律、行政法规的规定和水利部的授权在所管辖的范围内对水资源进行管理与监督。

县级以上地方人民政府水行政主管部门按照规定的权限,负责本行政区域内水资源的统一管理和监督工作。县级以上地方人民政府有关部门按照职责分工,负责本行政区域内水资源开发、利用、节约和保护的有关工作。地方水资源管理的监督工作按照职责分工由县级以上各级地方人民政府的水利厅(局)负责。

水行政主管机构图如图10-1所示。

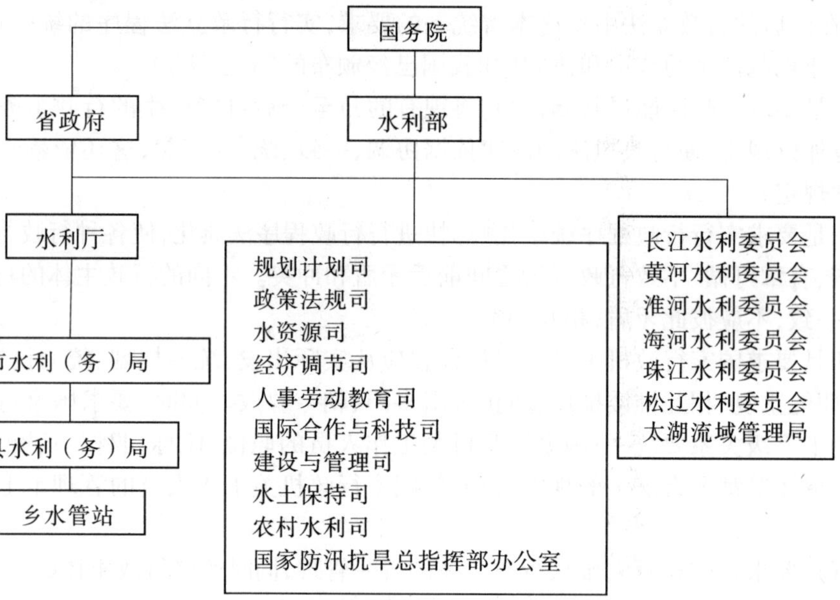

图10-1　水行政主管机构图

二、水行政主管部门的职权

(一)水利部的职能

根据第十一届全国人民代表大会第一次会议批准的国务院机构改革方案和《国务院关于机构设置的通知》(国发〔2008〕11号),设立水利部为国务院组成部门,行使以下主要职能:

(1)负责保障水资源的合理开发利用,拟定水利战略规划和政策,起草有关法律法规草案,制定部门规章,组织编制国家确定的重要江河湖泊的流域综合规划、防洪规划等重大水利规划。按规定制定水利工程建设有关制度并组织实施,负责提出水利固定资产投资规模和方向、国家财政性资金安排的意见,按国务院规定权限,审批、核准国家规划内和年度计划规模内固定资产投资项目;提出中央水利建设投资安排建议并组织实施。

(2)负责生活、生产经营和生态环境用水的统筹兼顾与保障。实施水资源的统一监督管理,拟定全国和跨省、自治区、直辖市水中长期供求规划、水量分配方案并监督实施,组织开展水资源调查评价工作,按规定开展水能资源调查工作,负责重要流域、区域以及重大调水工程的水资源调度,组织实施取水许可、水资源有偿使用制度和水资源论证、防洪论证制度。指导水利行业供水和乡镇供水工作。

(3)负责水资源保护工作。组织编制水资源保护规划,组织拟定重要江河湖泊的水功能区划并监督实施,核定水域纳污能力,提出限制排污总量建议,指导饮用水水源保护工作,指导地下水开发利用和城市规划区地下水资源管理保护工作。

(4)负责防治水旱灾害,承担国家防汛抗旱总指挥部的具体工作。组织、协调、监督、指挥全国防汛抗旱工作,对重要江河湖泊和重要水工程实施防汛抗旱调度和应急水量调度,编制国家防汛抗旱应急预案并组织实施。指导水利突发公共事件的应急管理工作。

(5)负责节约用水工作。拟定节约用水政策,编制节约用水规划,制定有关标准,指导和推动节水型社会建设工作。

(6)指导水文工作。负责水文水资源监测、国家水文站网建设和管理,对江河湖库和地下水的水量、水质实施监测,发布水文水资源信息、情报预报和国家水资源公报。

(7)指导水利设施、水域及其岸线的管理与保护,指导大江、大河、大湖及河口、海岸滩涂的治理和开发,指导水利工程建设与运行管理,组织实施具有控制性的或跨省、自治区、直辖市及跨流域的重要水利工程建设与运行管理,承担水利工程移民管理工作。

(8)负责防治水土流失。拟定水土保持规划并监督实施,组织实施水土流失的综合防治、监测预报并定期公告,负责有关重大建设项目水土保持方案的审批、监督实施及水土保持设施的验收工作,指导国家重点水土保持建设项目的实施。

(9)指导农村水利工作。组织协调农田水利基本建设,指导农村饮水安全、节水灌溉等工程建设与管理工作,协调牧区水利工作,指导农村水利社会化服务体系建设。按规定指导农村水能资源开发工作,指导水电农村电气化和小水电代燃料工作。

(10)负责重大涉水违法事件的查处,协调、仲裁跨省、自治区、直辖市水事纠纷,指导水政监察和水行政执法。依法负责水利行业安全生产工作,组织、指导水库、水电站大坝的安全监管,指导水利建设市场的监督管理,组织实施水利工程建设的监督。

(11)开展水利科技和外事工作。组织开展水利行业质量监督工作,拟定水利行业的技术标准、规程规范并监督实施,承担水利统计工作,办理国际河流有关涉外事务。

(12)承办国务院交办的其他事项。

随着水务体制的不断深化改革,水主管部门的职能也在不断调整完善。中共中央、国务院2011年一号文件《中共中央 国务院关于加快水利改革发展的决定》提出,要不断创新水利发展体制机制,完善水资源管理体制。强化城乡水资源统一管理,对城乡供水、水资源综合利用、水环境治理和防洪排涝等实行统筹规划、协调实施,促进水资源优化配置。

完善流域管理与区域管理相结合的水资源管理制度，建立事权清晰、分工明确、行为规范、运转协调的水资源管理工作机制。进一步完善水资源保护和水污染防治协调机制。

（二）水行政主管部门的管理手段

管理手段是水行政主管部门行使职权的表现形式，有以下几种：

（1）制定规范和发布命令；

（2）编制和执行水利计划、规划；

（3）实施水行政许可；

（4）调查统计和发布水资源方面的情报；

（5）处理和裁决水事纠纷、争议；

（6）采取水行政强制措施；

（7）实施水行政制裁；

（8）签订水行政合同；

（9）提供水行政指导。

第三节　水行政行为

一、水行政行为的概念及特征

（一）水行政行为的概念

水行政行为是指水行政主体在实施水行政管理活动，行使水管理职权过程中所作出的具有水事法律意义的行为，具体有以下几方面的含义：

（1）水行政行为是水行政主体所作出的行为，这是水行政行为成立的主体要素，否则便是违法行政。至于是水行政主体直接作出，还是由水行政主体的工作人员或者依法委托的其他社会组织或个人作出，均不影响其作为水行政行为的性质。

（2）水行政行为是水行政主体实施水行政管理活动，行使水管理职权的一种行为，这是水行政行为成立的内容要素。为了实现国家对水资源及相关内容的有效管理，水行政主体要根据水资源的不同情况实施不同的管理行为，这同时也是代表国家行使水管理职权。但水行政主体如购买办公用品、租赁房屋，则不是水行政行为。

（3）水行政行为是具有水事法律意义的行为，这是水行政行为成为法律概念的法律要素。水行政行为具有水事法律意义并产生相应的法律后果，即水行政主体要对自己所作出的水管理行为承担相应的法律责任。至于水行政行为是否合法，并不影响其存在。

（二）水行政行为的特征

水行政行为的特征有以下几个点：

（1）水行政行为是执行法律的行为，任何行政行为均须有法律根据，具有从属法律性，没有法律的明确规定或授权，行政主体不得作出任何行政行为。

（2）水行政行为具有一定的裁量性，这是由立法技术本身的局限性和行政管理的广泛性、变动性、应变性所决定的。水行政行为虽然必须依法而行，必须有法律根据。但是，这并不意味着法律应该将行政行为的每一个步骤、每一个细节都予以严密地规范，并不意味着水行政机关只能机械地按照法律预先设计的具体路线、途径、方式行事，而不能有任何的自行选择、裁量，不能有任何自己的主动性参与其间。

(3)行政主体在实施行政行为时具有单方意志性，不必与行政相对方协商或征得其同意，即可依法自主作出。即使是在行政合同行为中，在行政合同的缔结、变更、解除与履行等诸方面，行政主体均具有与民事合同不同的单方意志性。

(4)水行政行为是以国家强制力保障实施的，带有强制性，行政相对方必须服从并配合行政行为；否则，水行政主体将予以制裁或强制执行。水行政行为的强制性与单方意志性是紧密联系在一起的，没有水行政行为的强制性，就无法实现水行政行为的单方意志性。

二、水行政行为的内容

水行政行为的内容是指某一水行政行为对水行政相对人水事权利、义务内容所产生的影响，换句话说，对相对人的权利、义务作出的某种处理、决定。水事法律规范通过赋予水行政主体作出不同内容水行政行为的权力来实现国家对水资源的有效管理。水行政行为的主要内容有以下几项。

(一)赋予权益或科以义务

赋予权益或科以义务即水行政主体赋予水行政相对人一定的权益或科以一定的义务，事实上是为相对人设定了新的法律地位，使水行政主体与相对人之间以及相对人与他人之间形成一种新的法律关系。

赋予权益具体表现为赋予水行政相对人一种水事法律上的权利、利益。科以义务是指水行政主体通过一定的水行政行为要求水行政相对人为一定的行为或不为一定的行为。如取水许可、采砂许可、征收水资源费等。

(二)剥夺权益或免除义务

剥夺权益或免除义务是指人为终止某种法律关系。剥夺权益是通过水行政主体作出的水行政行为使水行政相对人原来享有的水事法律上的权利和利益的丧失、不复存在，如吊销水行政相对人的取水许可证或河道采砂许可证，就是剥夺了相对人继续合法取水或采砂的权利。免除义务则是通过水行政主体作出的水行政行为而使水行政相对人原来承担的水事法律上义务的解除，不再要求其履行义务，如免除相对人应当缴纳的全部或部分水资源费。

(三)变更法律地位

变更法律地位是指水行政主体通过水行政行为，使双方原来存在的法律地位不复存在或为新的法律地位所取代。赋予权益或科以义务和剥夺权益或免除义务，一般都会引起双方法律地位的变化。

(四)确认法律事实与法律地位

确认法律事实是指水行政主体对影响某一水事法律关系的事实是否存在而依法加以确认的行为。如在某河段发生一起用水纠纷，水行政主体即对该纠纷存在的事实予以确认，以便明确双方承担的法律责任。

确认法律地位是指水行政主体对影响某一水事法律关系的事实是否存在及其内容而

依法加以确认的行为。如对申请人河道内建设项目的批准,就是确认了在河道内建设项目管理法律关系中申请人处于被管理者的地位,即相对人,其内容就是对河道内建设项目实施管理。

三、水行政行为的分类

根据不同的分类标准,可以将水行政行为分为以下四种。

(一)内部水行政行为和外部水行政行为

根据水行政行为适用的对象、作用的范围不同,可以将水行政行为分为内部水行政行为和外部水行政行为。

内部水行政行为是指水行政主体在其内部组织管理过程中所作出的,仅对其内部职能部门、工作人员或上下级之间产生法律效力的水行政行为。如水行政主体对其工作人员的行政处分、上级水行政主体对下级水行政主体所下达的行政命令等。

外部水行政行为是指水行政主体在实施水管理过程中针对公民、法人或其他组织等社会上不特定对象所作出的水事管理行为。如实施取水许可、河道内建设项目许可、水行政处罚等。

采用这种分类方法的意义在于:

(1)内部水行政行为适用内部行政法规范,因而也只能用法定的内部手段和方式去进行;外部水行政行为适用社会行政等外部行政法规范,因而能够采用相应的法律、法规所规定的各种手段和方式去进行。

(2)对于内部行政行为的主体资格,法律没有严格要求;对于外部水行政行为所适用的主体资格,法律则有严格的要求。

(3)内部水行政行为不能适用行政复议程序和提起行政诉讼;外部水行政行为在符合法定条件的情况下,可以适用水行政复议程序和水行政诉讼程序。

(二)抽象水行政行为和具体水行政行为

根据水行政行为是否针对特定的对象,可以将水行政行为分为抽象水行政行为和具体水行政行为。

抽象水行政行为是指水行政主体以不特定的人或事作为管理对象,制定具有普遍约束力的规范性文件的行为。如水利部制定并发布的《水行政处罚实施办法》就属于抽象水行政行为。抽象水行政行为的核心在于水行政主体行为对象的不特定性,或者说对象的普遍性。换句话说,行为对象具有抽象性、不确定性,而且能够反复适用。

抽象水行政行为包括:制定、发布水事管理法规、规章和规范性文件的行为;解释水事管理法规和规章的行为;发布水利行业管理标准的行为。

具体水行政行为是指水行政主体在水事管理活动中,以特定的人或事作为管理对象而采取的某种具体的行为,其法律后果直接及于该特定的人或事。具体水行政行为最大的特征在于其行为对象的特定化,即是针对特定的公民、法人或其他组织而实施的水事管理内容。如在取水许可管理活动中,水行政主体是针对申请人的取水活动而实施的管理行为,不是别的人和其他的活动。在水事管理活动中,水行政主体的具体水行政行为居多。

具体水行政行为包括水行政许可、水行政确认、水行政指导、水行政处罚、水行政征收、水行政合同等。

采用这种分类方法的意义在于:

(1)它是确定水行政复议和水行政诉讼的受案范围的重要依据,决定了公民、法人或其他组织对水行政行为不服能否提起水行政复议和水行政诉讼。

(2)抽象水行政行为与具体水行政行为的主体、内容及效力的法律规定也是有所区别的。

(三)作为的水行政行为和不作为的水行政行为

以水行政主体的水行政行为是否以作为方式表现出来为划分标准,可以将水行政行为划分为作为的水行政行为和不作为的水行政行为。

作为的水行政行为是指水行政主体以积极作为的方式表现出来的水管理行为。例如水行政处罚行为、水行政强制行为等。

不作为的水行政行为是指水行政主体以消极不作为的方式表现出来的水管理行为。其表现为在行使水行政管理过程中消极地履行或不履行法定职责的行为。例如对符合法定条件申请由水行政机关颁布的水行政许可证或水利工程监理执业证书,水行政机关拒绝颁布或者不予答复的行为。

对于不作为的水行政行为,水行政相对方可以依据我国《行政诉讼法》的规定向人民法院提出履行之诉。

采用这种分类方法有利于明确水行政行为的范围,也有利于督促水行政主管机关职责的履行和对相对方权益的保护,能真正体现依法行政的精神。

(四)水行政立法行为、水行政执法行为和水行政司法行为

以水行政主体行使水管理职权、实施水行政行为所形成的法律关系为划分标准,可以将水行政行为划分为水行政立法行为、水行政执法行为和水行政司法行为。

水行政立法行为是指水行政主体按照法定职权和程序制定带有普遍约束力的水事管理规范性文件的行为。它所形成的法律关系是以水行政主体为一方,以不确定的水行政相对人为另一方。

水行政执法行为是指水行政主体依法实施的直接涉及水行政相对人权利义务的行为。它所形成的法律关系是以水行政主体为一方,以被采取措施的水行政相对人为另一方。

水行政司法行为是指水行政主体作为争议双方之外的第三人,按照司法程序对特定的水事纠纷进行审理并加以裁决的行为。它所形成的法律关系是以水行政主体为一方,以发生水事争议的双方当事人各为一方的三方法律关系。例如《水法》第五十六条规定:不同行政区域之间发生水事纠纷的,应当协商处理;协商不成的,由上一级人民政府裁决,有关各方必须遵照执行。

四、水行政行为的合法要件

（一）水行政行为主体合法

（1）水行政行为主体应具备行政主体资格。如果实施水行政行为的组织不是依法成立的，或虽然依法成立但不具备水行政主体资格，那么其所为的水事管理行为无效。《水法》规定，县级以上人民政府水行政主管部门和流域管理机构是水行政主体，而其他水利工程管理单位和乡（镇）水利管理站如无法律法规授权就不能以自己名义直接实施水行政行为。

（2）实施水行政行为的人员有公职人员身份（包括通过授权或委托取得实施水行政执法行为的资格的人员），即必须具有合法的公职人员身份。同时，在水行政执法行为中担任公职。

（二）水行政行为权限合法

水行政行为必须是在水行政主体法定权限内所作的行为。水行政主体必须在自己的事物管辖权、地域管辖权和级别管辖权的范围内作出水行政行为，被委托或授权的组织必须在委托或授权的范围内作出水行政行为，水行政主体在水行政行为实施时受地域、时间、管理方式和适用条件方面的限制。

（三）水行政行为内容合法

水行政主体作出的水行政执法行为必须有事实依据，内容明确、具体，且符合客观实际。水行政主体应当考虑水行政相对人的承受能力，考虑客观实际情况，不能主观臆断，不能强人所难，要求水行政相对人从事力所不能及的活动的水行政行为，违反了水行政合理性原则，不具有约束力和执行力。同时，水行政执法行为应当符合法律规定，不能违背国家、社会公共利益，必须在规定的幅度、范围内作出。水行政主体在行使水行政处罚时，要做到罚与事相当，处罚应与违法行为的情节、后果适度。水行政执法行为必须公正、合理，正确使用合理裁量权。

（四）水行政行为程序合法

任何水行政行为都要按照法律规定的步骤作出，不允许有违反规定而任意作出的水行政执法行为。水利部颁布的《水行政处罚实施办法》规定了水行政处罚的简易程序和一般程序。对一般程序规定了立案、调查取证、告知和听证、作出处罚决定、执行、结案等步骤。

以上是任何水行政行为成为合法行为的全部要件，这些要件必须同时存在才能生效。

五、水行政行为的生效

水行政行为的生效是指在时间上的生效，有以下几种情况。

（一）即时生效

水行政行为一经作出即具有法律效力，对水行政相对人和水行政主体都具有约束力。一般在抽象水行政行为未明确规定生效时间时，视为自公布之时起生效。具体水行政行为则通常在告知后立即生效。

（二）受领生效

水行政主体所作出的行为必须为水行政相对人受领才开始生效。受领是指水行政相对人对水行政行为的接受、知悉和领会。具体水行政行为通常以“依法送达”水行政相对人为标准。

（三）附条件生效

水行政行为的生效附有一定的时间期限或一定的条件，只有在所附期限届满或条件成熟时，水行政行为才开始生效。

水行政行为可因行为被宣告无效、撤销、废止等而丧失法律效力。水行政行为自生效之时起至失效之时止，具有持续的法律效力。

第十一章　水政监察

第一节　水政监察概述

一、水政监察的概念及意义

水政监察是指水行政执法机关依据水法规的规定对公民、法人或者其他组织遵守、执行水法规的情况进行监督检查，对违反水法规的行为依法实施行政处罚、采取其他行政措施等行政执法活动。

水利部是国务院下设的水主管机关，代表国务院行使全国的水利执法工作。为了合理高效规范地行使水利执法权，水利部制定了《水政监察工作章程》，对全国的水政监察工作作出了统一规定。

根据规定，水利部组织、指导全国的水政监察工作。水利部所属的流域管理机构负责法律、法规、规章授权范围内的水政监察工作。县级以上地方人民政府水行政主管部门按照管理权限负责本行政区域内的水政监察工作。

水政监察以法律、行政法规、地方性法规和规章为依据。县级以上地方人民政府根据法律、行政法规、地方性法规和规章制定、发布的规范性文件，也作为水政监察的依据。依据《行政处罚法》的相关规定，应当给予行政处罚的，依照本法由法律、法规或者规章规定，并由行政机关依照本法规定的程序实施。没有法定依据或者不遵守法定程序的，行政处罚无效。

水政监察的目的是贯彻执行国家水事法律、法规、规章和规范性文件，调整在开发、利用、保护、管理水资源和防治水害过程中所发生的各种社会经济关系，维护正常的水事秩序，保护水、水域和水工程，为发展社会主义经济建设和提高人民物质文化生活服务。

水政监察的基本内容是对水事活动的监督检查和对违法行为的处理，即监督检查水法规的贯彻执行情况，及时发现和查处水事违法行为，维护正常的水事秩序。水政监察的范围涉及河湖水域、水资源、水土保持、水利工程设施管理等水利工作的各个方面。

建立水政监察制度的意义有以下几点：

(1)贯彻执行水法规的需要。

(2)保护水资源、水域、水工程等的需要。

(3)维护水事秩序的需要。

(4)保障水行政机关履行职能的需要。

(5)加强水行政管理的需要。

二、水政监察的特征

水政监察与其他行政执法相比，具有下列特征：

(1)水政监察的主体是县级以上人民政府水行政主管部门和法律法规授权的其他组织。

(2)水政监察具有专业性，它主要是围绕调整社会水事关系而实施水行政管理方面的行政执法。

(3)水政监察具有广泛性和复杂性，执法对象包括社会上一切从事水事活动的公民、法人和其他组织。

(4)水政监察具有相关联性，在执法内容和活动范围上，与环保、林业、土地、城建等行政执法联系密切。

(5)水政监察属于具体行政行为。水政监察的内容是水行政机关依法作出的影响或直接涉及公民、法人和其他组织的权利与义务。

三、水政监察实施的主要形式

水政监察实施的主要形式有以下几项：

(1)水行政监督检查；

(2)水行政许可；

(3)水行政处罚；

(4)水行政强制执行；

(5)征收水行政规费。

水行政处理决定的表现形式有很多：命令、批准、拒绝、许可、赋予权利、剥夺权利、委托职权、处罚及强制等。

第二节　水政机构与水政监察队伍

一、概述

水政执法的主体是县级以上水行政主管部门和法律法规授权的其他组织。水政执法的组织体系是水行政主管部门内专司水行政执法的专业执法组织——水政机构和水政监察队伍。水利公安是专司水利治安的执法队伍，是水利执法的一支重要力量。为了加强水行政执法队伍建设和管理，强化水行政执法，水利部在1990年8月颁布了《水政监察组织暨工作章程(试行)》，从而使我国的水利执法进入法制化轨道。经过多年的实践检验，水利部于2000年5月25日制定颁布了《水政监察工作章程》，取代了《水政监察组织暨工作章程(试行)》。《水政监察工作章程》第二条规定：县级以上人民政府水行政主管部门、水利部所属的流域管理机构或者法律法规授权的其他组织，应当组建水政监察队伍，配备水政监察人员，建立水政监察制度，依法实施水政监察。《水政监察工作章程》的颁布施行使水政执法工作进入了一个新的时期。

根据《水政监察工作章程》规定，水政机构的工作主要表现在以下几个方面：

在水行政执法方面，代表水行政主管部门查处水事违法案件，实施行政处罚，监督检查各部门、各单位和公民的水法规遵守情况，负责与司法、公安部门在执法中的联系，对水政监察组织的执法行为进行督导。

在水行政司法方面，归口管理水事违法案件的行政复议，协同调处水事纠纷，参与水行政诉讼。

在水行政保障方面，综合管理水法规的宣传普及，对下级水政机构工作人员、水政监察员进行培训，进行水行政政策研究等。

水政机构的职责，在不同层级有不同的侧重，但各级水政机构都有“水利法制工作”这一共同属性。需要说明的有以下几点：

(1)水政机构是水行政管理的法制机构，它在接受同级水行政主管部门领导的同时，还要接受同级政府法制机构的业务指导。

(2)水政机构是综合协调、归口管理水行政法制建设的职能机构，但并不包揽所有的水行政管理工作，也不包揽其他职能机构的法制工作。如需要制定《××省海塘管理条例》时，先由水利管理机构负责起草，然后再由水政机构负责综合协调，征求各方意见，修改后上报政府法制机构。

由于水政机构是水行政主管部门内设的办事机构，所以其作出的水行政法律行为(如行政处罚、行政处理、行政强制措施、行政复议决定、水事纠纷的调处等)必须以水行政主管部门的名义行使，法律文书一律要加盖水行政主管部门的公章，而不能盖水政科(股、站、办)之类的公章。

二、水政机构与水政监察队伍的关系

水政机构是水行政主管部门内设的行政处(科)室，其履行的职责由各级人民政府批准的“三定”方案赋予，它无需主管部门的委托，即可代表水行政主管部门行使行政职权；而水政监察队伍行使的职权来自于水行政主管部门的委托，有很大的限制性。从两者的职能对比看，水政监察队伍的职能全为水政机构的职能所包含，但水政机构的某些职能，水政监察队伍并不具备。因此，水政监察队伍是水政机构的外延和补充，它可弥补水行政主管部门行政编制少、水政机构力量不足的问题。

三、水政机构与水利部门内其他有关机构的关系

水政机构与水土保持、工程管理、河道管理等水利部门内其他有关机构的关系应该是相互配合、相互协作的。水政机构作为水行政主管部门内设的法制综合职能机构，负责归口管理水利法制工作，协调涉及各个机构的行政执法活动，对他们作出的行政管理决定或规定，从法律法规角度进行审查。同时，由于水行政执法活动有时涉及有关机构的专业，各有关机构可发挥其熟悉专业的优势，对有关的水行政执法活动，从专业角度予以协助、配合和支持。

四、水政监察队伍

（一）水政监察队伍的内部分工

水政监察队伍的自身建设是规范水行政执法，强化执法力度的组织保障。水利部提出的水政监察队伍"三位一体"（集审批、收费、监督于一体）的构想在实际工作中取得了较好成效：一是强化了执法力度；二是将执法贯穿于工程建设始终，便于对水事活动进行监督检查，及时处理违法案件；三是提高了行政效率；四是促进了规费的收缴，为队伍自身的建设提供了必要的物质保证。但是，这一模式违背了权利制衡的原理，缺乏相互间的监督，易造成缺失公正、滥用职权等弊病，这些问题主要通过健全水政监察队伍内部分工加以克服或避免。如在水政监察队伍内部设立若干小组，每个小组之间的职权相互制衡。即任何一项行政行为都要经过两个小组以上的人员相互审核，再报水政机构审查，由水行政主管部门的领导签发。分组的个数视情况而定，一般为3～5个。可设受理组、审查组、稽征组、监督组、执行组等，使之相互配合、相互监督。

受理组负责受理水行政管理事务（包括取水许可、河道采砂许可、涉河建设项目审批等许可审批事项）、接待来信来访、水事违法案件立案呈批等工作，并按照首问制的要求，负责登记建档及各个环节的督察，以保证良好的运作。

审查组负责调查各类行政管理事务和水事违法案件，并提出初审处理意见或建议。审查组任务最重，决定着水行政管理的实质性问题。因此，要求人员要多，素质要高（最好是复合型人才）。在审查重大、疑难、复杂的问题时，应当开展集体讨论或请其他相关机构提供业务帮助。

稽征组主要根据有关法律、法规的规定，负责征收各项行政性规费。

监督组主要负责对各类行政管理事务、水事违法案件从受理到审结整个过程进行再审（包括程序和实体两个方面），并按规定程序，提出审查及处理意见，告知申请单位。

执行组主要负责水事违法案件的执行工作，以及对水行政许可、审批事项的实施进行监督。当水行政相对人未按审批许可要求实施时，应及时提出整改意见，或依法责令停止违法行为。当水行政相对人在法定期限内既未申请复议或提起诉讼，又不履行处罚决定时，应申请人民法院强制执行，并协助法院做好执行工作。应以执行组为主开展日常巡查活动，维护正常水事秩序。

除以上这些组外，还可设置后勤组，负责后勤保障工作。

（二）水政监察队伍的性质

水政监察是我国行政执法体系的组成部分。1994年以前，水政监察主要是以水政监察人员个人作为水行政主管部门行使执法权的代表的身份来进行的，水政监察队伍只是水政监察员的集合，而非实体组织。随着水利在国民经济中基础地位的确立，水利改革的深化以及社会主义市场经济体制的不断完善，建立一支专职的水政监察队伍势在必行。1995年12月，水利部在总结江苏省建立专职监察队伍经验的基础上，决定在全国水利系统开展加强水政监察规范化建设，组建一支集监督检查、许可审批、依法收费于一体，关系协调、组织严密、纪律严明、运行有力的专职执法队伍，并达到执法队伍专职化、执法管理目标化、执法行为合法化、执法文书标准化、考核培训制度化、执法统计规范化、执法装备系列化、检查监督经常化的"八化"目标，还统一了名称。

省（自治区、直辖市）人民政府水行政主管部门设置水政监察总队；市（地、州、盟）人民政府水行政主管部门设置水政监察支队；县（市、区、旗）人民政府水行政主管部门设置水政监察大队。水利部所属的流域管理机构根据实际情况设置水政监察总队、水政监察支队、水政监察大队。根据有关法律、法规的要求和实际工作需要，省（自治区、直辖市）、市（地、州、盟）、县（市、区、旗）水政监察队伍内部按照水土保持生态环境监督、水资源管理、河道监理等自行确定设置相应的内部机构（支队、大队、中队）。

地方各级水政监察队伍由同级人民政府水行政主管部门报同级编制主管部门批准成立。水利部所属的长江水利委员会、黄河水利委员会、淮河水利委员会、海河水利委员会、珠江水利委员会、松辽水利委员会和太湖流域管理局等流域管理机构水政监察队伍由水利部批准成立；流域机构所属的管理单位水政监察队伍由流域机构批准成立。省（自治区、直辖市）、市（地、州、盟）、县（市、区、旗）水行政主管部门根据执法工作需要，可在其所属的水利工程管理单位设置派驻的水政监察队伍。

水行政执法机关的法制工作机构负责管理同级水政监察队伍。水政监察队伍的主要负责人由同级水行政执法机关的法制工作机构的负责人兼任。

截至2001年，全国7个流域机构、19个省（自治区、直辖市）、300多个地（市）和2 000多个县（市）分别建立了专职水政监察队伍，在编专职、兼职水政（含水保）监察人员达6万多名，加大了水行政执法力度，水政监察规范化建设的任务基本完成。

（三）水政监察队伍的职责

《水政监察工作章程》对水政监察队伍的主要职责规定如下：

（1）宣传贯彻《水法》、《水土保持法》、《防洪法》等水法规。

（2）保护水资源、水域、水工程、水土保持生态环境、防汛抗旱和水文监测等有关设施。

（3）对水事活动进行监督检查，维护正常的水事秩序。对公民、法人或其他组织违反水法规的行为实施行政处罚或者采取其他行政措施。

（4）配合与协助公安和司法部门查处水事治安及刑事案件。

（5）对下级水政监察队伍进行指导和监督。

（6）受水行政执法机关委托，办理行政许可证和征收行政事业性规费等有关事宜。

五、水政监察人员

（一）水政监察人员应具备的条件

水政监察人员是实施水政监察的执法人员。按《水政监察工作章程》要求，水政监察人员上岗前的资格培训和考核工作由流域机构或者省、自治区、直辖市水行政主管部门统一负责。水政监察人员由同级水行政执法机关任免。地方水政监察队伍主要负责人的任免需征得上一级水行政执法机关法制工作机构的审核同意。水政监察人员实行任期制，任期为3年。水政监察人员任期届满，经考核合格可以继续连任。考核不合格或因故调离工作，任期自动中止，由任免机关免除任命，收回执法证件和标志。水政监察人员上岗前应按规定经过资格培训，并考核合格。

水政监察人员应具备的具体条件是：

(1)通过水法律、法规、规章和相关的法律知识的考核。

(2)有一定的水利专业知识。

(3)遵纪守法、忠于职守、秉公执法、清正廉洁。

(4)具有高中以上文化水平，其中水政监察队伍负责人必须具有大专以上文化水平。

(二)水政监察人员的职权

水政监察人员在执行公务时，可依法行使下列职权：

(1)进行现场检查、勘测和取证等。

(2)要求被调查的公民、法人或其他组织提供有关情况和材料。

(3)询问当事人和有关证人，做出笔录、录音或录像等。

(4)责令有违反水法规行为的单位或个人停止违反水法规的行为。必要时，可采取防止造成损害的紧急处理措施。、

(5)对违反水法规的行为依法实施行政处罚或者采取其他行政措施。

(三)水政监察人员的职业道德要求

(1)忠于职守，热爱本职工作。具体为：①坚守岗位、勤奋工作；②敢于负责、勇挑重担；③努力学习、钻研业务。

(2)文明执法。具体为：①尊重群众、谦虚谨慎；②认真履行办事程序和审批权限；③统一着装、仪表整洁、举止端庄、礼貌待人。

(3)实事求是。具体为：①注重调查研究、尊重客观事实；②敢于坚持真理、改正错误；③正确行使权力、不徇私情。

水政监察人员执行公务时，应按规定着水政监察制服，持“中华人民共和国水政监察证”或“中国水土保持监督检查证”，佩戴“中国水政”或“中国水保监督”胸章和“中华人民共和国水政监察”或“中国水保监督”臂章。水政监察的证件、胸章和臂章由水利部负责监制。水政监察制服式样由水利部规定。水政监察人员每年应当接受法律知识培训。水行政执法机关应当制订长期培训规划和年度培训计划，不断提高水政监察人员的执法水平。

第三节　水政监察的实施

一、水政监察的内容

水政监察的内容广泛，凡涉及水法规明确规定的事项，都可纳入水政监察的范围。主要有以下内容。

(一)水资源管理方面

重点检查取水许可制度的落实情况，包括取水量、退水水质、计量设施；检查取水单位水资源费的缴纳情况；检查节约用水情况；检查排污情况等。

(二)河道管理方面

重点检查涉河建设项目是否办理审批手续；是否按照审批意见采取补救措施；是否在

规定的界线和位置上实施，是否缴纳占用水源水域补偿费；检查河道采砂是否办理许可手续，是否按照规定的作业方式和作业范围采砂，是否按规定存放废弃石渣；检查河道设障等。

（三）水土保持方面

重点检查开发性建设项目水土保持方案的编报和“三同时”（同时设计、同时施工、同时投产使用）实施情况；检查25°以上陡坡地有无开垦种植；检查开垦禁垦坡度以下、5°以上荒坡地，是否经县级以上人民政府水行政主管部门批准；检查水土保持设施补偿费和水土流失防治费的缴纳及使用情况；检查有无毁林开荒、烧山开荒等情况。

（四）防汛方面

重点检查防洪规划保留区内非防洪工程建设情况；检查兴建防洪工程和其他水工程、水电站是否符合防洪规划；检查防洪工程设施保护范围内有无危害防洪工程安全的行为等。

（五）水工程管理方面

重点检查水工程管理范围和保护范围内有无危害水工程安全的活动，如炸鱼、爆破；检查水工程遭破坏情况等。

二、水政监察保障制度

水政监察队伍实行执法责任制和评议考核制。水政监察队伍应当建立和完善执法责任分解制度、水政监察巡查制度、错案责任追究制度、执法统计制度、执法责任追究制度以及水行政执法案件的登记、立案、审批、审核及目标管理等水政监察工作制度。每年年底，水行政执法机关的法制工作机构和上一级水政监察队伍负责对水政监察队伍执法责任制的执行情况进行考核。水行政执法机关对在水政监察工作中作出显著成绩的水政监察队伍和水政监察人员，应当给予表彰或奖励。

水行政执法机关应当为水政监察队伍配备必要的交通、通信、勘察、音像等专用执法装备，改善办公条件，给予水政监察人员与执法任务相适应的执法津贴，投人身伤害保险等。水政监察工作的装备标准由水利部另行规定。

各级水行政执法机关应当保证水政监察经费。水政监察经费从水利事业费中核拨，不足部分在依法征收的行政事业性规费中列支，并应严格贯彻执行中央关于“收支两条线”的规定。

水政监察人员应当忠于职守、遵纪守法，不得徇私舞弊。对有违法、违纪、失职、渎职行为的水政监察人员，由水行政执法机关视其情节轻重，给予批评教育或行政处分；构成犯罪的，由有关部门依法追究刑事责任。

三、实施水政监察的措施

根据《水政监察工作章程》的规定，水政监察是指水行政执法机关依据水法规的规定，对公民、法人或者其他组织遵守、执行水法规的情况进行监督检查，对违反水法规的行为依法实施行政处罚、采取其他行政措施等行政执法活动。由此可知，水政监察工作可以分为两方面：第一方面是常态的水行政监督检查，第二方面是作出水行政处罚或采取其他水行政措施。第二方面的有关内容,放在本书其他章节进行介绍。此处仅对水政监察工作的第一方面即常态的水行政监督检查加以阐述。

实施水政监察的措施,就是指水政监察主体实施水政监察过程中采取的具体方法和手段。实践中常用的方法和手段有以下几种。

(一)检查

检查是最常用的水行政监督检查方法。检查的形式多种多样,大致可分为:专题检查,是指对某一个专门领域进行的水行政监督检查;综合检查,是指水行政主体对相对人水事活动中各个方面守法情况的检查;抽样检查,是指水行政主体对部分相对人进行检查,从而了解、掌握整体情况。

(二)听取汇报

听取汇报是一种现场调查方法。水行政主体通过相对人自己的说明来了解相对人遵守、执行水法规的情况。

(三)调阅审查

调阅审查是一种常见的书面监督检查方式,是指水行政主体在水事管理活动中,为了了解水行政相对人的有关情况,或者已经发现水行政相对人存在着某种水事违法行为或活动时,为查明、证实相关的事实情况,而对水行政相对人的有关证件、文件、记录和资料等进行审查。

(四)登记与审核

登记是指水行政相对人应水行政主体的要求就其某一项具体的水事活动向水行政主体申报说明,并由水行政主体记录在册的行为。如取水登记、排污登记等。登记实质上是一种书面调查方式。

审核是指对登记在册的水事行为、活动进行的一种监督检查方式,如对取水申请人取水资料的审核、水利工程项目建设资料的审核等。

(五)统计

水行政主体以数据统计方式了解水事管理内容的实施情况。通过对统计资料的汇总、分析,掌握情况,发现问题,以便及时采取相应的补救措施。

(六)实地调查

实地调查也叫现场调查,是指水行政主体对水行政相对人所实施的某一具体水事行为、活动的场所进行实地查看,以确定相应行为人的责任,如水政监察人员对水事违法行为人破坏水利工程设施的情况进行实地查看。

四、实施水政监察过程中双方当事人的权利与义务

(一)水行政主体的权利与义务

水行政主体的权利在水政监察实施的过程中表现为水行政监督检查权,这种权利是水行政职权在水行政监督检查中的体现。水行政监督检查权可分为一般水行政监督检查权和强制水行政监督检查权。一般水行政监督检查权,如听取相对人的汇报,审查相对人的报告等。强制水行政监督检查权是指水行政相对人拒绝向水行政监督检查主体提供需要了解的资料、情况时,水行政监督检查主体有强行了解的权利。

水行政主体的义务是指水政监察实施主体进行检查时必须遵守的条件和程序，包括三个方面：一是符合权限，包括职权范围和管辖范围等；二是符合程序，即水行政主体须依照法定程序进行水行政监督检查；三是适当地行使水行政监督检查权，不得滥用检查权利。

（二）水行政相对人的权利与义务

水行政相对人在接受水行政监督检查中所享有的权利有以下几方面：一是要求合法检查的权利；二是要求正当检查的权利；三是申请复议或提起诉讼的权利，即水行政相对人认为水行政监督检查主体侵犯了其人身权或财产权的，有权申请复议或者提起水行政诉讼；四是批评建议权。

水行政相对人在接受水行政监督检查中有下列义务：一是接受并服从水行政监督检查的义务；二是协助的义务。

第十二章 水行政许可

第一节 水行政许可概述

一、水行政许可的概念及特征

行政许可,是指行政主体根据行政相对方的申请,经依法审查,通过颁发许可证、执照等形式,赋予或确认行政相对方从事某种活动的法律资格或法律权利的一种具体行政行为。

水行政许可,是指水行政许可实施机关根据公民、法人或者其他组织的申请,经依法审查,准予其从事特定水事活动的行为。水行政许可实施机关,是指县级以上人民政府水行政主管部门、法律法规授权的流域管理机构或者其他行使水行政许可权的组织。水行政许可实施机关的内设机构不得以自己的名义实施水行政许可。

水行政许可是为了保护公民、法人和其他组织的合法权益,维护公共利益和社会秩序,保障和监督水行政许可实施机关有效实施水行政管理而制定的。它具有以下特征:

(1)水行政许可是依申请实施的行政行为。水行政相对人取用国家特定的水资源,需要向水行政主管部门提出申请,这是水行政主体实施行政许可行为的前提条件。没有相对人的申请不得主动实施水行政许可。依据水利部相关规定,申请水行政许可,可以由申请人到水行政许可实施机关的办公场所,以书面形式提出,也可以通过信函、电报、电传、传真、电子数据交换和电子邮件等方式提出。

(2)水行政许可的内容是国家一般禁止的活动。水行政许可以一般禁止为前提,以个别解禁为内容。水资源属于国家所有,同时又是稀缺的自然资源,为了实现可持续发展,国家对水资源实行一般禁止的前提下,对符合特定条件的相对人解除禁止,赋予其享有使用水资源的权利。从事某些特定的水资源的开发利用活动或某些与之相关的活动,需要具备一定的条件,经水行政主管部门审核认定符合的,方可授予其实施某项特定行为的资格。

(3)水行政许可是水行政主体赋予水行政相对人某种法律资格或法律权利的具体行政行为。水行政许可是针对特定的人、特定的事作出的具有授益性的一种具体行政行为。只针对被许可人在许可范围内有效,转让他人或超越许可范围都是无效的。

(4)水行政许可是一种外部行政行为。水行政许可是水行政主管部门针对水行政相对人的一种管理行为,是水行政机关依法管理水资源的一种外部行为。上级水行政主管部门对下级水行政主管部门,以及水行政主管部门对其直接管理的事业单位的人事、财务、外事等事项的审批,不属于水行政许可。

(5)水行政许可是一种要式行政行为。水行政许可必须遵循一定的法定形式,符合法定条件，经审核后通过颁发许可证书或者授予从事特定职业的资格证书而实现。依据规定，水行政许可实施机关认为水行政许可申请符合法律、法规、规章规定的条件、标准的，依法作出准予水行政许可的书面决定，制作《准予水行政许可决定书》，并应当在办公场所、指定报刊或者网站上公开，公众有权查阅。

二、水行政许可的原则

（一）公开、公平、公正原则

水行政许可实施机关应当公布水行政许可的权限、范围、条件、程序和期限等规定，应当公开水行政许可的实施过程和水行政许可决定的内容。但是，涉及国家秘密、商业秘密或者个人隐私的除外。

水行政许可实施机关应当建立核查、回避、听证、科学决策等制度，保障实施水行政许可的公平和公正。符合法定条件、标准的，申请人有依法取得水行政许可的平等权利，水行政许可实施机关不得歧视。

（二）便民、高效、保障申请者的各项权利原则

水行政许可实施机关应当精简办事环节，推行便民措施，提高办事效率，提供优质服务。另外，实施水行政许可，应当为公民、法人或者其他组织依法行使陈述权、申辩权、损害赔偿权、申请行政复议权提供便利条件。公民、法人或者其他组织有权就水行政许可的实施情况向有关水行政许可实施机关或者其他机关提出意见、建议、投诉、批评、检举或者控告；水行政许可实施机关应当认真进行审查，发现水行政许可有错的，应当主动改正。

三、水行政许可的种类

从理论上讲，水行政许可可以划分为水事行为许可与水事活动资格许可，前者是指水行政机关通过行政许可使申请人可以从事某类水事行为；后者是指水行政机关通过行政许可使申请人获得从事某种水事行为的资格。

（一）授予相应水事活动权利的许可

1. 取水许可

取水许可是指公民、法人或其他组织，利用取水工程或者设施直接从江河、湖泊或者地下取用水资源，需要到水行政主管部门或法律授权单位提出申请，经审核、批准和取水项目验收合格后向申请人颁发许可证明。《水法》第七条规定：国家对水资源依法实行取水许可制度和有偿使用制度。为了贯彻执行这一规定，国务院颁布了《取水许可和水资源费征收管理条例》，取水许可是水行政管理的一项重要活动，详见本章第二节。

2. 河道采砂许可

河道采砂许可是根据《河道管理条例》、《河道采砂收费管理办法》、《长江河道采砂管理条例》等法规的规定实施的一种许可，属于河道管理的范畴。河道范围内的砂石与河床是一个不可分割的整体，不同的开采区域、开采数量、开采时间与作业方式，可能会影响到河道畅通、河堤安全等一系列问题。所以，河道采砂许可证是水行政管理部门为保障河道安全、规范采砂秩序对符合采砂条件的单位或个人颁发的在特定的区域内、采用规定的设施与作业方式进行采砂的许可证明。以《长江河道采砂管理条例》为例，从事长江采砂

活动的单位和个人,获得采砂许可证需要具备以下条件:

(1)符合长江采砂规划确定的可采区和可采期的要求。

(2)符合年度采砂控制总量要求。

(3)符合规定的作业方式。

(4)符合采砂船只数量的控制要求。

(5)采砂船舶、船员证书齐全。

(6)有符合要求的采砂设备和采砂技术人员。

3.河道内建设项目许可

根据《中华人民共和国水法》等法律规定,河道内建设项目许可是指自然人、法人或其他组织在河道管理范围内新建、扩建、改建的建设项目,在其按照基本建设项目履行审批手续之前,向具有河道管理权限的水行政管理部门提出申请,由水行政管理部门向其颁发的行政许可。建设单位在报送项目立项文件时,必须附有河道主管机关的审查同意书,否则计划主管部门不予审批。一般而言,河道内建设项目审批申请材料主要包括:①申请书;②建设项目所依据的文件;③建设项目涉及河道与防洪部分的初步方案;④占用河道管理范围内的土地情况及该建设项目防御洪涝的设防标准与措施;⑤建设项目对河势变化、河道行洪、堤防安全、河水水质的影响和水位变化情况以及拟采取的补救措施;⑥防洪工程和其他水工程、水电站的规划同意书。对于重要的建设项目,建设单位还应编制详尽的防洪评价报告等 。

4.堤防林木采伐许可

堤防林木是指在河道两侧、湖泊岸线沿线种植的,保护堤岸安全的林木。护堤护岸林木是保护河道、湖泊的天然屏障,是涵养水源、保持水质清洁的守护神,也是美化环境必不可少的绿色植物。依照我国《森林法》关于森林分类的规定,护堤护岸林属于防护林的一种,其主要作用是拦沙固滩,防止水浪对堤岸的冲刷,在防汛抗洪期间还可以用作防汛抢险的物料。根据《防洪法》的规定,护堤护岸的林木,由河道、湖泊管理机构组织营造和管理。护堤护岸林木,不得任意砍伐。采伐护堤护岸林木的,须经河道、湖泊管理机构同意后,依法办理采伐许可手续,并完成规定的更新补种任务。所以,堤防林木采伐需要向专门的河道、湖泊管理机构申请办理堤防林木采伐许可证。堤防林木采伐申请书主要包括采伐对象、采伐时间和采伐范围等。在我国,河道管理单位组织营造和管理的护堤、护岸、护库等水利工程的防护林木的年更新采伐限额,由省级人民政府单列下达省级河道主管机关。其林木采伐许可证由省级河道主管机关负责发放。河道管理单位对护堤、护岸林木进行抚育更新性质的采伐以及用于防汛抢险的采伐,按照国家有关规定免交育林基金。

(二)授予从事相应水事活动资格的许可

1.水利工程建设监理工程师资格许可

根据水利部《水利工程建设监理规定》,水利工程建设监理是指具有相应资质的水利工程建设监理单位,受项目法人(建设单位)委托,按照监理合同对水利工程建设项目实施中的质量、进度、资金、安全生产、环境保护等进行的管理活动,包括水利工程施工监理、水土保持工程施工监理、机电及金属结构设备制造监理、水利工程建设环境保护监理。监理单位应当聘用具有相应资格的监理人员从事水利工程建设监理业务。工程监理应当依照法律、行政法规及有关的技术标准、设计文件和建筑工程承包合同,对承包单位在施工质量、建设工期和建设资金使用等方面,代表建设单位实施监督。工程监理人员认为工程施工不符合工程设计要求、施工技术标准和合同约定的,有权要求建筑施工企业改正。工程监理人员发现工程设计不符合建筑工程质量标准或者合同约定的质量要求的,应当报告建设单位要求设计单位改正。监理人员包括总监理工程师、监理工程师和监理员。监理人员资格应当按照行业自律管理的规定取得。相关部门组织考试并对合格者认定具有水利工程建设监理工程师资格,许可其按照法律的规定从事水利工程建设监理活动。监理工程师应当由其聘用监理单位(注册监理单位)报水利部注册备案,并在其注册监理单位从事监理业务;需要临时到其他监理单位从事监理业务的,应当由该监理单位与注册监理单位签订协议,明确监理责任等有关事宜。

2. 水文水资源调查评价资质和建设项目水资源论证资质许可

根据《水法》及相关法规规定,水利部制定了《水文水资源调查评价资质和建设项目水资源论证资质管理办法(试行)》。依据规定,水文、水资源调查评价,是指对地表水、地下水的水量与水质等项目的监测、水文调查、水文测量、水能勘测,水文水资源情报预报,水文测报系统工程的设计与实施,水文分析与计算以及对地表水、地下水的水资源调查和对水量水质的评价等专业活动。建设项目水资源论证,是指依据江河流域或者区域综合规划以及水资源专项规划,对新建、改建、扩建的建设项目的取水、用水、退水的合理性以及对水环境和他人合法权益的影响进行综合分析论证的专业活动。

凡从事水文、水资源调查评价的,应当按照规定,取得《水文、水资源调查评价资质证书》,并在规定的业务范围内开展工作。

凡从事建设项目水资源论证的,应当按照规定,取得《建设项目水资源论证资质证书》,并在规定的业务范围内开展工作。

水利部负责全国水文、水资源调查评价资质和建设项目水资源论证资质审批的组织实施与监督管理,并对资质证书的发放实行总量控制。

按照申请单位的技术条件和承担业务范围的不同,水文、水资源调查评价资质和建设项目水资源论证资质都分为甲、乙两个等级。

取得水文、水资源调查评价甲级资质的单位,可以在全国范围内承担资质证书核准业务范围的各等级水文、水资源调查评价工作。取得水文、水资源调查评价乙级资质的单位,可以在全国范围内承担资质证书核准业务范围的水文、水资源调查评价工作。

取得建设项目水资源论证甲级资质的单位,可以在全国范围内承担各等级建设项目的水资源论证工作。取得建设项目水资源论证乙级资质的单位,可以在全国范围内承担地表水日取水规模4万m^3以下或地下水日取水规模1万m^3以下的各类建设项目水资源论证工作。

3. 水利工程造价工程师资格许可

水利工程造价工程师,是指经全国水利工程造价工程师资格认证统一考试取得《水利工程造价工程师资格证书》,并按照相关规定注册,取得《水利工程造价工程师注册证书》和执业印章,从事水利工程造价专业工作的人员。水利工程造价师资格考试由中国水利工程协会组织,考试合格获得资格,须经水利部注册备案,取得《水利工程造价工程师注册证书》和执业印章。

凡从事水利工程建设活动的项目法人、设计、监理、施工、咨询、管理等单位，在工程计价、评估、合同管理等部门，应当设置工程造价审核岗位，此岗位必须由注册水利工程造价工程师上岗。凡水利工程建设的中央项目、中央参与投资的地方项目和地方投资的大型项目，其项目建议书投资估算、可行性研究投资估算、初步设计概算、招标文件的商务条款、招标标底、建设实施阶段的项目管理预算和价差计算、竣工决算报告中关于概算与合同执行情况部分以及上述文件的相关附件等文件的编制，必须有注册水利工程造价工程师参与把关。上述文件的校核、审核和咨询人员必须具备注册水利工程造价工程师资格，文件的扉页必须由上述人员加盖注册水利工程造价工程师执业印章，否则视其文件不合格，主管部门不予审查或审定。

水利工程造价工程师执业时，应当严格执行国家有关法律、法规和部门规章；恪守职业道德，诚实守信；对自己提交的技术成果负责，必须且只能在自己担任编制、校核、审核和咨询的相应文件上签字盖章；严格保守工作中取得的技术和经济秘密。

四、水行政许可的监督检查

水行政许可的监督检查具有非常重要的意义。上级水行政主管部门应当采取执法检查、处理投诉、责任追究或者个案督办等方式加强对下级水行政许可实施机关实施水行政许可的监督检查，及时纠正水行政许可实施中的违法行为。

水行政许可实施机关应当建立健全监督制度，按照管理权限和职责分工，对公民、法人或者其他组织从事水行政许可事项的活动履行监督检查责任。省、自治区、直辖市人民政府水行政主管部门应当依法明确本行政区域内各级水行政主管部门的具体监督检查职责，流域管理机构应当依法明确其下属管理机构的具体监督检查职责。

监督检查一般通过核查反映被许可人从事水行政许可事项活动情况的有关材料进行，也可以根据监督检查的需要对被许可人生产经营场所依法进行实地检查。检查时，可以依法查阅或者要求被许可人报送有关材料；被许可人应当如实提供有关情况和材料。水行政许可实施机关依法实施监督检查时，应当将监督检查的情况和处理结果予以记录，由监督检查人员签字后归档，公众有权查阅。

水行政许可实施机关实施监督检查，不得妨碍被许可人正常的生产经营活动，不得索取或者收受被许可人的财物，不得谋取其他利益，并应当保守与此有关的国家秘密、商业秘密和个人隐私。

被许可人在作出水行政许可决定的水行政许可实施机关管辖区域外违法从事水行政许可事项活动的，由违法行为发生地的水行政许可实施机关按照管辖权限依法进行处理，并于5日内将被许可人的违法事实、处理结果抄告作出水行政许可决定的水行政许可实施机关。

任何个人和组织发现违法从事水行政许可事项的活动，有权向水行政许可实施机关举报，水行政许可实施机关应当及时核实、处理。

五、水行政许可的撤销

有下列情形之一的，作出水行政许可决定的水行政许可实施机关，或者其上级水行政主管部门，根据利害关系人的请求或者依据职权，可以撤销水行政许可：

（1）水行政许可实施机关工作人员滥用职权、玩忽职守作出准予水行政许可决定的；

（2）超越法定职权作出准予水行政许可决定的；

（3）违反法定程序作出准予水行政许可决定的；

（4）对不具备申请资格或者不符合法定条件的申请人准予水行政许可的；

（5）依照法律、法规、规章可以撤销水行政许可的其他情形。

依据上述情形撤销水行政许可，被许可人的合法权益受到损害的，应当依法给予赔偿。被许可人以欺骗、贿赂等不正当手段取得水行政许可的，应当予以撤销。据此规定撤销水行政许可的，被许可人基于水行政许可取得的利益不受保护。

如果撤销该水行政许可可能对公共利益造成重大损害的，不予撤销。

有下列情形之一的，水行政许可实施机关应当依法办理有关水行政许可的注销手续：

（1）水行政许可有效期届满未申请延续或者未获准延续的；

（2）赋予公民特定资格的水行政许可，该公民死亡或者丧失行为能力的；

（3）法人或者其他组织依法终止的；

（4）水行政许可依法被撤销、撤回，或者水行政许可证件、证书等依法被吊销的；

（5）因不可抗力导致水行政许可事项无法实施的；

（6）法律法规规定的应当注销水行政许可的其他情形。

第二节　取水许可制度

一、取水许可制度概述

（一）取水许可制度的含义

取水许可制度是一项行政许可制度，是指依据《水法》规定，直接从江河、湖泊或地下取用水资源的单位和个人，除法律法规有专门规定的情况外，都应当向有关水行政主管机关提出申请，经审核批准取得取水许可证，按照规定的时间、地点、数量、取水方式等要求取用水资源的管理制度。

实施取水许可制度，主要由我国水资源状况和经济社会发展对水资源的需求所决定。我国已进入水资源紧缺的时代，水资源供需矛盾的加剧，直接导致工农业争水、城乡争水、地区间争水的现象，生态用水被挤占，部分地区地下水超采严重。通过实施取水许可制度，提高水资源的管理水平，充分协调生活、生产和生态用水。只有实现水资源的合理配置，才能以水资源的可持续利用支撑经济社会的可持续发展。为落实取水许可制度，2006年国务院颁布了《取水许可和水资源费征收管理条例》，根据水资源保护、节约与合理开发利用的原则，详细地规定了取水许可的范围与例外、取水许可的申请与审批程序及取得取水许可后的各项管理等内容。

(二)取水许可的范围

取水许可的范围是指在生产生活中哪些取水行为需要获得许可后才能进行。《取水许可和水资源费征收管理条例》规定:本条例所称取水,是指利用取水工程或者设施直接从江河、湖泊或者地下取用水资源。所谓取水工程或者设施,是指闸、坝、渠道、人工河道、虹吸管、水泵、水井以及水电站等。对利用取水工程或者设施的取水要求在获得取水许可的前提下进行,一是因为水资源属于国家所有,国务院(授权水行政主管部门)代表国家行使所有权;二是因为这些取水的方法属于大量取水,对江河、湖泊或者地下水资源的水量与相关因素影响较大,且目的往往属于生产需要。所以,水行政管理部门有必要对其取水行为进行审批及相关的监督与管理。但是基于某些特殊经济制度、生产生活的特殊需要等具体原因,有一些情形不需要申请领取取水许可证。这些情形包括:

第一,农村集体经济组织及其成员使用本集体经济组织的水塘、水库中的水的。

第二,家庭生活和零星散养、圈养畜禽饮用等少量取水的;具体限额由省、自治区、直辖市人民政府规定。

第三,为保障矿井等地下工程施工安全和生产安全必须进行临时应急取(排)水的。

第四,为消除对公共安全或者公共利益的危害临时应急取水的;符合第三、第四两种情形的取水,应当及时报县级以上地方人民政府水行政主管部门或者流域管理机构备案。

第五,为农业抗旱和维护生态与环境必须临时应急取水的。但是,符合此情形的取水单位或者个人应当在开始取水前向取水口所在地县级人民政府水行政主管部门提出申请,经其同意后方可取水;涉及跨行政区域的,须经共同的上一级地方人民政府水行政主管部门或者流域管理机构同意后方可取水。

(三)取水许可的主管部门

取水许可的主管部门是指有权接受取水申请,进行取水许可的审批与相关的管理的主管机关。我国现行取水许可管理实行的是一般取水许可管理与重点流域取水许可管理相结合的水行政许可体制,即一般取水许可由当地县级以上水行政主管部门分级进行管理,重点流域取水许可由重点流域管理机构在国务院水行政主管部门授权下进行管理。根据《取水许可和水资源费征收管理条例》及相关规定,水利部负责全国取水许可制度的组织实施和监督管理;水利部所属流域管理机构,依照法律法规和水利部规定的管理权限,负责所管辖范围内取水许可制度的组织实施和监督管理;县级以上地方人民政府水行政主管部门按照省、自治区、直辖市人民政府规定的分级管理权限,负责本行政区域内取水许可制度的组织实施和监督管理。

县级以上人民政府水行政主管部门、财政部门和价格主管部门依照《取水许可和水资源费征收管理条例》规定和管理权限,负责水资源费的征收、管理和监督。

取水许可机关在审批取水申请之前,要核定本流域内水资源可利用量,统筹规划取水许可的总量,做到流域内批准取水的总耗水量不得超过本流域水资源可利用量。《取水许可和水资源费征收管理条例》规定:行政区域内批准取水的总水量,不得超过流域管理机构或者上一级水行政主管部门下达的可供本行政区域取用的水量;其中,批准取用地下水的总水量,不得超过本行政区域地下水可开采量,并应当符合地下水开发利用规划的要求。制订地下水开发利用规划应当征求国土资源主管部门的意见。

二、取水的申请和受理

（一）申请

1. 水行政许可的管辖

取水许可必须向有权作出许可审批的机关提交。《取水许可和水资源费征收管理条例》规定：申请取水的单位或者个人（简称申请人），应当向具有审批权限的审批机关提出申请。申请利用多种水源，且各种水源的取水许可审批机关不同的，应当向其中最高一级审批机关提出申请。

取水许可权限属于流域管理机构的，应当向取水口所在地的省、自治区、直辖市人民政府水行政主管部门提出申请。取水口跨省、自治区、直辖市的，应当分别向相关省、自治区、直辖市人民政府水行政主管部门提出申请。省、自治区、直辖市人民政府水行政主管部门，应当自收到申请之日起20个工作日内提出初审意见，并连同全部申请材料转报流域管理机构。初审意见应当包括建议审批水量、取水和退水的水质指标要求，以及申请取水项目所在水系本行政区域已审批取水许可总量、水功能区水质状况等内容。

在现阶段，取水由流域管理机构作出审批的主要有：

（1）长江、黄河、淮河、海河、滦河、珠江、松花江、辽河、金沙江、汉江的干流和太湖以及其他跨省、自治区、直辖市河流、湖泊的指定河段限额以上的取水。

（2）国际跨界河流的指定河段和国际边界河流限额以上的取水。

（3）省际边界河流、湖泊限额以上的取水。

（4）跨省、自治区、直辖市行政区域的取水。

（5）国务院或者国务院投资主管部门审批、核准的大型建设项目的取水。

（6）流域管理机构直接管理的河道（河段）、湖泊内的取水。

2. 申请取水应当提交的材料

根据《取水许可和水资源费征收管理条例》及相关规定，申请人应当提交的材料包括：

（1）申请书。申请书中应当说明：申请人的名称（姓名）、地址；申请理由；取水的起始时间及期限；取水目的、取水量、年内各月的用水量；水源及取水地点；取水方式、计量方式和节水措施；退水地点和退水中所含主要污染物以及污水处理措施等相关内容。申请书是取水许可的审批机关进行审查的基本材料，其中取水量、年内各月的用水量涉及该地区水资源的存量及其承载能力，严格控制水资源取用量，是水资源保护的重要措施；退水地点和退水中所含主要污染物以及污水处理措施是保证申请人有能力在取水之后，合理、安全地进行排放，是进行水污染预防等环境保护的重要措施。另外，国家鼓励在用水过程中积极采取节水措施，以减少水资源的浪费，使水资源得到有效的利用。

（2）与第三者利害关系的相关说明。

（3）属于备案项目的，提供有关备案材料。

（4）建设项目需要取水的，申请人还应当提交由具备建设项目水资源论证资质的单位编制的建设项目水资源论证报告书。论证报告书应当包括取水水源、用水合理性以及对生态与环境的影响等内容。

(5)国务院水行政主管部门规定的其他材料。包括取水单位或者个人的法定身份证明文件;有利害关系第三者的承诺书或者其他文件;建设项目水资源论证报告书的审查意见;不需要编制建设项目水资源论证报告书的,应当提交建设项目水资源论证表;利用已批准的入河排污口退水的,应当出具具有管辖权的县级以上地方人民政府水行政主管部门或者流域管理机构的同意文件。

取水行为特别是对当地水容量有一定影响的大量取水,以及大量废水的排放往往涉及第三方的利益,这在取水申请中必须予以说明,以便在批准申请时能够协调解决。《取水许可和水资源费征收管理条例》第十八条第二款规定:取水涉及申请人与他人之间重大利害关系的,审批机关在作出是否批准取水申请的决定前,应当告知申请人、利害关系人。申请人、利害关系人要求听证的,审批机关应当组织听证。

取水许可审查批准之后,有关部门要进行监督管理,诸如取水目的、取水量、取水地点和取水方式、退水地点和退水中所含主要污染物以及污水处理措施等相关内容在取水过程中必须与申请中保持一致。所以,取水许可申请人在取水许可申请时就应当提交相关材料进行备案,以利于水行政管理机关监督检查。建设项目取水往往用水量大、对周边的水资源及相关的生态环境会带来一定的影响,所以要求同时提交建设项目水资源论证报告书,符合要求,才能予以批准。《取水许可和水资源费征收管理条例》第二十一条规定:取水申请经审批机关批准,申请人方可兴建取水工程或者设施。需由国家审批、核准的建设项目,未取得取水申请批准文件的,项目主管部门不得审批、核准该建设项目。

(二)受理

县级以上地方人民政府水行政主管部门或者流域管理机构,应当自收到取水申请之日起5个工作日内对申请材料进行审查。根据以下不同情形作出受理或不受理的决定:申请材料齐全、符合法定形式、属于本机关受理范围的,予以受理;提交的材料不完备或者申请书内容填注不明的,通知申请人补正;不属于本机关受理范围的,告知申请人向有受理权限的机关提出申请。

三、取水许可的审查和决定

取水许可的审查和决定是指取水许可的审批机关结合取水许可的申请条件与本地区、流域水资源的实际情况,分析研究作出对取水许可批准或不批准的决定。

(一)取水许可的审查和决定的原则

取水许可的审查与决定是水行政许可机关的重要权力和义务,取水审批机关应当根据本流域或者本行政区域的取水许可总量控制指标,按照统筹协调、综合平衡、留有余地的原则核定申请人的取水量。所核定的取水量不得超过按照行业用水定额核定的取水量。

《取水许可和水资源费征收管理条例》规定:

(1)批准的水量分配方案或者签订的协议是确定流域与行政区域取水许可总量控制的依据。这就是说,水行政管理机关要对可利用的水资源总量进行合理规划,使批准的取水许可总量不能超过待分配的水资源总量。

(2)按照行业用水定额核定的用水量是取水量审批的主要依据。省、自治区、直辖市人民政府水行政主管部门和质量监督检验管理部门对本行政区域行业用水定额的制定负责指导并组织实施。

(3)审批机关受理取水申请后,应当对取水申请材料进行全面审查,并综合考虑取水可能对水资源的节约保护和经济社会发展带来的影响,决定是否批准取水申请。

(二)审查后不予批准的取水许可申请的情形

《取水许可和水资源费征收管理条例》规定:取水许可申请有下列情形的,审批机关不予批准,并在作出不批准的决定时,书面告知申请人不批准的理由和依据:

(1)在地下水禁采区取用地下水的。

(2)在取水许可总量已经达到取水许可控制总量的地区增加取水量的。

(3)可能对水功能区水域使用功能造成重大损害的。包括因取水造成水量减少可能使取水口所在水域达不到水功能区水质标准的;在饮用水水源保护区内设置入河排污口的。

(4)取水、退水布局不合理的。包括退水中所含主要污染物浓度超过国家或者地方规定的污染物排放标准的;退水可能使排入水域达不到水功能区水质标准的;退水不符合排入水域限制排污总量控制要求的;退水不符合地下水回补要求的。

(5)城市公共供水管网能够满足用水需要时,建设项目自备取水设施取用地下水的。

(6)可能对第三者或者社会公共利益产生重大损害的。

(7)属于备案项目,未报送备案的。

(8)法律、行政法规规定的其他情形。

(三)审查批准的时间期限

对取用城市规划区地下水的取水申请,审批机关应当征求城市建设主管部门的意见,城市建设主管部门应当自收到征求意见材料之日起5个工作日内提出意见并转送取水审批机关。

审批机关应当自受理取水申请之日起45个工作日内决定批准或者不批准。需要听证和征求有关部门意见所需的时间不包含在内。决定批准的,应当同时签发取水申请批准文件。

跨省、自治区、直辖市的江河、湖泊,尚未制订水量分配方案或者尚未签订协议的,有关省、自治区、直辖市的取水许可总量控制指标,由流域管理机构根据流域水资源条件,依据水资源综合规划、流域综合规划和水中长期供求规划,结合各省、自治区、直辖市取水现状及供需情况,商有关省、自治区、直辖市人民政府水行政主管部门提出,报国务院水行政主管部门批准;设区的市、县(市)行政区域的取水许可总量控制指标,由省、自治区、直辖市人民政府水行政主管部门依据本省、自治区、直辖市取水许可总量控制指标,结合各地取水现状及供需情况制定,并报流域管理机构备案。申请利用多种水源,且各种水源的取水审批机关为不同流域管理机构的,有关流域管理机构应当联合签发取水申请批准文件。

(四)取水许可证的发放

取水许可证是指取水许可申请人的申请经过审查获得批准,其建设的取水设施或工程经验收达到审批所确认的标准,由取水许可审批部门核发的可以在批准所认可的范围内取水的许可证明。取水申请得到批准之后并不必然获得取水许可证,取水许可申请人应当按照批准机关的要求进行取水设施或取水工程建设，待验收符合原取水许可获得批准时所确定的标准时，水行政许可部门方可发放取水许可证。

《取水许可和水资源费征收管理条例》及水利部颁布的《取水许可管理办法》规定：

(1)取水申请经审批机关批准，申请人方可兴建取水工程或者设施。需由国家审批、核准的建设项目，未取得取水申请批准文件的，项目主管部门不得审批、核准该建设项目。取水申请批准后3年内，取水工程或者设施未开工建设，或者需由国家审批、核准的建设项目未取得国家审批、核准的，取水申请批准文件自行失效。

(2)取水工程或者设施建成并试运行满30日的，申请人应当向取水审批机关报送相关材料，申请核发取水许可证。

(3)取水审批机关应当自收到有关材料后20日内，对取水工程或者设施进行现场核验，出具验收意见；对验收合格的，应当核发取水许可证。取水申请批准文件由不同流域管理机构联合签发的，有关流域管理机构应当联合核验取水工程或者设施；对验收合格的，应当联合核发取水许可证。

(4)审批机关应当将发放取水许可证的情况及时通知取水口所在地县级人民政府水行政主管部门，并定期对取水许可证的发放情况予以公告。

取水许可证由国务院水行政主管部门统一制作，包括下列内容：

(1)取水单位或者个人的名称(姓名)。

(2)取水期限。

(3)取水量和取水用途。

(4)水源类型。

(5)取水、退水地点及退水方式、退水量。

取水许可证有效期限一般为5年，最长不超过10年。有效期届满，需要延续的，取水单位或者个人应当在有效期届满45日前向原审批机关提出申请，原审批机关应当在有效期届满前作出是否延续的决定。取水单位或者个人要求变更取水许可证载明的事项的，应当依照相关规定向原审批机关申请，经原审批机关批准，办理有关变更手续。

(五)取水许可的实施

被许可人获得取水许可证后，应当严格按照许可证核准的取水地点、方式、取水量等内容实施取用水活动，否则，应承担相应法律责任。要求变更取水许可证载明的事项的，应当依照相关规定向原审批机关申请，经原审批机关批准，办理有关变更手续。

为了鼓励节约用水，更好地保护水资源，对于依法获得取水权的单位或者个人，通过调整产品和产业结构、改革工艺、节水等措施节约水资源的，在取水许可的有效期和取水限额内，经原审批机关批准，可以依法有偿转让其节约的水资源，并到原审批机关办理取水权变更手续。

取水单位或者个人应当依照国家技术标准安装计量设施，保证计量设施正常运行，并按照规定填报取水统计报表。

取水单位或者个人应当在每年的12月31日前向审批机关报送本年度的取水情况和下一年度取水计划建议。取水审批机关依照本地区下一年度取水计划、取水单位或者个人提出的下一年度取水计划建议，按照统筹协调、综合平衡、留有余地的原则，向取水单位或者个人下达下一年度取水计划。

有下列情形之一的，审批机关可以对取水单位或者个人的年度取水量予以限制：

(1)因自然原因，水资源不能满足本地区正常供水的。

(2)取水、退水对水功能区水域使用功能、生态与环境造成严重影响的。

(3)地下水严重超采或者因地下水开采引起地面沉降等地质灾害的。

(4)出现需要限制取水量的其他特殊情况的。

需要对取水单位或者个人的年度取水量予以限制的，应当在采取限制措施前及时书面通知取水单位或者个人。

发生重大旱情时，审批机关可以对取水单位或者个人的取水量予以紧急限制。

第十三章 水行政处罚

第一节 水行政处罚概述

一、水行政处罚的概念与特征

水行政处罚是指法定的水行政机关或法律授权的其他单位，依据法律的规定对违反水行政管理法律、法规尚未构成犯罪的水行政管理相对人，给予法律制裁的具体行政行为。它具有以下基本特征：

(1)水行政处罚是水行政主管机关或其他依法授权的主体实施的。

(2)水行政处罚是针对水行政管理相对人的处罚。

(3)水行政处罚针对的是水行政管理相对人违反水行政法律规范应当受处罚的行为。

(4)水行政处罚以惩戒和教育水行政违法行为为目的。

通过水行政处罚达到有效实施行政管理，维护公共利益和社会秩序，保护人民、法人或其他组织的合法权益。

二、水行政处罚与其他法律责任的区别

法律责任从性质上分为三种：行政责任、刑事责任和民事责任。

(一)水行政处罚与刑事处罚的区别

(1)水行政处罚是水行政主管机关对公民、法人或者其他组织违反国家有关水行政法律、法规，尚未构成犯罪的，应当依法承担行政责任的行为给予必要的处罚；而刑事处罚是犯罪行为应承担的法律后果，是国家惩罚的强制手段。

(2)水行政处罚是针对公民、法人或者其他组织违反国家水事法律、法规，尚未构成犯罪的，应当依法承担行政责任的行为作出的处罚；而刑事处罚是针对触犯刑法规定的犯罪行为作出处罚。

(3)水行政处罚适用的依据有水事法律、水事行政法规、地方性水事法规以及合法的水事规章；而刑事处罚适用的依据只能是《中华人民共和国刑法》。

(4)水行政处罚在我国属于行政管理的范畴，因此实施主体是水行政机关；而刑事处罚属于国家的司法权范畴，因此只能由人民法院依法独立实施。

(5)水行政处罚主要是人身罚和财产罚。行政处罚的种类包括警告、罚款、责令停产停业、暂扣或者吊销许可证、暂扣或者吊销执照、没收非法财物、没收违法所得及行政拘留等。刑事处罚包括主刑和附加刑两部分。主刑有管制、拘役、有期徒刑、无期徒刑和死刑，附加刑有罚金、剥夺政治权利和没收财产，此外还有适用于外国人犯罪的驱逐出境。

(二)水行政处罚与民事责任的区别

民事责任也称民事法律责任,是公民、法人或者其他组织违反民事法律规范,侵害了他人的权益,而承担的相应的法律后果。水行政处罚与民事责任具有预防和制止违法行为发生的社会功能,都是有利于形成社会成员和团体的自我约束机制,都以合格的责任主体为要件。无行为能力的人,既不能成为行政处罚的主体,也不能成为民事责任的主体。民事责任与行政处罚都是不法行为人对自己的不法行为所承担的不利后果。

水行政处罚与民事责任的区别主要表现在以下几个方面。

1. 产生的法律依据不同

水行政处罚是依据相应的水法规规定,由水行政主管机关依职权作出;民事责任是依据相应的民事法律规定,由当事人协商确定或者请求人民法院予以确定。

2. 适用的种类不同

水行政处罚依据相应的水法规和《行政处罚法》的规定作出,行政处罚共有警告,罚款,没收违法所得、没收非法财物,责令停产停业,暂扣或者吊销许可证、暂扣或者吊销执照,行政拘留,法律、行政法规规定的其他行政处罚等7种处罚方法。民事责任依据民事法律规定有停止侵害,排除妨碍,消除危险,返还财产,恢复原状,修理、重作、更换,赔偿损失,支付违约金,消除影响、恢复名誉,赔礼道歉等10种方法。

3. 实施的目的不同

水行政处罚主要体现的是对行政违法行为的惩罚性;民事责任主要体现的是对民事违法受害方的补偿或补救。

4. 适用的对象不同

水行政处罚适用的是水行政管理活动中的水行政相对人;民事责任适用的是民事法律关系中的主体。

三、行政处罚法

(一)概念

行政处罚法是调整国家行政机关和法定授权组织与行政违法相对人之间行政处罚的关系的法律规范。

(二)制定行政处罚法的意义

1. 行政处罚法是依法行政的需要

依法行政,就是用法律来规范政府的行政行为,行政处罚法规范了行政处罚的实施,从程序上保证行政管理的公正,对于行政机关正确实施行政处罚,密切政府与人民群众的关系,改善行政管理工作,提高执法水平,保护公民和组织的合法权益起了到积极作用。行政处罚也存在一些问题:一是现有处罚手段跟不上,难以制止和纠正日益增多的违法行为;二是行政机关乱设处罚、滥施处罚现象日益严重,侵犯了公民、法人的合法权益,也损害了法律的尊严,影响了政府和人民群众的关系。行政处罚法完善了我国行政程序法律制度,促进了行政机关依法行政。健全社会主义法制的一个重要任务就是,各级行政机关要依法行政,即要用法律来规范政府的行政行为,可以包括三个方面:一是抽象的行政行为,包括制定行政法规、规章等。《宪法》

对我国立法体制,包括行政法规、规章的地位、效力等,已有明确规定。《立法法》对行政法规、规章的权限等也作了规定,使行政机关的抽象行政行为大体上有法可依。二是具体管理的行政行为。三是对行政行为的监督和救济制度。全国人大常委会已经制定了行政诉讼法、行政复议法、行政监察法和国家赔偿法,基本完善了对行政行为监督和救济的法律制度。制定行政处罚法,对于完善行政程序的法律制度,规范行政机关的具体行政行为,促使行政机关依法行政,具有重要意义。

2. 行政处罚法健全了我国法律责任制度

对违法行为必须依法追究法律责任,这是法制的基本原则。我国的法律责任制度,由民事责任、刑事责任和行政责任三部分组成。刑法和刑事诉讼法、民法通则和民事诉讼法等,分别确立了我国的刑事和民事法律责任制度。行政处罚法的制定,使我国的刑事责任、民事责任和行政责任三大法律责任制度框架基本建立起来,对于完善我国法律责任制度,保障法律贯彻执行,具有重要意义。行政处罚法所确立的一些基本原则对社会主义民主政治的发展,对反腐败有着促进作用。

3. 行政处罚法是依法进行社会管理的需要

行政处罚法建立了我国行政处罚设定的法律制度。我国的法律、法规和规章大部分是属于行政管理性质的,要由国家行政机关来贯彻实施。许多法律、法规、规章后面都有法律责任一章,其内容一般是规定对违法者给予哪些行政处罚。这是行政机关贯彻法律、法规、规章,维护公共利益和社会秩序的重要手段。但是,行政处罚的非法行使,将损害公民、组织的合法权益。现代法制社会的一项基本准则就是凡是对公民、组织的权利作出限制性规定,或者要求公民、组织履行一定的义务,必须有法律明文规定。法律没有明文规定公民、组织必须履行的,公民、组织就没有必须履行的义务,同时也不得因此受到任何处罚。行政处罚法明确规定了何种国家机关、哪一级国家机关可以设定何种行政处罚。今后,只有行政处罚法规定的国家机关才能够设定行政处罚,这对于改变目前行政处罚设定比较混乱的状况,无疑是行之有效的。

四、行政处罚的主要原则

行政处罚的原则是行政处罚法所规定的行政机关在进行行政处罚的过程中所必须贯彻的基本原理与准则。我国《行政处罚法》是规范行政执法行为,促进依法行政的重要法律依据,其基本原则贯彻了“以人为本”的重要思想,对于保障法律的贯彻执行,保护公民的合法权益具有重要的意义。行政处罚的主要原则如下。

(一)处罚法定原则

行政处罚的实施要依法律的规定。第一,处罚设定法定。哪些行为应当处罚,必须有明确的法律依据,法无明文规定不得处罚。第二,处罚主体及其职权法定。哪些行政机关有管辖权,应当有明确的法律依据。行政机关只能对自己主管业务范围内的违反行政管理秩序的行为给予行政处罚。第三,处罚种类、内容法定。对于行政违法行为应当给予什么种类的行政处罚,必须依法律、法规的规定,不得随意设置处罚种类。第四,处罚程序法定。程序的正确是保证实体处罚正确的前提条件,违反程序规定的行政处罚行为是违法、无效的。

（二）公正、公开原则

公正原则要求行政机关正确行使行政处罚中的自由裁决权，必须以事实为依据，与违法行为的事实、性质、情节以及社会危害程度相当。行政机关在处罚中对受罚者用同一尺度平等对待，保证行政处罚的合理性。

公开原则要求设定和实施行政处罚的过程与结果必须向行政相对人及社会公开、开放，以接受社会的民主监督，对违法行为给予行政处罚的依据必须公布后实施，未经公布的，不得作为行政处罚的依据。

（三）保障相对人权利原则

保障相对人权利原则是指设定与实施行政处罚时，应当保障被处罚相对人的合法权益，不得剥夺限制或侵犯相对人的合法权益，行政处罚应当在充分保障相对人行使这些权利的前提下作出和实施。从立法规定来看，这些权利有两个特征：一是它们是一种程序性质的权利，而不是实体权利；二是这些程序性权利是与行政处罚机关的处罚权相对应的"对抗权利"。保障相对人这些对抗权利的行使是行政处罚中应遵循的原则，违反此原则的处罚是违法的。

为保证保障相对人权利原则的实现，法律赋予行政相对人在处罚的过程中享有知情权、陈述权、申辩权、申请听证权、申请行政复议权、提起行政诉讼权和行政赔偿请求权。

（四）一事不再罚原则

一事不再罚原则，是指对违法当事人的同一个违法行为，不得以同一事实和同一理由给予两次以上的行政处罚。

同一事实和同一理由是一事不再罚原则的共同要件，二者缺一不可。同一事实是指同一个违法行为，即从其构成要件上，只符合一个违法行为的特征。同一理由是指同一法律依据。

坚持一事不再罚原则，应当把握两个要点：一是，同一个违法行为已经受到行政处罚，不应根据同一法律依据再受处罚；二是，不同的行政机关不得以同一事实和同一理由，再给予同一个违法行为行政处罚。为此，应当明确一事不再罚与并处的不同，以及不同机关对同一个违法行为进行不同的处罚的不同。并处是同一机关对同一个违法行为给予不同种类的处罚，这是法律、法规和规章所允许的。同一法律规范规定不同行政机关对同一个违法行为有处罚权，也是合法的。坚持一事不再罚原则，既要防止重复处罚、多头处罚，又要防止对这一原则作扩大解释，使违法者逃脱应受的处罚。《行政处罚法》第二十四条规定，对当事人的同一个违法行为，不得给予两次以上罚款的行政处罚。这一规定对限制行政机关的随意性，限制和杜绝乱罚款、滥罚款现象，做到公正处罚，使违法行为与行政处罚相适应，保护当事人的合法权益，都具有很大的作用。

（五）处罚与教育相结合原则

实施行政处罚，纠正违法行为，应当坚持处罚与教育相结合，教育公民、法人或者其他组织自觉守法。设定行政处罚，不是为了惩罚而惩罚，而是要寓教育于惩罚之中，使违法者通过接受处罚受到教育，同时也教育他人明白什么是行为违法，违法后应该承担的法律责任，进而提高法制观念。在行政处罚中要防止以罚代管、只罚不管等不良倾向，更要杜绝用罚款来为行政机关谋福利的"罚款经济"等现象的发生。当然，处罚不是万能的，说服教育也不是万能的。对于应当给予处罚的,必须依法处罚。处罚本身也是另一种形式的教育。

第二节　水行政处罚的一般规定

水行政处罚是水行政主管机关根据《行政处罚法》以及相关的水法律、法规的规定,对具体的水事违法行为,按照法定程序实施的水行政处罚措施。它的正确实施对于保证水行政处罚的公开、公正,提高水行政处罚的效率,维护公民、法人或者其他组织在水资源的开发利用中的合法权益,减少对水利事业的侵害,避免水行政处罚机关因程序上的欠缺或错误而导致实体处罚的败诉,具有十分重要的意义。

一、水行政处罚的主管与管辖

(一)水行政主管机关

依照法律、法规的规定,下列机关以自己的名义独立行使水行政处罚权:

(1)县级以上人民政府水行政主管部门。

(2)法律、法规授权的流域管理机构。

(3)地方性法规授权的水利管理单位。

(4)地方人民政府设立的水土保持机构。

(5)法律、法规授权的其他组织。

委托执法的行政处罚权。根据《行政处罚法》的规定,具有管理公共事务职能的组织也可能成为实施行政处罚的主体,但必须符合一定的条件。首先,该组织必须经过法律、法规授权;其次,该组织具有管理公共事务的职能;再次,法律、法规授权的具有管理公共事务职能的组织必须在法定职权范围内实施行政处罚。《水行政处罚实施办法》规定:县级以上人民政府水行政主管部门可以在其法定权限内委托符合本办法第十一条规定条件的水政监察专职执法队伍或者其他组织实施水行政处罚。委托实施水行政处罚,委托水行政主管部门必须公布。

受委托实施行政处罚的行政机关或组织是对实施行政处罚主体的补充。但是,为了防止乱处罚的情况出现,必须对行政处罚的委托加以限制。《水行政处罚实施办法》规定受委托的组织应当符合下列条件:

(1)依法成立的管理水利事务的事业组织。

(2)具有熟悉有关法律、法规、规章和水利业务的工作人员。

(3)对违法行为需要进行技术检查或者技术鉴定的,应当有条件组织进行相应的技术检查或者技术鉴定。委托水行政主管部门发现受委托组织不符合委托条件的,应当解除委托,收回委托书。

《行政处罚法》对进行行政委托的程序及委托机关的责任作了严格规定。首先,行政机关只能依法在其法定权限内进行委托。行政机关进行委托必须有法律、法规或规章的明确规定。受委托实施行政处罚的组织在委托范围内,以委托的行政机关名义实施行政处罚,委托行政机关对受委托的组织实施行政处罚的行为应当负责监督,并对该行为的后果承担法律责任。委托行政机关对受委托行政机关或者组织实施的行政处罚行为应当负责监督,并对该行为后果承担法律责任。受委托的行政机关实际上是代表委托它的行政机关实施行政处罚,即在委托的权限范围内以委托行政机关的名义实施行政处罚,如果受委托的行政机关或组织违法实施行政处罚权,那么由委托机关承担法律后果。因此,委托机关要对受委托机关进行监督,这实际上也是对自身权益的保护。《水行政处罚实施办法》规定:委托实施水行政处罚,委托水行政主管部门应当同受委托组织签署委托书,委托书应当载明下列事项:

(1)委托水行政主管部门和受委托组织的名称、地址、法定代表人姓名。

(2)委托实施水行政处罚的权限和委托期限。

(3)违反委托事项的责任。

(4)其他需载明的事项。

委托书自双方盖章之日起生效。委托书应当报上一级水行政主管部门备案。受委托组织在委托权限内应当以委托水行政主管部门的名义,依照法律、法规和《水行政处罚实施办法》的规定实施水行政处罚。受委托组织实施水行政处罚,不得超越委托书载明的权限和期限;超越权限和期限进行处罚的,水行政处罚无效。受委托组织不得再委托其他组织或者个人实施水行政处罚。委托水行政主管部门应当对受委托组织实施水行政处罚的行为负责监督,并对受委托组织在委托权限和期限内行为的后果承担法律责任。委托不免除委托水行政主管部门的水行政处罚权。水政监察人员是水行政处罚机关和受委托组织实施水行政处罚的执法人员。

(二)水行政处罚的管辖

国务院水行政主管部门及其所属的流域管理机构管辖法律、行政法规规定的水行政处罚。除法律、行政法规另有规定外,水行政处罚由违法行为发生地的县级以上地方人民政府水行政主管部门管辖。上级水行政主管部门有权管辖下级水行政主管部门管辖的水行政处罚。下一级水行政主管部门对其管辖的水行政处罚,认为需要由上一级水行政主管部门管辖的,可以报请上一级水行政主管部门决定。对管辖发生争议的,应当协商解决或者报请共同的上一级水行政主管部门指定管辖。法律、法规授权组织管辖其职权范围内的水行政处罚。

二、水行政处罚的种类和适用

(一)行政处罚的种类

根据《行政处罚法》的规定,行政处罚的种类主要包括警告、罚款、没收违法所得及非法财物、责令停产停业、暂扣或者吊销许可证、行政拘留以及法律、法规规定的其他行政处罚。

1. 警告

警告是指行政机关对有违法行为的公民、法人或者其他组织提出告诫,使其认识到违法所在及应负责任的一种处罚。警告一般适用于那些违反行政管理法规较轻微、对社会危害程度不大的行为,一般可当场作出。但是,作为一项严肃的行政处罚,应当严格遵守相关程序规定。

2. 罚款

罚款是指行政机关依法强制违反行政管理法规的行为人(包括法人和其他组织)在一定期限内缴纳一定数量货币的处罚行为。罚款应当严格按照规定适用。此外,对已经制定的法律、行政法规规定的行政处罚的种类中没有罚款的,地方性法规和规章不能增加规定罚款的处罚。罚款的设定与执行要运用适当,罚与过相当。为了避免罚款执行人营私舞弊,法律规定作出罚款决定的机关与收缴罚款的机构分离,罚款必须全部上缴国库,任何行政机关或者个人不得以任何形式截留、私分。

3. 没收违法所得及非法财产

没收违法所得及非法财产是指国家行政机关根据行政管理法规,将行为人通过违法行为所获得的财物或非法财物强制无偿收归国有的一项行政处罚措施。只能对那些为谋取非法收入而违反法律、法规的公民、法人及组织才可以实行没收这种财产罚。

4. 责令停产停业

责令停产停业是指国家行政机关对违反行政管理法规的工商企业或个体经营户,依法在一定期限内剥夺其从事某项生产或经营活动权利的行政处罚,属于行为罚的一种。只有对比较严重的行政违法行为才适用。

5. 暂扣或者吊销许可证或者执照

暂扣或者吊销许可证或者执照是指国家行政机关,对违反行政管理法规的公民、法人或者其他组织依法实行暂时扣留其许可证或执照,剥夺其从事某项生产或经营活动权利的行政处罚。只有法律和行政法规能够设定这一处罚。

6. 行政拘留

行政拘留是指公安机关对违反治安管理处罚法的公民,在短期内限制其人身自由的一种处罚措施,也是治安管理处罚措施中最严厉的一种。只有法律能够规定涉及公民人身自由的行政拘留罚,其他如行政法规、地方性法规、规章等都不能设定此种处罚。

7. 法律、行政法规规定的其他行政处罚

水利部1997年颁发的《水行政处罚实施办法》第四条规定的水行政处罚的种类有警告、罚款、吊销许可证、没收非法所得以及法律、法规规定的其他水行政处罚。

2002年修订后的《水法》中,主要规定了责令停止违法行为、限期拆除违法建筑、恢复原状、责令停止生产、罚款、吊销许可证、治安处罚等处罚措施。

(二)水行政处罚的具体适用

1. 行政处罚的构成条件

(1)行为人实施了行政违法行为;

(2)行为人具有承担行政责任的能力;

(3)行为人属于行政管理相对人;

(4)依法应当受行政处罚。

2. 从轻、减轻以及不予行政处罚的条件

根据情节确定行政处罚的轻重。从轻、减轻或者不予行政处罚的规定,实际上是赋予行政机关一定的自由裁量的权力,便于行政机关灵活地运用自己的权力。自由裁量权是指法律赋予行政机关根据具体情况,自行决定实施的一种权力。行政机关在具体运用这一权力时,必须遵循行政处罚的公正原则以及行政处罚与违法行为相适应原则。所谓公正原则,就是指公平正直、没有偏私,要求行政机关对违法当事人公正对待、一视同仁,体现法律面前人人平等的社会主义法制原则。所谓行政处罚与违法行为相适应原则,就是指行政处罚必须与当事人的违法行为的事实、性质、情节及社会危害程度相适应,轻重有度。

《水行政处罚实施办法》规定,当事人有下列情形之一的,应当依法从轻或者减轻水行政处罚:

(1)主动消除或者减轻违法行为危害后果的。

(2)受他人胁迫有违法行为的。

(3)配合水行政处罚机关查处违法行为有立功表现的。

(4)其他依法从轻或者减轻水行政处罚的。

违法行为轻微并及时纠正,没有造成危害后果的,不予水行政处罚。

3. 行政处罚时效的规定

行政处罚追责时效是指行政机关追究违法行为当事人的行政法律责任的法定有效期限。违法行为已经超过追责时效期限的,不再追究行政法律责任。《水行政处罚管理办法》规定,违法行为在 2 年内未被发现的,不再给予水行政处罚。法律另有规定的除外。这里规定的期限,从违法行为发生之日起计算;违法行为有连续或者继续状态的,从行为终了之日起计算。

第三节 水行政处罚的程序

一、水行政处罚的简易程序

(一)简易程序的适用条件

简易程序又称当场处罚程序。相对于一般程序而言,简易程序省去了繁杂的调查程序,适用于违法事实清楚、情节简单、后果轻微的水行政违法行为。依据《水行政处罚实施办法》规定,对于违法事实确凿并有法定依据,对公民处以 50 元以下、对法人或者其他组织处以 1 000 元以下罚款或者警告的,可以当场作出水行政处罚决定。

(二)水政监察人员在简易程序中应当遵守的程序

当场作出水行政处罚决定的,水政监察人员应当遵守下列程序:

(1)向当事人出示水政监察证件。

(2)口头告知当事人违法事实、处罚理由和依据,并告知当事人依法享有陈述和申辩的权利。

(3)听取当事人的陈述和申辩,对当事人提出的事实、理由和证据进行复核(当事人放弃陈述或者申辩权利的除外)。

(4)填写预定格式、编有号码的水行政处罚决定书。

(5)将水行政处罚决定书当场交当事人。

(6)在 5 日内(在水上当场处罚,自抵岸之日起 5 日内)将水行政处罚决定报所属水行政处罚机关备案。

二、水行政处罚的一般程序

(一)立案

1. 案件来源

水事案件的信息来源通常有两个渠道:一是群众举报,二是水政工作人员在履行职责中自行发现。

群众举报又分为口头举报和书面举报。群众口头举报的,应当由专人接待,耐心细致地听取所反映的内容,并做好接待记录。记录后,应当由举报人核实并签名。对于有些举报人出于某种顾虑不愿意签署真实姓名的,应当尊重其意愿。不论是何种方式的举报,接待人员对于所反映的有关问题,都应该认真对待。水政监察人员应当对案件信息进行初步落实,确认所反映信息是否存在。对于确实存在且情况严重的,应当向主管领导汇报,建议立案进行查处。

2. 立案条件

公民、法人或者其他组织有符合下列条件的违法行为的,水行政处罚机关应当立案查处:

(1)具有违反水法规事实的;

(2)依照法律、法规、规章的规定应当给予水行政处罚的;

(3)属水行政处罚机关管辖的;

(4)违法行为未超过追究时效的。

3. 指定案件承办人

对符合立案条件的,主管领导应当批准立案查处,并且应当及时指派两名以上水政监察人员进行调查;调查人员与本案有直接利害关系的,应当回避。

(二)调查取证

1. 证据的概念和特征

行政处罚证据是指能够证明案件事实的文字、符号、标记、图像、声音及其载体、实物和其他材料。这里讲的证据是指经过查证属实的文字、符号、标记等能定案的证据,凡未经过查证属实的各种证据形式称为证据资料或者证据材料,不能直接作为定案的根据。

证据具有三个基本特征:证据的客观性、关联性和合法性。

1)证据的客观性

证据的客观性是指证据事实必须伴随着案件的发生、发展的过程而遗留下来,是不以人们主观意志为转移而客观存在的事实。这就要求我们在具体办案中做到:第一,不能把个人主观的判断或想象、假设、推理、臆断、虚构等作为定案的证据适用。第二,必须是按照客观性的要求收集证据,证据必须有正确的来源,马路消息、小道新闻、道听途说信息等不能作为证据使用。

2)证据的关联性

证据的关联性是指证据必须与待证的案件事实有内在和必然的联系,并对证明案件具有实际意义。与案件事实没有关联的不能作为认定本案事实的证据。

3）证据的合法性

证据的合法性是指证据必须符合法定形式，证据的取得必须符合法律的要求，证据不能有影响其效力的其他违法情形。

证据的合法性主要包括以下几方面的含义：

第一，调取证据的主体合法，也就是说，调查取证的行政机关的主体资格要合法，即不能超越行政机关的执法权限办案，办案人员的主体资格要合法，即依法取得行政执法权的办案人员（行政机关负责人指定的案件主办人员）。

第二，证据的形成必须符合有关法律的规定。例如，鉴定结论和勘验检查笔录上必须有合格的鉴定人员或勘验检查人员的签名盖章，因此没有合格人员签名盖章的鉴定结论和勘验检查笔录属于形式不合法的证据，不能采用。

第三，取得证据的程序要合法。

2. 证据的种类

调查的主要目的是收集证据。证据是认定水行政违法行为并进行水行政处罚的依据。证据有以下几种。

1）书证

书证是指以某种载体所载文字、符号、图案等表达出的思想内容来证明案件事实的书面材料。

2）物证

物证泛指以一切实物形态为存在和表现来证明案件事实的证据。

3）视听资料

视听资料是指利用录音、录像、计算机储存等手段反映出的音响、影像或其他信息证明案件事实的资料。

4）证人证言

证言是指了解行政违法行为的人，以口头或书面的方式向行政机关或组织所做的陈述。

5）当事人的陈述

当事人的陈述是指行政违法行为人对违法事实的过程通过口头或书面形式所做的叙述。

6）鉴定结论

鉴定结论是指接受委托或者聘请的具有专门知识并具有相应资格的人或机构，对案件中某些专门性问题进行鉴定所作的书面结论。

7）勘验笔录、现场笔录

勘验笔录、现场笔录是指水行政执法人员对水行政违法案件的现场，以及不便移动的物证等进行勘查、检验后作出的能够证明案件情况的记录。

3. 证据的收集方法

水政监察人员收集证据时，可以采取抽样取证的方法。在证据可能灭失或者以后难以取得的情况下，经水行政处罚机关负责人批准，可以先行登记保存。水行政处罚机关对先行登记保存的证据，应当在7日内作出下列处理决定：

(1)需要进行技术检验或者鉴定的送交检验或者鉴定。

(2)依法应当移送有关部门处理的,移送有关部门。

(3)依法需退还当事人的,退还当事人。

(4)法律、法规规定的其他处理方式。

水政监察人员进行取证或者登记保存,应当有当事人在场。当事人不在场或者拒绝到场的,水政监察人员可以邀请有关人员参加。对抽样取证或者登记保存的物品应当开列清单,一式两份,写明物品名称、数量、规格等事项,由水政监察人员、当事人签名或者盖章,一份清单交当事人。当事人不在场或者拒绝到场的,应有邀请的有关人员签名或者盖章;当事人拒绝签名、盖章或者接收的,应当有两名以上水政监察人员在清单上注明情况。登记保存物品时,在原地保存可能妨害公共秩序、公共安全或者对证据保存不利的可以异地保存。

4. 水政监察人员调查收集证据时应当遵守的程序

水政监察人员依法调查案件,应当遵守下列程序:

(1)向被调查人出示水政监察证件。

(2)告知被调查人要调查的范围或者事项。

(3)进行调查(包括询问当事人、证人,进行现场勘验、检查等)。

(4)制作调查笔录,笔录由被调查人核对后签名或者盖章。被调查人拒绝签名或者盖章的,应当有两名以上水政监察人员在笔录上注明情况并签名。

(三)根据调查结果,分别作出不同的处理决定

对违法行为调查终结,水政监察人员应当就案件的事实、证据、处罚依据和处罚意见等,向水行政处罚机关提出书面报告。水行政处罚机关应当对调查结果进行审查,并根据情况分别作出如下决定:

(1)确有应受水行政处罚的违法行为的,根据情节轻重及具体情况,作出水行政处罚决定。

(2)违法行为轻微,依法可以不予水行政处罚的,不予水行政处罚。

(3)违法事实不能成立的,不得给予水行政处罚。

(4)违法行为依法应当给予治安管理处罚的,移送公安机关;违法行为已构成犯罪的,移送司法机关。法律、法规、规章规定应当经有关部门批准的水行政处罚,报经批准后决定。

水行政处罚机关在作出水行政处罚决定之前,应当口头或者书面告知当事人给予水行政处罚的事实、理由、依据和拟作出的水行政处罚决定,并告知当事人依法享有的权利。当事人有权进行陈述和申辩。水行政处罚机关应当充分听取当事人的意见,对当事人提出的事实、理由和证据进行复核。申辩是指当事人为自己的行为申述理由和辩解的行为。这是当事人在行政处罚之中所享有的一项权利。为了从行政执法程序上保障当事人的权益,法律规定公民、法人或者其他组织在行政机关给予行政处罚时,根据《行政处罚法》的规定有权就行政机关拟对自己的处罚和自己的行为进行陈述和申辩,证明自己没有违法事实的存在,行政机关要严格遵守法律的规定,保证当事人陈述和申辩权的行使。不仅如此,行政机关在行使行政处罚之前要明确告知当事人违法的事实、将给予的处罚理由和依据,使当事人有条件及可能为自己的行为进行陈述和申辩。水行政处罚机关不得因当事人申辩而加重处罚。

(四)制作、送达水行政处罚决定书

水行政处罚机关作出水行政处罚决定,应当制作水行政处罚决定书。水行政处罚决定书须载明下列事项:

(1)当事人的姓名或者名称、地址;

(2)违法事实和认定违法事实的证据;

(3)水行政处罚的种类和依据;

(4)水行政处罚的履行方式和期限;

(5)不服水行政处罚决定,申请行政复议或者提起行政诉讼的途径和期限;

(6)作出水行政处罚决定的水行政处罚机关名称和日期。

水行政处罚决定书应盖有水行政处罚机关印章。经有关部门批准的水行政处罚,应当在水行政处罚决定书中写明,水行政处罚决定应当向当事人宣告,并当场交付当事人,当事人收到后应当在送达回执上签名,当事人不在场的,应当在 7 日内按照民事诉讼法的有关规定送达当事人。

(五)水行政处罚的听证程序

水行政处罚机关作出对公民处以超过 5 000 元、对法人或者其他组织处以超过50 000 元罚款以及吊销许可证等水行政处罚之前,应当告知当事人有要求举行听证的权利;当事人要求听证的,水行政处罚机关应当组织听证。听证由作出水行政处罚决定的水行政处罚机关负责,具体工作由水政机构组织。水行政处罚机关举行听证,不得向当事人收取费用。

水行政处罚机关向当事人告知听证权利时,应当送达听证告知书。听证告知书应当载明认定当事人违法的基本事实,给予水行政处罚的依据、拟作出的水行政处罚决定和当事人要求听证的期限。当事人要求听证的,可以在听证告知书的送达回证上签署意见,也可以在收到告知书 3 日内以其他书面方式向水行政处罚机关提出听证要求。水行政处罚机关应当在听证的 7 日前,通知当事人举行听证的时间、地点。当事人逾期未提出听证要求的,视为放弃听证权利。当事人放弃听证权利的,不得对本案再次提出听证要求。

除涉及国家秘密、商业秘密或者个人隐私外,听证应当公开举行。举行听证的 3 日前,水行政处罚机关应当将听证的内容、时间、地点以及有关事项,予以公告。听证参加人包括听证主持人、听证记录人、案件当事人及其委托代理人、案件调查人员、证人以及与案件处理结果有直接利害关系的第三人等。当事人委托代理人参加听证的,应当在举行听证前向水行政处罚机关提交委托书。当事人无正当理由不参加听证又不委托代理人参加听证的或者当事人及委托代理人在听证中无正当理由退场的,视为放弃听证权利。

听证主持人由水行政处罚机关指定水政机构非本案调查人员担任。听证记录人由听证主持人指定非本案调查人员担任。听证记录人负责听证记录和协助听证主持人办理有关事务。当事人认为听证主持人、听证记录人与本案有直接利害关系,可以向水行政处罚机关提出回避申请;听证主持人是否回避,由水行政处罚机关决定;听证记录人是否回避,由听证主持人决定。

案件当事人在听证中的权利和义务：

(1)对案件涉及的事实、适用法律及有关情况进行陈述和申辩。

(2)对案件调查人员提出的证据进行质证和提出新的证据。

(3)如实陈述案件事实和回答听证主持人的提问。

(4)遵守听证会场纪律。

(5)对听证笔录进行核对、签字或者盖章。

(6)法律、法规规定的其他权利和义务。

听证按下列步骤进行：

(1)听证主持人宣布听证事由和听证纪律。

(2)听证主持人核对案件调查人和当事人身份。

(3)听证主持人宣布听证组成人员，告知当事人在听证中的权利和义务，询问当事人是否申请回避。当事人申请听证主持人回避的，听证主持人应当宣布暂停听证，报请水行政处罚机关负责人决定是否回避；申请其他人员回避的，由听证主持人当场决定；宣布听证开始。

(4)案件调查人提出当事人的违法事实、证据、法律依据和水行政处罚建议。

(5)当事人进行陈述、申辩和质证。

(6)听证主持人就案件事实、证据和法律依据进行询问。

(7)案件调查人、当事人作最后陈述。

(8)听证主持人宣布听证结束。

听证主持人在听证中有权对参加人不当言行予以制止，维护正常的听证秩序。

听证应当制作听证笔录。听证笔录是听证程序与听证内容的重要记载，也是根据听证情况进行水行政处罚的物质凭证。听证笔录应当载明下列事项：

(1)案由；

(2)当事人的姓名或者名称、法定代理人及委托代理人、案件调查人的姓名；

(3)听证主持人、听证记录人姓名；

(4)举行听证的时间、地点和方式；

(5)案件调查人提出的事实、证据、法律依据和水行政处罚建议；

(6)当事人陈述、申辩和质证的内容；

(7)其他需要载明的事项。

听证笔录交当事人和调查人员核对后签名或者盖章。听证笔录中有关证人证言部分应当经证人核对后签名或者盖章。听证笔录应经听证主持人审核后由听证主持人和记录人签名或者盖章。

听证主持人可以根据情况，作出延期、中止或者终止听证的决定。听证结束后，听证主持人应当依据听证情况，向水行政处罚机关提出书面意见，书面意见应包括案件的事实、证据、处罚依据和处罚建议。

(六)水行政处罚的执行

水行政处罚决定作出后，当事人应当履行。当事人对水行政处罚决定不服的，可以依法申请行政复议或者提起行政诉讼。复议或者行政诉讼期间，水行政处罚不停止执行。

法律另有规定的除外。

申请行政复议或提起行政诉讼权是当事人在受到行政处罚之后所依法享有的一项权利。行政复议是指行政机关经当事人或有关单位提出申请或请求后，对已作出的行政处罚决定进行重新审查的一种行为；行政诉讼是指当事人受到国家行政机关的处罚之后不服，直接向人民法院提起诉讼，或经向原处分机关的直接上级机关提出复议后，对其作出的决定仍有不服的，向人民法院提出诉讼，请求撤销或者变更原处分或决定的行为。

行政复议是行政机关内部自上而下的一种法制监督，具有强制性和权威性。对于提出复议的案件，复议机关要对其具体行政行为是否合法和适当进行审查。对于具体行政行为明显不当的，可以变更。法律给予当事人选择权，可以选择司法监督程序，即不服行政机关的处罚，可以直接向人民法院提起行政诉讼，或者经行政复议后，对复议决定不服的，也可向人民法院提起诉讼。

由此可见，水行政处罚是通过行之有效的办法，把水行政执法活动置于政府和人民群众的监督之下，维护人民的利益不受侵害，保护国家利益不受损失，更好地保护国家和人民的利益，为水利事业的建设和发展走向法制化轨道而努力，为水利事业的建设和发展保驾护航。

罚款的执行分为以下两种情形。

1. 当场收缴罚款的情形

当场处罚时，依法给予20元以下罚款或者不当场收缴罚款事后难以执行的，水政监察人员可以当场收缴罚款。当事人提出异议的，不停止当场执行。法律、法规另有规定的除外。在边远、水上、交通不便地区，水行政处罚机关及其水政监察人员依法作出罚款的决定后，当事人向指定银行缴纳罚款确有困难，经当事人提出，水行政处罚机关及其水政监察人员可以当场收缴罚款。

2. 到指定银行缴纳罚款的情形

除依法可以当场收缴罚款的外，决定罚款的水行政处罚机关应当书面告之当事人向指定银行缴纳罚款。银行代收罚款的具体办法，按照国务院《罚款决定与罚款收缴分离实施办法》的规定执行。

当事人逾期不履行水行政处罚决定的，作出水行政处罚决定的水行政处罚机关可以申请人民法院强制执行。

当事人到期不缴纳罚款的，作出水行政处罚决定的水行政处罚机关可以从到期之日起每日按罚款数额的3%加处罚款。当事人确有经济困难，需要延期或者分期缴纳罚款的，应当提出书面申请，经作出水行政处罚决定的水行政处罚机关批准后，可以暂缓或者分期缴纳。水行政处罚机关及其水政监察人员违反《行政处罚法》和《水行政处罚实施办法》实施水行政处罚的，按照《行政处罚法》的规定，追究法律责任。

依法治水是依法行政的重要组成部分，通过《行政处罚法》和《水行政处罚实施办法》的实施，水行政主管机关要充分认识到依法行政、依法治水的重要性。要在广大干部、群众中开展水法规的宣传教育，特别是水行政执法人员更要加强法律法规的学习，增强法制观念；处理水事违法案件，要严格按照有关的法律、法规办理，在程序上更要严格办案程序，提高办案效率。

第十四章　其他水行政管理行为

第一节　水行政命令、指导与奖励

一、水行政命令

(一)水行政命令的概念

行政命令有通俗用法和行政法上的专门用法之区别。按照通俗用法来理解,行政命令泛指政府的一切决定或措施;而行政法上的行政命令,是指行政主体依法要求行政相对人为或不为一定行为的意思表示,是行政行为的一种形式。行政命令常用于带有强制性的行政决定。

水行政命令,是指水行政主管机关及其工作人员依法强制要求相对人为一定行为或不为一定行为的行政行为,是水行政机关在国家水行政管理活动中最常采用的一种方法。

(二)水行政命令的特征

(1)水行政命令的主体是水行政主管部门。水行政命令由水行政主管部门发布,不同于国家权利机关、司法机关等其他国家机关发布的命令。

(2)水行政命令是一种义务性行为,是科以水行政管理相对人作为义务或不作为义务的行政行为。

(3)水行政命令是一种依职权行为,它无须相对人申请,而是由水行政机关依据职权直接作出。这一特征决定了水行政命令是直接实现水行政管理的有效措施。

(4)水行政命令的实质是为水行政管理相对人设定行为的原则,且大多是具体规则,表现在为特定时间内对特定事项或特定人所作的特定规范。这使其与抽象水行政行为相区别。

(5)水行政命令以水行政处罚或水行政强制执行为保障。水行政命令一经作出,水行政相对人便有了相关的义务,必须按水行政命令要求进行一定的作为或不作为,否则将承受水行政主体给予的处罚或被强制执行。

(三)水行政命令的方式

水行政命令的方式主要有以下两种:

(1)停止违法行为。水事违法活动正在进行的,水行政机关有权责令违法者立即停止违法行为。

(2)改正违法行为。违法者的违法行为已经造成一定后果的,水行政机关有权责令其采取补救措施,恢复到违法行为发生之前的状态,即改正违法行为。有些违法行为可以在接到命令后立即改正,而有些违法行为的改正则需要一定的时间。因此,又可将改正违法行为分为立即改正和限期改正。拆除违章建筑物、清除行洪障碍、恢复原状等,都是限期改正的行动。

(四)水行政命令的法律后果

水行政命令一经合法作出,便为相对人设定了义务,相对人必须依行政命令为一定行为或不为一定行为,否则将引起行政处罚的后果。当合法、适当的水行政命令对相对人的名誉权、人身权和财产权造成不利影响时,作出命令的水行政机关一般不承担责任,但法律另有规定的除外。

水法赋予了水行政机关具有命令权。水行政命令通常以"命令"、"指示"或"通知"等形式发布。《水法》第六十七条规定:在饮用水水源保护区内设置排污口的,由县级以上地方人民政府责令限期拆除、恢复原状;逾期不拆除、不恢复原状的,强行拆除、恢复原状,并处5万元以上10万元以下的罚款。

二、水行政指导

行政指导在我国属于一种"舶来品",它是在经济和社会发展的基础上,借鉴国外经验而形成的。行政指导这一概念,首先出现于第二次世界大战后的日本,目前在欧美国家则多称为非强制性行政行为或非正式行政行为,对应行政命令、行政指令。尽管各国对行政指导在内涵的理解上有一定的差异,但对其概念仍大致可以做出这样的概括:行政指导是指行政主体在其职责范围内,为适应复杂多变的经济和社会生活的需要,基于国家的法律原则,在行政相对人的同意或协助下适时灵活地采取非强制手段,以有效地实现一定的行政目的且不直接产生法律效果的行政行为。具体地讲,行政指导以形式上的柔性、温和为特征,把平衡、民主等原则融于行政管理过程,把行政管理双方当事人从以往单纯的命令—服从关系中解脱出来,给行政管理双方提供了商谈、通融、妥协的余地,尤其是给被管理方提供了一个自行认识、选择的机会。

(一)水行政指导概述

1. 水行政指导的含义

水行政指导是指为实现复杂多变的社会发展与经济生活的需要,基于国家水事法律原则的规定,在水行政相对方的协助下,水行政主管机关在其职责范围内适时地采用非强制手段,以有效地实现水资源的开发利用和保护,并不直接产生法律后果的一种水行政行为。

2. 水行政指导的特征

(1)水行政指导是水行政主体实施的一种宏观水事管理行为,并不直接产生法律后果。

(2)水行政指导具有专业性与内容的多样性。水行政指导的专业性是指其内容主要涉及水利行业,如1955年第一届全国人大第二次会议通过的《关于根治黄河水害和开发黄河水利的综合规划的报告》,以及1997年由国务院颁布的《水利产业政策》。水行政指导内容的多样性是指其内容是以水资源的开发利用和保护为核心,并涉及其他的与水资源相关的水事管理内容,如水利工程设施的建设与管理、保护,水土保持的防治,节水技术的研究与推广等。

(3)不具有法律强制力。与具有强制力的水行政命令不同,水行政指导主要是以指导、建议等非强制的方式进行,并以利益诱导机制对水行政相对人施加影响,从而促使其为一定的行为或者不为一定的行为,以达到水事管理的目的。至于水行政相对人是否接受水行政指导的内容,则由其自由决定,没有法律强制力。

(4)弱化行政权力色彩,提高相对人的行政地位,尊重公民自主权利,是现代法治社会的要求,弥补了单纯的法律强制手段的不足。

(二)水行政指导的分类

按不同的分类标准,水行政指导可分为以下几类。

1.按有无法律根据为标准

按有无法律根据为标准,分为有法律根据的水行政指导和无法律根据的水行政指导。有法律根据的水行政指导是指法律、法规、规章等明文规定的水行政指导,后者是指没有明文规定的水行政指导。如《水法》第八条规定,国家厉行节约用水,大力推行节约用水措施,推广节约用水新技术、新工艺,发展节水型工业、农业和服务业,建立节水型社会。各级人民政府应当采取措施,加强对节约用水的管理,建立节约用水技术开发推广体系,培育和发展节约用水产业。第五十条规定,各级人民政府应当推行节水灌溉方式和节水技术,对农业蓄水、输水工程采取必要的防渗漏措施,提高农业用水效率。这些规定是节水灌溉领域水行政指导的重要法律依据。无法律根据但有政策根据的水行政指导主要根据水行政组织法的授权,按照法律原则和政策规定,实施指导。

2.按水行政指导的对象是否具体为标准

按水行政指导的对象是否具体为标准,分为抽象的水行政指导和具体的水行政指导。抽象的水行政指导是指不针对特定地区和水行政管理相对人的一般水行政指导行为,如带有全局性和长远性的发展规划、计划。具体的水行政指导是针对特定地区和水行政相对人进行的指导。具体水行政指导是抽象水行政指导的延伸和发展,是抽象水行政指导的具体化。

3.按水行政指导的作用性质为标准

按水行政指导的作用性质为标准,分为促进性指导和限制性指导。促进性指导是水行政主体采取鼓励性措施等方式,促进水行政相对人积极作为,如技术示范等。限制性指导是水行政主体以限制水行政相对人行为为目的而进行的指导。

4.按水行政指导的功能为标准

按水行政指导的功能为标准,分为抑制性水行政指导、调整性水行政指导和辅助性水行政指导。

(三)水行政指导的作用

在健全、完善我国社会主义市场经济体制的过程中,水行政指导对我国的水事管理活动起着以下重要作用。

1.补充作用

在现阶段,虽然我国加快了立法的步伐,但是由于社会飞速发展,社会关系也处于不断变化之中,难免出现法律规范跟不上的情况,存在着法律空白的现象。为了弥补法律手段的不足,水行政主体有必要及时、灵活地采取水行政指导措施规范、调整相关的社会关系,以更好地实现水事管理。

2. 引导和促进作用

为了更好地引导社会对水资源的开发利用和保护，水行政主体利用其所掌握的知识、信息、政策等的优越性，及时地制定有关水行政指导，阐述国家或地方政府在一定时期内的水事管理方向、积极扶持或限制发展的专业等内容，以引导和促进对水资源的有效利用。例如1997年国务院颁布的《水利产业政策》，就是为了促进水资源的合理开发和可持续利用，有效防治水旱灾害，缓解水利对国民经济发展的制约而制定的。

3. 预防和抑制作用

在水事管理活动中，一些单位和个人往往存在着一种为谋取自身利益而不惜损害国家与社会公共利益的倾向，如河流上游的工矿企业和城市超量排放污染物或未经处理即排入河流从而损害下游沿岸居民与单位的利益等，对于这种情况，水行政主体就应在其尚未出现或萌芽之初及时运用水行政指导采取非强制措施予以干预。实践证明，水行政指导对可能发生损害社会经济秩序和社会公共利益的行为可以起到预防作用，对已经出现的损害社会经济秩序和社会公共利益的行为可以起到抑制作用。

三、水行政奖励

（一）水行政奖励的概念

水行政奖励，是指水行政机关对符合规定条件的组织和个人赋予一定权益，以进行精神奖励和物质奖励的单方水行政行为。对于在水事活动中有突出表现的，依照有关水法规的规定应予奖励。

例如，《水法》第十一条规定：在开发、利用、节约、保护、管理水资源和防治水害等方面成绩显著的单位和个人，由人民政府给予奖励。

又如，《防汛条例》第四十二条规定：有下列事迹之一的单位和个人，可以由县级以上人民政府给予表彰或者奖励：

（1）在执行抗洪抢险任务时，组织严密，指挥得当，防守得力，奋力抢险，出色完成任务者；

（2）坚持巡堤查险，遇到险情及时报告，奋力抗洪抢险，成绩显著者；

（3）在危险关头，组织群众保护国家和人民财产，抢救群众有功者；

（4）为防汛调度、抗洪抢险献计献策，效益显著者；

（5）气象、雨情、水情测报和预报准确及时，情报传递迅速，克服困难，抢测洪水，因而减轻重大洪水灾害者；

（6）及时供应防汛物料和工具，爱护防汛器材，节约经费开支，完成防汛抢险任务成绩显著者；

（7）有其他特殊贡献，成绩显著者。

（二）水行政奖励的特征

（1）水行政奖励是一种单方行为，其特殊性表现在由水行政机关单方作出但不具有强制执行性。

（2）水行政奖励是一种特殊的赋予权利行为，是依据规定条件赋予相对人以特殊的请求权。

(3)水行政奖励的内容是给予奖励者某些物质利益或精神利益,即物质奖励或精神奖励。大多数情况下两者合并采用。

(4)水行政奖励既包括依申请行为,也包括依职权行为。

(三)水行政奖励的原则

根据我国现行有关水行政奖励的法律、法规规定,水行政奖励一般应遵循下述几项基本原则。

1.精神奖励与物质奖励相结合原则

水行政奖励有精神奖励和物质奖励两类,它们在水行政奖励中具有不同的作用,是水行政奖励不可缺少的两种形式。物质奖励使受奖人获得某种物质利益,精神奖励则满足人们的精神需求。理论和实践表明,人的需求是多方面、多层次的,人不仅有物质需求,还有精神需求。当物质需求满足后,人们往往要追求高层次的精神需求。对于某些受奖人来说,精神奖励的作用甚至大于物质奖励。物质奖励与精神奖励各有千秋,只有将两者有机地结合起来,才能发挥水行政奖励的整体效应。实行这一原则时,应针对不同的受奖者,或采取以物质奖励为主、以精神奖励为辅,或采取以精神奖励为主、以物质奖励为辅的办法,从而真正发挥水行政奖励的作用。

2.公平、平等原则

水行政奖励应公正、平等,在法定的奖励条件下,人人都有同等的受奖机会和权利,授奖主体不得以其好恶偏袒某些个人或集体。其具体要求是:机会均等,奖励的内容和形式要与被奖励的行为相一致,即论功行赏,贡献大的重奖,贡献小的轻奖。

3.依法奖励原则

水行政奖励是一种法定奖励行为,因此水行政奖励必须依照法定的条件、标准公开、公正地进行。

(四)水行政奖励的种类与形式

1.水行政奖励的种类

1)内部水行政奖励和外部水行政奖励

内部水行政奖励和外部水行政奖励是依奖励机关与受奖者的关系所作的分类。内部水行政奖励是指水行政机关或者法律、法规授权的组织,依法给予其工作人员的一种水行政奖励。如水行政机关对其工作人员的奖励。内部水行政奖励由水行政机关或组织的内部管理机关或与受奖者有从属关系的水行政机关作出。外部水行政奖励是指水行政机关或法律、法规授权的组织依法对符合一定条件的相对人所给予的一种水行政奖励。在外部水行政奖励中,授奖者与受奖者之间不存在水行政上的隶属关系,该奖励一般由具有社会管理职能的水行政机关作出。

2)赋予权利的水行政奖励和赋予能力的水行政奖励

赋予权利的水行政奖励和赋予能力的水行政奖励是依据水行政奖励的内容所作的分类。赋予权利的水行政奖励,是指水行政奖励主体依法为受奖人设定其本来所不享有的法律上的权利,即实现某种利益的可能性。例如,授予荣誉称号或给予物质奖励,就是一种赋予权利的水行政奖励,它使受奖人获得了享有该荣誉的权利或占有一定财物的权利。水行政奖励多是赋予权利的奖励。赋予能力的水行政奖励,是指水行政奖励主体依法为受奖者设定其本来所不享有的法律上的能力，即为某种行为的资格。如给工作人员的晋职奖励，即属赋予能力的奖励。

3）荣誉性奖励、财物性奖励或职位性奖励

荣誉性奖励、财物性奖励或职位性奖励是依奖励的内容所作的分类。荣誉性奖励是指给受奖人某种荣誉。任何水行政奖励对受奖者来说都是一种荣誉，不过，荣誉性奖励指的是纯粹荣誉性奖励，如通令嘉奖、记功、记大功、授予荣誉称号等。财物性奖励是指发给受奖人一定奖金、奖品等实物的奖励。职位性奖励是指提升工资级别、晋升水行政职位的奖励，它是一种荣誉性、财物性相结合的奖励。实践中，各种奖励形式很少单独运用，常常是以一种奖励为主而辅之以其他奖励形式，如既记功又颁发奖金，或既授予荣誉称号又晋升职位。

2. 水行政奖励的形式

（1）通报表扬。对受奖者在一定范围内以一定形式予以公开赞扬的奖励形式，它是一种精神鼓励。

（2）记功。记功按不同的法律、法规规定有不同的等级。一般来说，对事业单位的工作人员分为记功和记大功两个等级；对团体单位的人员及公民个人，通常分为四个等级，即特等功、一等功、二等功、三等功。

（3）发给奖金或奖品。

（4）晋级。指提高工资级别，一般晋升一至二级工资。

（5）晋职。指提高其职务。

（6）通令嘉奖。指在较大范围内的公开表彰。

（7）授予荣誉称号。如授予先进工作者、劳动模范、战斗英雄等称号。授予荣誉称号一般都有不同的等级，从县级直至国家级。

以上各种形式既可单独适用，也可同时并用，并可发给某种证书、证章，以资证明。

第二节　水行政强制

水行政强制是水行政强制措施和水行政强制执行的总称。

一、水行政强制措施

（一）水行政强制措施的概念和特征

水行政强制措施是指水行政机关为制止、预防水事违法行为或者在紧急情况下对水行政相对人财产和行为自由依法加以暂时性限制，使其保持一定状态的各种方式和手段。它具有以下法律特征：

（1）水行政强制措施的目的在于预防、制止或控制危害水事活动的行为发生。水行政强制措施带有明显的预防性、制止性。

（2）水行政强制措施常常是水行政机关作出最终处理决定的前奏和准备。很多情况下，是在水行政处理决定作出前的调查阶段，为保全证据或保持一定状态而采取的措施。有时则是水行政强制执行的前奏和准备，因此水行政强制措施还具有明显的临时性和中间性。

(3)由于水行政强制措施是运用国家机器的力量对个人、组织采取的强制执行,因此采取水行政强制措施必须十分谨慎。水行政机关采取水行政强制措施,必须有法律的授权,并严格依照法定程序实施。

水行政强制措施可以分为一般的水行政强制措施和水行政即时强制措施。两者的主要区别在于:一般的水行政强制措施在采取措施前,必须先作出水行政处理决定,据此才能采取强制措施;在某些紧急情况下,为了保护公共利益和公民利益,来不及作出水行政处理决定而采取强制措施,此为水行政即时强制。水行政即时强制必须有法律授权。

(二)水行政强制措施的方法

水行政强制措施的方法很多,一般的水行政强制措施有强制检查、强制扣押、管制、强制启用蓄滞洪区以及即时强制措施等。

1. 强制扣押

如国务院颁布的《长江河道采砂管理条例》第十八条规定,违反本条例规定,未办理河道采砂许可证,擅自在长江采砂的,由县级以上地方人民政府水行政主管部门或者长江水利委员会依据职权,责令停止违法行为,没收违法所得和非法采砂机具,并处10万元以上30万元以下的罚款;情节严重的,扣押或者没收非法采砂船舶,并对没收的非法采砂船舶予以拍卖,拍卖款项全部上缴财政。拒绝、阻碍水行政主管部门或者长江水利委员会依法执行职务,构成违反治安管理行为的,由公安机关依法给予治安管理处罚;触犯刑律的,依法追究刑事责任。

2. 管理和启用蓄滞洪区

《防洪法》第四十六条规定,江河、湖泊水位或者流量达到国家规定的分洪标准,需要启用蓄滞洪区时,国务院、国家防汛指挥机构,流域防汛指挥机构,省、自治区、直辖市人民政府,省、自治区、直辖市防汛指挥机构,按照依法经批准的防御洪水方案中规定的启用条件和批准程序,决定启用蓄滞洪区。依法启用蓄滞洪区,任何单位和个人不得阻拦、拖延;遇到阻拦、拖延时,由有关县级以上地方人民政府强制实施。

3. 即时强制措施

即时强制措施有强制调用、强制取土占地、强制砍伐等,主要用于紧急防汛期。《防洪法》第四十五条规定,在紧急防汛期,防汛指挥机构根据防汛抗洪的需要,有权在其管辖范围内调用物资、设备、交通运输工具和人力,决定采取取土占地、砍伐林木、清除阻水障碍物和其他必要的紧急措施;必要时,公安、交通等有关部门按照防汛指挥机构的决定,依法实施陆地和水面交通管制。

二、水行政强制执行

(一)水行政强制执行的概念

水行政强制执行是指有关国家机关对不履行水行政机关依法作出的水行政处理决定中规定的义务,采取强制手段,强迫其履行义务,或达到与履行义务相同状态的行为。

(二)水行政强制执行的特征

(1)水行政强制执行以相对人不履行水行政决定为事实前提。

（2）强制执行的对象是故意不履行水行政机关作出的处罚或处理决定的公民、法人或其他组织。因自然原因或不可抗拒等原因不能履行的不在此列。

（3）强制执行的机关只限于有执行权的机关。可以是作出水行政执法决定的机关，也可以是受执法机关委托的其他机关，但必须是法律特别授予其行政执行权的特定机关。

（4）行政强制执行的标的具有广泛性，可以是财物，如被强行扣押的财产或强行划拨的存款；也可以是行为，如强制其履行某种义务；还可以是人身，如行政拘留等。

（5）在本质上是保障执行行政决定得以实现的强制行为。

（三）水行政强制执行的方法

水行政强制执行有直接强制和间接强制两种方法。

1. 直接强制

直接强制包括强制划拨、强制扣缴、强制收缴、强制吊销、强制拍卖等。

（1）强制划拨。它是指在相对人拒不履行交付货币的义务时，由法律授权的主管行政机关通知银行从相对人存款中强行划拨的执行办法。

（2）强制扣缴。它是指在相对人拒不履行交付货币的义务时，由法律授权的行政主管机关从该相对人的其他款项中扣收或代为交付的执行方法。

（3）强制收缴。一是指对行政违法人使用的工具、财产强行接收、缴获；二是对相对人应上缴的罚款，强制收取的措施。强制收缴必须依法进行。

（4）强制吊销。如《水法》第六十九条规定，有下列行为之一的，由县级以上人民政府水行政主管部门或者流域管理机构依据职权，责令停止违法行为，限期采取补救措施，处2万元以上10万元以下罚款；情节严重的，吊销其取水许可证：①未经批准擅自取水的；②未依照批准的取水许可规定条件取水的。

（5）强制拍卖。如根据《长江河道采砂管理条例》第十八条规定，违反本条例规定，未办理河道采砂许可证，擅自在长江采砂……情节严重的，扣押或者没收非法采砂船舶，并对没收的非法采砂船舶予以拍卖，拍卖款项全部上缴财政。

2. 间接强制

间接强制包括代履行和执行罚。代履行有强制清障、强制拆除、代为恢复原状、强制治理等。

1）代履行

（1）强制清障。如《河道管理条例》第三十六条规定，对河道管理范围内的阻水障碍物，按照“谁设障，谁清除”的原则，由河道主管机关提出清障计划和实施方案，由防汛指挥部责令设障者在规定的期限内清除。逾期不清除的，由防汛指挥部组织强行清除，并由设障者负担全部清障费用。

（2）强制拆除。如《水法》第六十五条第一款规定，在河道管理范围内建设妨碍行洪的建筑物、构筑物，或者从事影响河势稳定、危害河岸堤防安全和其他妨碍河道行洪的活动的，由县级以上人民政府水行政主管部门或者流域管理机构依据职权，责令停止违法行为，限期拆除违法建筑物、构筑物，恢复原状；逾期不拆除、不恢复原状的，强行拆除，所需费用由违法单位或者个人负担，并处1万元以上10万元以下的罚款。

（3）代为恢复原状。如《防洪法》第五十七条规定，违反本法第十五条第二款、第二十三条规定围海造地、围湖造地、围垦河道的，责令停止违法行为，恢复原状或者采取其他补救措施，可以处5万元以下的罚款；既不恢复原状也不采取其他补救措施的，代为恢复原状或者采取其他补救措施，所需费用由违法者承担。

(4)强制治理。如《水土保持法》第二十七条规定，企业事业单位在建设和生产过程中必须采取水土保持措施，对造成的水土流失负责治理。本单位无力治理的，由水行政主管部门治理，治理费用由造成水土流失的企业事业单位负担。

2)执行罚

执行罚有加收滞纳金、加处罚款、累进计价收费等。

第三节　水行政征收

一、水行政征收概述

(一)水行政征收的概念和特征

水行政征收是指水行政主体根据国家和社会公共利益的需要，依法向个人和组织强制地征集一定数额金钱的行政行为。目前，国家还没有开征水事方面的税收，水行政征收主要表现形式是水行政收费。如征收水资源费、河道建设维护费、收取河道采砂管理费、水文专业有偿服务费等。水行政征收具有以下法律特征：

(1)水行政征收是水行政主体针对公民、法人和其他组织依职权所实施的一种单方面的水行政行为。

(2)水行政征收的实施必须以相对人负有水事法律规范所规定的缴纳义务为前提。

(3)水行政征收的实质在于水行政主体以强制方式无偿取得相对人的财产所有权。

(二)水行政征收与水行政征用、水行政没收的区别

1.水行政征收与水行政征用的区别

水行政征用是指水行政主体为了公共利益的需要，依照法定程序强制使用水行政相对人的财产、劳务的一种水行政行为。水行政征收与水行政征用的区别主要体现在以下方面：

(1)从两者的法律后果来看，水行政征收的法律后果是水行政相对人一定的财产所有权转归国家；而水行政征用的法律后果则是水行政主体暂时取得了被征用方财产的使用权，并不发生财产所有权的转移。

(2)从两者的行为对象来看，水行政征收一般仅限于财产内容；而水行政征用的对象不仅限于财产内容，还包括被征用方的劳务。《防洪法》第五十二条规定，有防洪任务的地方各级人民政府应当根据国务院的有关规定，安排一定比例的农村义务工和劳动积累工，用于防洪工程设施的建设、维护。

(3)从能否取得补偿来看，水行政征收是水行政主体按照国家法律无偿取得水行政相对人的财产所有权；而水行政征用则是有偿的，应当在征用情形结束后归还所征用的财产，造成损坏或者无法归还的，按照国务院有关规定给予适当补偿或者作其他处理。根据《防汛条例》第三十二条规定，在紧急防汛期，为了防汛抢险需要，防汛指挥部有权在其管

辖范围内，调用物资、设备、交通运输工具和人力，事后应当及时归还或者给予适当补偿。

2. 水行政征收与水行政没收的区别

水行政征收与水行政没收在表现形式以及法律后果方面是相同的，均是以强制方式取得水行政相对人的财产所有权，而且是实际取得其财产所有权。但是，两者仍存在一定的区别。

1) 水行政征收与水行政没收所发生的法律依据不同

水行政征收是以水行政相对方负有水事法律规范上的缴纳义务为前提的，而水行政没收则是以水行政相对人违反了水事法律规范的规定为前提的。

2) 水行政征收与水行政没收的法律性质不同

水行政征收是一种独立的水行政行为；而水行政没收则是一种附属的水行政行为，属于水行政处罚的一个种类。

3) 水行政征收与水行政没收所适用的法律程序不同

水行政征收依据专门的征收程序，而水行政没收则依据《行政处罚法》和《水行政处罚实施办法》，以及其他水事法律规范中有关水行政没收的程序规定。

4) 水行政征收与水行政没收在行为的连续性上表现不同

对于水行政征收而言，只要实施水行政征收法律依据与事实继续存在，水行政征收就可以一直延续下去，其行为往往具有连续性：而水行政没收则不同，对某一水事违法行为只能给予一次水行政没收的处罚。

二、水行政征收的种类

（一）防汛费

防汛费是指有防汛义务的公民，将年度防汛义务工所折资缴纳的用于防汛抗洪的费用。防汛费主要用于防汛物资、器材的购置、储备及紧急抢险，防汛部门基础建设和管理，防汛抢险挖占集体所有土地的补偿。《中华人民共和国防洪法》第三条规定：防洪费用按照政府投入同受益者合理承担相结合的原则筹集。《河道管理条例》第三十八条规定，河道堤坊的防汛岁修费，按照分级管理的原则，分别由中央财政和地方财政负担，列入中央和地方年度财政预算。

（二）水资源费

水资源费是指水行政主体对利用水工程或机械设施直接从地下或江河湖泊取水者按照国家或省级人民政府所制定的标准依法所征收的费用。水是资源性国有财产，取水者应当按照有偿使用原则向国家缴纳水资源费。国务院颁布的《取水许可和水资源费征收管理条例》已于2006年4月15日施行。

（三）砂石资源费

砂石资源费是指对在长江中从事采砂活动的单位和个人收取的资源费。砂石属于国家的矿产资源，对资源实行有偿使用，是国际通行的做法。《长江河道采砂管理条例》第十七条规定，从事长江采砂活动的单位和个人应当向发放河道采砂许可证的机关缴纳长江河道砂石资源费。从事长江采砂活动的单位和个人，不再缴纳河道采砂管理费和矿产资源补偿费。

(四)河道采砂管理费

河道采砂管理费是指为了加强河道的整治与管理,合理采取河道范围内的砂石,水行政主体向在河道管理范围内采砂挖石、取土和淘金的采砂者所征收的一种费用,用于河道的整治、堤防工程的维修和工程设施的更新与改造。《河道管理条例》第四十条规定,在河道管理范围内采砂、取土、淘金,必须按照经批准的范围和作业方式进行,并向河道主管机关缴纳管理费。河道主管机关收取的各项费用,用于河道堤防工程的建设、管理、维修和设施的更新改造。但是在长江中采砂,则收取的是砂石资源费。

(五)河道工程修建维护管理费

河道工程修建维护管理费是指受洪水威胁的省、自治区、直辖市为了加强本行政区域内防洪工程设施的建设,提高防御洪水的能力,水行政主体可以按照国务院的有关规定向在防洪保护区范围内的工业、商业企业和公民个人征收河道工程修建维护管理费,用于河道堤防等防洪工程的建设、维修和设施的更新改造。《河道管理条例》第三十九条规定,受益范围明确的堤防、护岸、水闸、圩垸、海塘和排涝工程设施,河道主管机关可以向受益的工商企业等单位和农户收取河道工程修建维护管理费,其标准应当根据工程修建和维护管理费用确定。

(六)水保两费

水保两费即水土保持设施补偿费和水土流失防治费。水土保持设施补偿费是针对从事自然资源开发、生产建设与其他活动破坏地形、地貌、植被的生产建设单位和个人开征的特别收费,用于水土保持设施的建设。水土流失防治费是针对进行生产建设活动造成水土流失不能自行治理的单位和个人开设的,用于相应工程造成的水土流失的治理。

(七)滞纳金

滞纳金是指水行政相对方不按照水事法律规范所规定的方式、期限向水行政主体缴纳应征收的行政事业收费和水行政处罚款,水行政主体可以按照水事法律规范的规定向其增加征收的部分费用。《行政处罚法》规定:当事人到期不缴纳罚款的,每日按罚款数额的3%加处罚款。

(八)水利基金

水利建设基金属于政府性基金,是从中央和地方收取的政府性基金中提取一定比例组成的。《防洪法》第五十一条规定,国家设立水利建设基金,用于防洪工程和水利工程的维护和建设。国务院印发的财政部商国家计委、水利部等有关部门制定的《水利建设基金筹集和使用管理暂行办法》,于1997年1月生效执行,其规定,中央水利建设基金主要用于关系国民经济和社会发展全局的大江大河重点工程的维护和建设。地方水利建设基金主要用于城市防洪及中小河流、湖泊的治理、维护和建设。跨流域、跨省(自治区、直辖市)的重大水利建设工程和跨国河流、国界河流我方重点防护工程的治理费用由中央和地方共同负担。

上述几项内容归纳起来,水行政征收无外乎有以下三种类别:

(1)因使用水资源及其延伸资源而引起的征收,如水资源费等。这类征收的实质是有偿使用原则在水资源及其延伸资源等资源性国有财产领域上的适用,对于盘活我国的资源性存量国有财产,促进国有财产与资源的合理配置,推动我国国民经济建设和社会发展,最大限度地发挥国有财产与资源的价值有着重要的意义。

(2)因水事法律规范所规定的义务而引起的征收,如河道工程修建维护管理费、河道采砂管理费、水利基金等。这类征收的实质是指凭借国家强制力无偿参与公民、法人或其他组织的收入分配而取得财产所有权。

(3)因违反水事法律规范的规定而引起的征收,如水行政罚款滞纳金的征收。

过去,在水行政收费项目中还有水利工程农业水费一项,但自2003年后,水利工程农业水费转为经营性收费项目,不再作为行政事业性收费管理。

三、水行政征收的方式与程序

(一)水行政征收的方式

水行政征收的方式包括水行政征收的行为方式与计算方式。根据现行的水事法律规范,水行政征收的行为方式有定期定额征收、查定征收等,具体采用何种征收方式,由水行政征收主体根据水事法律规范的规定,结合相对人的具体情况而定,但是无论采取何种方式都应当以书面形式进行征收工作。

(二)水行政征收的程序

水行政征收的程序是指水行政征收行为应采取的先后步骤。根据水事法律规范的规定,水行政征收的实现方式有:

(1)水行政相对人自愿缴纳。当水行政相对人按照规定的方式,在法定的期限内向水行政主体主动履行缴纳义务后,水行政征收行为即告结束。

(2)由水行政主体强制水行政相对人缴纳。当水行政相对人未按照规定方式,在法定的期限内主动履行缴纳义务时,水行政征收即进入强制征收程序。

第四节 水行政调解

一、水行政调解概述

(一)水行政调解的概念

防治水害和开发水利,是人类社会改造自然的伟大斗争。随着社会的发展,人类对水资源开发利用程度会越来越高,同时对防治水害、兴修水利的要求也越来越高。水利牵涉到上下游、左右岸,地区之间和防洪、治涝、灌溉、排水、供水、水运等各项事业之间不同的利益和需要,存在着错综复杂的水事关系。这种水事利害关系处理不当,就会引起水事纠纷。

随着人口的增长和经济社会的快速发展,我国的水资源状况发生了重大变化。水资源短缺的矛盾已经充分暴露出来,在某些地区已经成为严重阻碍经济发展的主要问题。同时,日趋严重的水污染不仅破坏了生态环境,而且进一步加剧了本来就十分严重的水资源短缺矛盾,也使引发水事纠纷的因素发生了新的变化:20世纪80年代以前,主要是平原地区排涝纠纷,其影响主要是农业生产;20世纪80年代以后,随着经济的发展和人口的增长,由排水矛盾造成的水事纠纷呈下降趋势,而由于争水、争地、水污染、水资源开发利用等矛盾造成的水事纠纷逐年上升，其影响已经扩展到社会生活的各个方面。

水行政调解是解决水事纠纷的最常用的一种方法。它是指发生水事纠纷的当事人在自愿的基础上，在水行政机关的主持下，通过友好协商、互让互谅达成协议，从而解决水事纠纷的行政行为。

随着依法行政、依法治水进程的加快，水行政调解逐渐规范。根据行政法学理论，水行政调解可分为代理一方调解和主持调解。在实际操作中，水行政机关一般情况下不代理一方调解，往往是主持调解，即依照法律、法规和政策的有关规定，以第三者的身份居中调解。总之，水行政调解属于行政协调的范畴。它不同于水行政机关单方强制作出的水行政决定。实践证明，水行政调解对妥善解决水事纠纷、依法治水、团结治水、促进社会和谐，具有不可替代的作用。

（二）水行政调解的特征

在水行政调解中，国家水行政主管机关以中间人的角色，在调解中居于主导地位。主持调解时，以维护法律、法规的正确实施和国家利益为前提，兼顾双方当事人的合法利益，以求达成和解。水行政调解具有以下特征。

1. 简便性

水行政机关主持调解是在诉讼程序之外进行的，因而它不受我国民事诉讼法、行政诉讼法的制约，其主持调解完全可以根据实际需要自由选择合适的时间、地点和方法。因此，相对于其他调解方式，具有独特的简便性。

2. 及时性

水行政机关主持调解没有法定的程序和步骤，纠纷发生后，只要将基本事实弄清楚就可以开展工作，不必像法院审理案件那样必须把全案的每一件事实和证据都一一认定落实后再作出裁决。因此，多数水事纠纷的调解往往能在短时间内完成或见到成效。

3. 自愿性

调解只能在争议双方当事人自愿接受的条件下进行，强制调解无效。但对地区间的水事纠纷，争议双方的共同上一级政府可根据行政职权强制调处并做出行政裁决，当事人必须遵守执行。

4. 主动性

除当事人要求调解外，水行政机关在进行水管理、监督活动中，如果发现水事活动当事人出现纠纷，从维护正常水事秩序出发，应当主动了解情况，化解双方的矛盾。因此，在水事纠纷调解过程中水行政调解深受地方有关部门及有关当事人的欢迎。

二、水行政调解的范围

随着经济社会的快速发展和城市化进程的加快，水事矛盾越来越突出，处理水事纠纷的难度也有所增大。尤其是一些地方政府直接负责的项目引发的水事纠纷日渐增多，给水行政管理工作带来更大困难。从目前情况看，经常发生的水事纠纷主要有以下几种：

（1）因一方修建跨河工程给上下游、对岸堤防的防洪标准造成影响，或不能正常用水而引发的纠纷；

（2）因水资源的开发利用引发的纠纷；

(3)因泄洪或排涝引发的纠纷;

(4)因向河道排放污染物引发的纠纷;

(5)其他纠纷。

《水法》第五十六条、第五十七条规定了不同类型的水事纠纷,分别适用不同的处理程序。

1. 不同行政区域之间的水事纠纷

《水法》第五十六规定:不同行政区域之间发生水事纠纷的,应当协商处理;协商不成的,由上一级人民政府裁决,有关各方必须遵照执行。在水事纠纷解决前,未经各方达成协议或者共同的上一级人民政府批准,在行政区域交界线两侧一定范围内,任何一方不得修建排水、阻水、取水和截(蓄)水工程,不得单方面改变水的现状。

不同行政区域之间的水事纠纷,涉及不同行政区域之间的水事权益,它不是一般的民事纠纷,而是一种行政争议。因此,不同行政区域之间的水事纠纷发生后,应当按照行政管理的组织原则,首先由当事双方本着团结协作、互谅互让的精神进行协商,协商不成的,由当事双方共同的上一级人民政府处理。

2. 单位之间、个人之间、单位与个人之间的水事纠纷

《水法》第五十七条规定:单位之间、个人之间、单位与个人之间发生的水事纠纷,应当协商解决;当事人不愿协商或者协商不成的,可以申请县级以上地方人民政府或者其授权的部门调解,也可以直接向人民法院提起民事诉讼。县级以上地方人民政府或者其授权的部门调解不成的,当事人可以向人民法院提起民事诉讼。在水事纠纷解决前,当事人不得单方面改变现状。

单位之间、个人之间、单位与个人之间发生的水事纠纷,属于民事性质的纠纷。这类纠纷既受水法调整,也受民法调整,按照处理民事关系的法律规范,首先由当事人双方协商,也可以由当事人双方提请当地人民政府或其授权的主管部门调解,协商或调解不成的,当事人既可以提请政府和有关部门调解,也可以直接向人民法院起诉。

三、水事纠纷处理的原则

水事纠纷发生后,纠纷各方应本着互谅互让、团结协作、协商处理的精神,在处理水事纠纷中遵循并贯彻以下重要原则。

(一)局部利益服从全局利益的原则

一切水事活动必须从全局出发,树立大局观念。在不损害大局的前提下,人民政府和其授权的部门有责任保护地区、单位和个人的合法权益。对于为顾全大局而牺牲局部利益的一方,国家或受益一方,应当给予适当补偿。

(二)统筹兼顾、协调发展的原则

由于水资源是有机整体,同时又是可再生的动态资源,地表水与地下水互相转化,上下游、左右岸、干支流之间,水资源的开发利用互相影响,加之水的多功能性特点,必须统一规划,兼顾各行业、各地区的要求,协调发展。

(三)尊重历史、面对现实的原则

尊重历史是指在调处水事纠纷时,对水事纠纷的历史情况进行调查,对历史上处理过

的协议给予充分考虑；照顾现实是指调处纠纷要从实际出发，在尊重历史的基础上，可根据社会、经济、人口及自然条件的变化，依法作出调整，以维护纠纷双方的合法权益。

（四）维持现状的原则

《水法》第五十六条、第五十七条规定，在水事纠纷解决前，未经各方达成协议或者协商不成，当事各方不得单方面改变现状。这是禁止性规定，是为了防止纠纷激化、扩大事态，也是为了解决水事纠纷赢得时间和营造良好的社会环境。

（五）组织原则

处理不同行政区域之间的水事纠纷，应当强调组织原则。在水事纠纷发生以后，当事双方所在地的人民政府和有关主管部门不得互相推诿，必须及时采取措施，做好干部群众的思想工作，防止矛盾激化，事态扩大。对借机抢夺公私财物，危害公共安全和非法阻碍、干扰执行公务的相对人应依法追究法律责任，不得庇护。对参与调解纠纷的双方代表，要站在全局的立场，树立法制观念，摆事实，讲科学；要发扬团结治水的精神，力争协商一致，在协商不成时，依法提请上级主管机关处理，一经裁决，双方必须服从，不能以种种理由久拖不决或讨价还价。

四、水行政调解的程序

目前，水行政机关主持调解的程序问题，在法律、法规或水利部规范性文件中没有明确的规定。根据以往的工作经验，我们认为可将调解水事纠纷的基本程序和方法归纳如下。

（一）调解前的准备工作

一是主持调解必须接受纠纷当事人的委托，是纠纷双方自愿，而不能是只有一方同意。委托前，应由纠纷双方明确主持调解的内容、性质、要求、作用等，以便使纠纷当事人摆正与水行政机关之间的关系。二是了解水事纠纷的事实真相，掌握法律法规和政策的有关规定。三是做好双方的思想工作，使双方都能端正态度，以积极主动的姿态配合调解工作。

（二）调解阶段的工作

一是水行政机关阐述法律法规和政策的有关规定，主持调解的意义、原则。二是纠纷双方分别介绍水事纠纷的起因、经过和后果，并提出各自的处理意见。三是纠纷双方交换意见。在调解中，应提倡当事人双方对关键问题交换看法，甚至展开辩论。水行政机关要认真听取双方的辩论，辨别陈述的理由是否合情、合理、合法。四是提出解决方案，促成和解。水行政机关要明确对水事纠纷的意见，分清双方的责任，并提出调解方案。

（三）协议阶段的工作

经调解达成协议的，应制作调解协议书（纪要）。协议书既可以由水行政机关起草，征求双方的意见后定稿，也可由纠纷双方分别起草后交水行政机关进行协调后定稿。协议书（纪要）必须包括以下内容：

（1）纠纷双方是单位的，写明单位的基本情况及法定代表人的情况，是个人的写明自然人的情况。

（2）双方水事纠纷的起因、经过。

(3)主持调解的时间、地点,主持调解的水行政机关及其负责人和工作人员。

(4)双方应享受的权利和承担的义务;这一部分是中心内容,应当写详细。

(5)双方履行义务的最后期限。

(6)双方当事人的签名等。

(四)调解协议履行阶段的工作

双方当事人达成调解协议后,可以认为调解工作已经结束。但是,为了维护纠纷双方的合法权益,水行政机关在主持调解后,对协议书的履行也应进行监督。因此,在履行阶段水行政机关应努力做好以下工作:

(1)对于不主动履行协议的,要督促其自觉履行。

(2)对于因特殊原因不能按时履行的,在征得对方同意后可以延后履约。

(3)对有能力履行而到期拒不履行的,水行政机关可提请其上级主管机关责令其履行。纠纷另一方也可采取其他合法手段维护自己的合法权益。一方无正当理由反悔的,调解协议可以作为有效证据。

第五节　水行政赔偿与补偿

一、水行政赔偿

(一)水行政赔偿概述

1. 水行政赔偿的概念

水行政赔偿是指水行政主管部门工作人员依照职权进行公务活动时,违法侵犯公民、法人或者其他组织的合法权益,使其权利受到侵害,由国家承担赔偿责任的法律制度。

(1)水行政赔偿侵权行为的主体是水行政机关和水法律、法规授权的组织。民事赔偿中侵权行为的主体是平等的民事主体。司法赔偿中侵权行为的主体是行使司法职权的国家司法机关。

(2)水行政赔偿的请求人是其合法权益受到侵权行为损害的公民、法人或者其他组织。

(3)水行政赔偿作为行政赔偿的一部分,其责任主体是国家。水行政主体代表国家行使行政管理的职能,其行政行为的法律后果都由国家予以承担。

(4)水行政赔偿的范围在《国家赔偿法》和《行政诉讼法》中规定。

行政赔偿的行为分为两类:一是具体行政行为造成的损害,如行政不作为造成的损害;二是行政事实行为造成的损害,如行政机关工作人员在行使职权时,以暴力行为造成的损害。

2. 水行政赔偿责任的条件

国家承担水行政赔偿责任的构成需符合下列法定条件:

(1)侵权行为主体必须是水行政机关及其工作人员或者法律、法规授权的组织以及受水行政主体委托的组织。

(2)水行政主体的侵权行为发生在行使水行政职权的公务活动中。

(3)水行政主体行使职权的行为是违法行使的。

(4)水行政主体违法行使职权行为侵害了水行政相对人的合法权益,造成了损害的后果。

(5)造成的损害后果必须与违法行使职权行为之间具有因果关系。

(二)水行政赔偿的范围

1.侵犯人身权的赔偿范围

人身权包括人格权和身份权。人格权分为生命健康权、自由权、名誉权、姓名权、肖像权等。身份权分为亲权、监护权、著作权、发明权等。

根据《国家赔偿法》的规定,在上述人身权中,可以取得国家赔偿的有侵犯人身自由权、生命健康权两类。

1)人身自由权损害赔偿

人身自由权损害赔偿范围包括:

(1)违法拘留或者违法采用限制公民人身自由的行政强制措施的。《行政处罚法》第十六条规定:国务院或者国务院授权的省、自治区、直辖市人民政府可以决定一个行政机关行使有关行政机关的行政处罚权,但限制人身自由的行政处罚权只能由公安机关行使。

(2)非法拘禁或者以其他方法非法剥夺公民人身自由的。这里的非法拘禁行为是指行政拘留和强制措施以外的非法限制公民人身自由的行政行为:一是无权限;二是有权限,但严重越权。

2)生命健康权损害赔偿

生命健康权损害赔偿范围包括:

(1)以殴打等暴力行为或者唆使他人以殴打等暴力行为造成公民身体伤害或者死亡的。

(2)违法使用武器、警械造成公民身体伤害的。

(3)造成公民身体伤害或者死亡的其他违法情形。

行政机关其他违法职权行为造成公民身体伤害或死亡的,国家应承担赔偿责任。

2.侵犯财产权的水行政赔偿范围

侵犯财产权的水行政赔偿范围包括:

(1)违法实施罚款、吊销许可证和责令停产停业的、没收财物等行政处罚的;

(2)违法对财产采取查封、扣押、冻结等行政强制措施的;

(3)违反国家规定征收财物的;

(4)造成财产损害的其他违法行为。

3.国家不予赔偿的情形

根据《国家赔偿法》第五条的相关规定,国家不承担赔偿责任的情形包括:

(1)行政机关工作人员实施的与行使职权无关的个人行为。对于与行使职权无关的个人行为造成的损害,国家不承担赔偿责任。

(2)因公民、法人或其他组织自己的行为致使损害发生的。如因公民自伤、自残等故意行为致使损害发生的。

(3)法律规定的其他情形。

另外,根据《国家赔偿法》第十九条的相关规定,属于下列情形之一的,国家不承担赔偿责任:

(1)因公民自己故意作虚伪供述,或者伪造其他有罪证据被羁押或者被判处刑罚的。

(2)依照刑法第十七条、第十八条规定不负刑事责任的人被羁押的。

(3)依照刑事诉讼法第十一条规定不追究刑事责任的人被羁押的。

……

(三)赔偿请求人和赔偿义务机关

1.水行政赔偿请求人

水行政赔偿请求人,是指因水行政机关及其工作人员违法执行职务而遭受损害,有权请求国家赔偿的公民、法人或其他组织。

有权提出赔偿请求的人有以下几种:

(1)受到水行政行为侵害的公民、法人或者其他组织。

(2)受害人死亡的,其继承人和其他有赡养关系的亲属也可以作为赔偿的请求人。

(3)受害的法人或者其他组织终止、承受权利的法人或其他组织有权要求赔偿。

(4)法人或其他组织被行政机关吊销许可证或执照,但该法人或其他组织仍有权利以自己的名义提出赔偿请求。

(5)法人或其他组织破产,也不发生赔偿请求权的转移。

(6)法人或其他组织被主管行政机关决定撤销,不转移赔偿请求权。

2.水行政赔偿义务机关

(1)水行政机关及工作人员在行使职权时违法侵犯水行政相对人合法权益造成损害的,该水行政机关为赔偿义务机关。

(2)两个以上水行政机关共同实施违法行政行为造成损害的,为共同赔偿义务机关。

(3)法律、法规授权的组织违法行使职权行为造成水行政相对人损害的,该组织为赔偿义务机关。

(4)受委托组织或个人违法行使职权行为引起赔偿责任时,由委托的水行政机关充当赔偿义务机关。

(5)水行政机关实施违法侵权行为给行政相对人造成损害后被撤销的,一般由继续行使其职权的水行政机关作为赔偿义务机关。如果没有继续行使其职权的,那么撤销赔偿义务机关的水行政机关作为赔偿义务机关。

(6)经行政复议的案件,由最初作出具体行为的水行政机关为赔偿义务机关。但复议机关的复议决定加重损害的,复议机关对加重的部分履行赔偿义务。

(四)水行政赔偿程序

水行政赔偿程序是指水行政赔偿请求人向水行政赔偿义务机关请求行政赔偿,行政赔偿义务机关处理赔偿申请以及人民法院解决行政赔偿纠纷的步骤、方式、顺序和时限的总称。

1.水行政赔偿请求的提出

1)提出水行政赔偿请求的条件

(1)请求人必须具有行政赔偿请求权。

(2)必须有明确的水行政赔偿义务机关。

(3)必须在法定的时效内提出赔偿请求。一般从行政机关及其工作人员行使职权的行为被依法确认违法之日起计算,被羁押期间不计算在内,赔偿请求人请求国家赔偿的时效为两年。

(4)行政赔偿请求必须在《国家赔偿法》明确规定的范围之内。

2)水行政赔偿的请求方式

行政赔偿请求人向赔偿业务机关提出赔偿请求,一般以书面形式,特殊情况下可用口头方式。

3)水行政赔偿请求的提出方式

水行政赔偿请求的提出方式包括单独提出水行政赔偿请求和一并提出水行政赔偿请求。受害人单独提出水行政赔偿请求的,应首先向水行政赔偿义务机关提出。在赔偿义务机关确定不予赔偿或赔偿请求人对赔偿数额有异议时,赔偿请求人才可以向人民法院提出行政赔偿诉讼。前置程序要求赔偿请求人单独提出行政赔偿请求时,必须首先向赔偿义务机关提出,这适用于争议双方对侵权行为的违法性没有争议,即确定行政侵权行为是违法的。

一并提出水行政赔偿请求是指赔偿请求人在申请行政复议或提出行政诉讼时,将确认行政侵权行为违法与要求行政赔偿请求同时提出,并案处理。国家水行政复议机关或人民法院对行政侵权行为的违法性进行确认,然后再决定是否予以赔偿。

2. 水行政赔偿义务机关的受案及处理

水行政赔偿义务机关收到申请书后,审查确认赔偿申请符合条件的,应通知赔偿请求人。水行政赔偿义务机关应在收到申请之日起 2 个月内作出处理决定,如逾期不予赔偿或双方赔偿数额有争议的,请求人自期限届满之日起 3 个月内向人民法院提起行政赔偿诉讼。

3. 水行政赔偿诉讼

水行政赔偿诉讼是依照《国家赔偿法》、《行政诉讼法》等,人民法院根据赔偿请求人的诉讼要求裁判行政赔偿争议的活动。水行政赔偿诉讼的特点在于:

(1)在单独提起赔偿诉讼时,要以水行政赔偿义务机关先行处理为条件。

(2)水行政赔偿责任主体与水行政赔偿义务机关分离。即充当被告的是赔偿义务机关,虽然行政赔偿的责任由国家承担,但国家不是被告。

(3)水行政赔偿诉讼可以适用调解作为结案方式。

(4)水行政赔偿诉讼不完全采取"被告负举证责任"的原则,也同时要求水行政赔偿请求人进行举证。

4. 水行政追偿程序

1)水行政追偿的概念

水行政追偿,是指水行政赔偿义务机关代表国家的行政赔偿义务机关,向赔偿请求人支付赔偿费用以后,依法责令有故意或重大过失的公务人员、受委托的组织和个人承担部分或者全部赔偿费用的制度。

2）行政追偿的要件

（1）行政赔偿义务机关已经向受害的公民、法人或者其他组织支付了赔偿金，先赔偿，再追偿。

（2）行政机关的工作人员或者受委托的组织或者个人有故意或者重大过失。故意是指明知自己的行为会给相对人造成损害，却仍然希望或者放任这种结果发生的主观心理状态。重大过失是指对损害结果发生存在明显的疏忽大意，比一般过失而言更为明显、更为严重。

3）行政追偿的意义

追偿制度实行先赔偿后追偿，有利于保证受害人及时地得到赔偿费用。追偿制度责令有故意或者重大过失的公务人员承担部分和全部赔偿费用有利于监督公务人员依法行使职权，增强其责任感。追偿制度既要有利于监督，促进行政机关工作人员恪尽职守，不滥用职权，又要考虑行政机关工作人员的实际承受能力，使追偿切实可行。

二、行政补偿

（一）行政补偿的概念与特征

行政补偿是指行政主体因合法行使公权力的行为给相对人造成特别损失或相对人出于维护社会公共利益而遭受到的损失予以弥补的制度。它是国家调整公共利益与私人利益、全局利益与局部利益之间关系的一项基本制度。行政补偿具有以下特征：

（1）行政补偿以合法的行政行为为前提，行政机关及其工作人员的行政行为不产生补偿责任，只可能产生行政赔偿责任。

（2）行政补偿的对象是特定的公民、法人或其他组织所遭受的特别损害。当国家合法行为使社会受益，但在一定的情况下客观上造成特定的少数人受到损害，对这种损害才有补偿的必要。

（3）行政补偿以特定相对人受到损害与合法行为具有因果联系为要件。如果某一合法的行政行为与某种权益损失之间毫无因果关系，则不能构成行政补偿。

（二）行政补偿的标准

1. 完全补偿标准

完全补偿是指对于损失应予完全填补之意，其理论根据在于财产权的不可侵犯及平等原则。我国台湾学者温丰文认为对于生存权之土地（如自用住宅用地或赖以维生之耕地）之征收，应予完全补偿；对带有浓厚社会性、具有财产权性质的土地之征收，则仅须予相当补偿既已足。简言之，完全补偿是用于与个人生活安身立命相关的生活资料如土地、房产等，直接用于生产经营的生产资料如机械、车辆等。我国于 2007 年施行的《物权法》在对征收补偿上则体现了完全补偿的标准，该法第三十六条、第四十二条规定体现了国家关于征地补偿安置必须确保被征地农民原有生活水平不降低、长远生计有保障的原则。完全补偿的意义在于使受损失者能够恢复到未遭受损失前的状态，这是补偿的理想境界，但因为给予受损者相对较多的补偿也同时给国家财政造成很大负担，因此其适用必须有法律、法规明确规定，严格依法办事。

2. 适当补偿标准

适当补偿是指参照考虑征收、征用的用途与当时社会环境等因素，综合考虑补偿数额的一种办法。与完全补偿相比，适当补偿的标准一般低于被征收人的原有生活状态，它主要用于以下几种状态：

第一，紧急状态下的征收征用，在此时由于情况紧急，公共利益的优先性和急迫性较为突出，如在抗洪中征用居民的房屋等；各国通常在这种情况下也采取适当补偿。

第二，对公民财产权的限制。财产权的限制是指对于财产权权能的界定和限制，包括对使用、处分及收益权的限制等，这种限制如果没有侵犯财产权的本质内涵，则是对财产权的合法限制，属于财产权的社会义务。原则上，权利人应予以容忍，只有当对财产权的限制超过了一般公民可忍受的程度，从而形成特别牺牲时，才应当予以补偿。目前，对财产权的限制还只是针对个案，但必须有明确的法律规定，如国家为了保护某些具有文物性质的古城，禁止将原房屋改建为商品房，对房屋所有权人造成的损失，国家应当给予适当补偿。

第三，对于无形财产的征收。私有财产分为无形财产和有形财产。无形财产是指专利、技术等知识产权。由于知识产权本身具有的特性，不能像普通商品一样定价，加之国家征购往往具有公益性，因此在补偿时多采用适当补偿方法。

3. 超值补偿标准

超值补偿标准是指补偿费用超过了被损害者所遭受的损失，主要表现在公务协助和见义勇为行为的无因管理行为。公务协助的法律根据主要是《人民警察法》第三十四条的规定；而见义勇为的法律根据主要是我国《消防法》、《森林法》等的规定。对于见义勇为和公务协助行为，公民个人本身并不负有义务，只是出于公益、道德而挺身而出。因此，对他们造成的损失，不仅要予以完全补偿，还要在道德上给予奖励。这种奖励既包括物质的，也包括精神的，不能以国家财力有限为由，减少对公务协助和见义勇为的奖励，这是因为这两种行为对弘扬社会正气、协调民众与政府关系、促进人民更好地投入社会生活中，创造稳定、和谐的社会环境有着极大的推动作用，它将促使人们更好地投入物质生活建设中，增加社会财富，从而形成一种良性互动。

(三)行政补偿的范围

关于行政补偿的范围，从行政主体方面有抽象行政行为引起的行政补偿、具体行政行为引起的行政补偿和行政事实行为引起的行政补偿三种；从行政相对人(公民法人或者其他组织)方面有协助公务而受损的行政补偿和为公共利益而受损的行政补偿两种。

1. 行政主体的行政行为引起的行政补偿

1)抽象行政行为引起的行政补偿

如我国《防沙治沙法》第三十五条规定，因保护生态的特殊要求，将治理后的土地批准划为自然保护区或者沙化土地封禁保护区的，批准机关应当给予治理者合理的经济补偿。

2)具体行政行为引起的行政补偿

多数行政补偿都是由具体行政行为引起的，主要有以下几种：

(1)征收或者征用补偿。2004 年修正的《宪法》第十三条规定，国家为了公共利益的需要，可以依照法律规定对公民的私有财产实行征收或者征用并给予补偿。此外，还有大量的法律在征收或者征用方面作了具体规定,如我国《土地管理法实施条例》第二十五条、《农业法》第七十一条、《外资企业法》第五条、《国防法》第四十八条、《戒严法》第十七条等。

(2)因变更或者撤回行政许可权导致相对人财产损失的补偿。如《行政许可法》第八条规定,行政许可所依据的法律、法规、规章修改或者废止,或者准予行政许可所依据的客观情况发生重大变化的,为了公共利益的需要,行政机关可以依据变更或者撤回已经生效的行政许可,由此给公民、法人或者其他组织造成财产损失的,行政机关应当依法给予补偿。

(3)因限制或禁止相对人财产的使用或收益而造成的损失引起的补偿。如《防洪法》规定,对于蓄滞洪区因蓄滞洪而遭受的损失,蓄滞洪后,应当依照国家规定予以补偿或者救助。

3)行政事实行为引起的行政补偿

行政事实行为是指行政主体及其工作人员基于行政职权的行使而实施的,不以设定行政相对人权利义务为目的,且不具有法律约束力的行为。如我国《人民警察使用警械和武器条例》第十五条规定:人民警察依法使用警械、武器,造成无辜人员伤亡或者财产损失的,由该人民警察所属机关参照《中华人民共和国国家赔偿法》的有关规定给予补偿。应该说明的是,行政行为的附随效果就是行政事实行为。

2. 协助公务活动或参与公益活动受到损害的行政补偿

1)协助公务而受损的行政补偿

如我国《人民警察法》第三十四条第二款规定:公民和组织因协助人民警察执行职务,造成人身伤亡或者财产损失的,应当按照国家有关规定给予抚恤或者补偿。

2)为公共利益而受损的行政补偿

如我国《野生动物保护法》第十四条规定,因保护国家和地方重点保护野生动物,造成农作物或者其他损失的,由当地政府给予补偿。《防洪法》第四十五条规定,在紧急防汛期,防汛指挥机构根据防汛抗洪的需要,有权在其管辖范围内调用物资、设备、交通运输工具和人力,决定采取取土占地、砍伐林木、清除阻水障碍物和其他必要的紧急措施。依照此规定调用的物资、设备、交通运输工具等,在汛期结束后应当及时归还;造成损坏或者无法归还的,按照国务院有关规定给予适当补偿或者作其他处理。

(四)行政补偿的程序

1. 主动补偿程序

主动补偿程序的特征是不待相对人申请,行政机关主动进行。主要步骤如下:

第一,发出补偿通知,告知补偿权利人有关补偿的事项,如补偿事由、依据、补偿金额、补偿标准。

第二,协商。由行政机关与受害人协商,达成补偿协议。

第三,达不成协议的,由上级机关或有关机关裁决。对裁决不服的可以申请行政复议。

2. 申请补偿程序

在合法的公权力行使给当事人造成不可预见的损失时,一般由受害人提出申请,启动补偿程序。

行政补偿的基本程序一般包括申请、审查、协商、达成协议,以作出补偿或者不补偿的决定。

第十五章　水行政复议

第一节　水行政复议概述

行政复议是一项法律救济制度，是一项应管理相对人的请求，由行政机关内部自我纠正错误的监督机制。行政复议的目的是防止并纠正行政机关以及行政机关工作人员作出违法的或不适当的具体行政行为，从而保护公民、法人和其他组织的合法权益，保障和监督行政机关依法行使职权。第九届全国人大常委会第九次会议于1999年4月29日通过了《中华人民共和国行政复议法》，并以中华人民共和国主席令第16号予以公布，于1999年10月1日起施行。该法的颁布实施，对于推动社会主义民主政治建设，促进行政机关依法行政，维护社会经济秩序和社会稳定，具有重要的作用。

一、水行政复议的概念及特征

（一）水行政复议的概念

水行政复议，是指水行政管理相对人认为水行政主管部门的具体行政行为侵犯其合法权益，而向其上级行政主管机关或其他法定机关申请撤销或变更该具体行政行为，由复议机关对原具体行政行为进行复查并作出复议决定的活动。

（二）水行政复议的特征

水行政复议是行政复议制度在水行政管理领域的具体化。它的主要特征如下。

1.水行政复议是依申请而为的行为

相对人如果对原水行政主管机关作出的具体行政行为不服，必须有不服的法定表示，即在法定期限内以法定形式向有管辖权的复议机关提出申请，才能发生水行政复议的行为。也就是说，相对人不提出复议，水行政复议机关就不能主动复议。

2.法律关系是特定的

在水行政复议关系中，申请人和被申请人是确定的，申请人只能是与具体行政行为有利害关系的公民、法人或其他组织；被申请人只能是依法行使水行政管理权的水行政主管部门。

3.水行政复议的请求是单方的

水行政复议的起因是公民、法人或者其他组织“认为”行政机关的具体行政行为违法、不当或作出该具体行政行为所依据的规定不合法，侵犯其合法权益。这里的“认为”就反映出以相对人的主观评价为主导，不论其申请的事实和理由是否真正符合客观事实，只要其“认为”，就可提出复议申请。

4.水行政复议具有很强的专业性

如相对人申请在行洪、排涝河道采砂，水行政主管部门不予批准，相对人不服，申请上级水行政主管部门复议,复议机关在复议时,不可避免地涉及对采砂是否影响河势变化、是否妨碍河道行洪等技术性问题的审查,这就必然要涉及水文问题、泥沙问题、河流动力学等问题。其技术性十分复杂,这无疑增加了水行政复议的复杂性,客观上也就要求复议人员熟悉和了解多方面的知识。在处理此类复议案件时,不仅要依据水法律法规,还要符合河势的客观规律,满足有关技术方面的要求。

二、水行政复议的原则

水行政复议的原则,就是指水行政复议的参加人在水行政复议活动中应当遵守的行为准则。《水利部行政复议工作暂行规定》第四条规定:行政复议工作应当遵循合法、公正、公开、及时、便民的原则,坚持有错必纠,保障水法规的正确实施。

(一)合法原则

依法行政是行政管理的基本原则,当然也是行政复议应当遵守的原则。首先,行政复议机关应当对案件具有管辖权;其次,复议机关的活动应当依法进行;再次,作出的复议决定应当符合法律规定。

(二)公开、公正原则

公开原则,是指行政复议活动应当公开进行,复议案件的受理、调查、审理、复议决定的作出,都应当尽可能地对当事人和社会公开。

公正原则,是指复议机关在进行复议的过程中,应当公正地对待双方当事人。不得因为被申请人是自己的下属机关而有所偏袒。

(三)及时、便民原则

一般来讲,具体行政行为多数都涉及相对人的实体权利义务。“迟来的公正就是不公正”。复议机关在受理、审查、作出复议决定的过程中,应当尽可能地缩短时间,以维护相对人的合法权益。此外,在复议中,还应当因地制宜,方便相对人参加复议,避免当事人不必要地耗费时间、财力和精力。

(四)有错必纠原则

设立行政复议的目的,就是保护公民、法人和其他社会组织的合法权益;防止和纠正违法或不当的行政行为,以监督和保障行政机关依法行使管理职权。复议机关在复议中发现具体行政行为具有法定的撤销、变更的情形的,应当依法作出复议决定。认定被申请人不履行法定职责的,责令其在一定期限内履行。

三、水行政复议的作用与意义

水行政复议是行政复议制度在我国水资源管理领域中的具体运用和体现,对促进、推进水行政主体及其工作人员依法行政、依法治水、依法管水都具有重要的作用与意义。

(1)行政复议制度不仅是解决行政争议的一种手段,也是上级水行政主管部门对下级水行政主管部门具体行政行为进行监督的一种方式与活动。因此,通过水行政复议,可以促进上级对下级的监督,增强行政机关工作人员的法制观念。此外,水行政复议机构的复议,能够及时、准确地纠正水行政主管部门及其工作人员错误的具体水行政行为,从而达到维护公民、法人或其他组织合法权益的目的。

(2)用行政复议方法解决行政争议简便、迅速,节省时间和金钱。因为行政机关对本部门的业务熟悉,上下级之间具有领导服从关系,当下级机关与行政相对人发生争执后,上级机关有可能利用自身的这些长处,迅速查清事实,解决争议,并可以直接查处有违法失职的直接责任人员。同时,由于行政争议不得收取任何费用,因此相对人采取行政复议的方法得到救济,远远比通过行政诉讼获得救济更节省时间和金钱。

(3)相对于行政诉讼来说,通过行政复议,一方面,可以减轻人民法院的压力;另一方面,行政复议在诉讼之前,也有利于人民法院明确诉讼标的,对于人民法院迅速查清事实,作出正确判决起到重要作用。

第二节　水行政复议程序

一、水行政复议的受案范围

一般来说,相对人认为水行政主管部门的具体行政行为侵犯其合法权益的,均可依法申请行政复议。但是,并非所有的具体行政行为,相对人都可以申请复议,这正是水行政复议的范围所要解决的问题。

(一)可申请复议的水行政行为

根据《中华人民共和国行政复议法》、《中华人民共和国行政复议法实施条例》以及《水利部行政复议工作暂行规定》,可以申请水行政复议的情况有以下几种:

(1)对水行政主管机关及流域机构作出的行政处罚决定不服的:水行政相对人对水行政主管部门行政执法中的罚款、吊销许可证、没收非法所得、责令赔偿损失或者采取补救措施等水行政处罚不服的,可以依法申请水行政复议。

(2)对水行政主管机关及流域机构作出行政强制措施决定不服的:水行政相对人对水行政主管部门在水事监督与检查管理活动中所采取的即时强制措施不服的,如责令拆除水障碍物,可以依法申请水行政复议。

(3)对水行政主管机关及流域机构作出的取水许可证、水利工程建设监理资质证、资格证、采砂许可证等证书变更、中止、撤销的决定不服的:相对人认为其符合水事法律规范所规定的,申请某一许可证书或规划同意书的条件,而向水行政主管部门申请颁发许可证书、规划同意书,如申请颁发取水许可证 、监理工程师资格证、河道内建设项目审查同意书等,但是相关的水行政主管部门拒绝颁发而且没有告知理由的,相对人可以依法申请水行政复议。

(4)对水行政主管机关及流域机构作出的关于确认水流的使用权和决定不服的:根据我国宪法规定,矿藏、水流、森林、山岭、草原、荒地、滩涂等自然资源,都属于国家所有(法律规定属于集体所有的森林、山岭、草原、荒地、滩涂除外),公民、法人和其他组织可以依法取得使用权。对于上述自然资源的所有权或使用权的确认和核发证书,是县级以上各级人民政府及其主管部门的法定职责。据此,公民、法人和其他组织对各级人民政府及其水行政主管部门关于确认水流、滩地等的所有权或者使用权的决定不服的,必须先申请行政复议。

(5)认为水行政主管机关及流域机构侵犯合法的经营自主权的。

(6)认为水行政主管机关及流域机构违法集资或者违法要求履行其他义务的。

(7)认为符合法定条件,申请水行政主管机关及流域机构颁发取水许可证、采砂许可证、水利工程建设监理资质证、水利工程建设监理资格证、施工企业资质证等证书,或者申请审查同意河道管理范围内建设项目、开发建设项目水土保持方案,水行政主管机关及流域机构没有依法办理的。

(8)认为水行政主管机关及流域机构的其他具体行政行为侵犯其合法权益的。

(二)不可申请复议的水行政行为

根据水事法律规范和《行政复议法》的规定,下列事项是不能申请水行政复议的:

(1)相对人对水行政主管部门制定水事管理规章等抽象水行政行为不服的,只能向有关国家机关提出,不能申请水行政复议。

但是,依据《水利部行政复议工作暂行规定》,对水利部、流域机构、流域机构所属管理机构或者省、自治区、直辖市水利(水电)厅(局)作出具体行政行为所依据的水利部的规定认为不合法的,公民、法人或者其他组织在申请行政复议时可以一并提出对该规定的审查申请。流域机构受理的行政复议申请中,申请人提出前述要求的,流域机构应在受理行政复议申请之日起7日内通过直接送达、邮寄送达等方式将申请人对水利部的规定的审查申请移送水利部,水利部应当在60日内依法处理。水利部受理的行政复议申请中,申请人提出前述要求的,水利部应当在30日内依法处理。

处理期间,中止对具体行政行为的审查并应及时通知申请人、被申请人及第三人。

(2)水行政主管部门所作出的行政处分和其他人事处理决定,通常又称为内部行政行为。被处分或者被处理的人不服决定,不能申请水行政复议,但可以依照有关法律和行政法规的规定提出申诉。

(3)水行政主管部门对民事纠纷作出的调解或其他处理。水行政主管部门对民事纠纷的调解行为,是双方在自愿基础上进行的。达成的协议是双方的意思表示,不是水行政机关的行政行为。一方当事人反悔的,双方都有权向法院提出诉讼,但不能申请行政复议。

二、水行政复议机构与管辖

(一)水行政复议的机构及其职责

水行政复议机构是指在有复议权的行政机关内部设立的,依法审理水行政复议案件的机构。它和水行政复议机关是两个不同的概念,行政复议机关是指依法享有行政复议权的行政机关,即作出具体水行政行为的行政机关的上一级机关(同级人民政府或上一级水行政主管部门);水行政复议机构则是由水行政复议机关内设的审理水行政复议案件的机构,它从属于水行政复议机关具体办理水行政复议案件。

1.水行政复议机构的类型

根据《行政复议法》及水行政法律、法规的规定,水行政复议机关有两类:一类是同级人民政府;另一类是上一级水行政主管部门。水行政复议机构是指这两者的法制工作机构,前者为人民政府法制局,后者为水政机构。

2. 水行政复议机构的职责

(1)审查复议申请是否符合法定条件;

(2)向争议双方、有关单位及有关人员调查取证,查阅文件资料;

(3)组织审理复议案件;

(4)拟定复议决定;

(5)受复议机关法定代表人的委托出庭应诉;

(6)法律、法规规定的其他职责。

(二)水行政复议的管辖

水行政复议的管辖是指确定行政机关受理水行政复议案件的分工和权限的制度。根据《行政复议法》及水事法律规范的规定,水行政复议管辖包含以下内容。

1. 一般管辖

一般管辖主要解决的是不服县级以上地方各级人民政府水行政主管部门的具体水行政行为以及不服地方各级人民政府的具体水行政行为所引起的复议管辖。具体而言有以下情况:

(1)对地方各级人民政府水行政主管部门的具体水行政行为不服而申请复议的,由相应的上一级水行政主管部门管辖。

(2)对地方各级人民政府的具体水行政行为不服而申请复议的,由上一级人民政府管辖,但是对省级人民政府作出的具体水行政行为不服的案件只能由省级人民政府管辖。

(3)对水利部的具体行政行为不服的,仍向水利部申请复议。对行政复议决定不服的,可以向人民法院提起行政诉讼;也可以向国务院申请裁决。国务院依照《行政复议法》的规定作出最终裁决。

(4)对其他协调管理部门(如林业、国土、交通等)作出的具体水行政行为不服而申请复议的,应由各自的上一级业务主管部门管辖,但是国务院所属的其他行业主管部门在协同水行政主管部门管理水资源的过程中所产生的复议案件则只能由各自受理并管辖。

2. 特殊管辖

在水资源管理过程中,由于水资源的多功能性以及水事管理实践中具体水行政行为的复杂性,还存在着一些复议案件不能按照一般管辖的原则来确定复议管辖机关的情况,即特殊管辖。特殊管辖的内容如下:

(1)对两个或两个以上行政机关共同作出的具体行政行为不服而申请复议的,由其共同的上一级行政机关管辖,而不是由各行政主管部门各自的上一级业务主管部门管辖。在实践中,可能有这样几种情况:

①同一政府两个或者两个以上工作部门以共同的名义作出的具体行政行为,由其共同的上一级行政机关县(市)人民政府管辖。

②两个或两个以上所属不同地方政府管理的工作部门以共同的名义作出具体行政行为,又可以分两种情况:第一种情况是,两个部门隶属于同一个行政主管部门,如同一地级市的两个县级市的水利局以共同的名义作出的具体行政行为,由其共同的上一级行政机关地级水利部门管辖;第二种情况是,两个部门属于不同的行政主管部门,如一个县级市的水利部门与土地管理部门以共同的名义作出的具体行政行为,由其共同的上一级行政

机关地级市人民政府管辖。

③两个或两个以上地方人民政府作出的具体行政行为，由其共同的上一级人民政府管辖。

(2)不服法律、法规授权的组织作出的具体行政行为而申请复议的，由直接主管该组织的行政机关管辖。法律、法规授权的组织是指根据《水法》和其他水事法律、法规的规定，享有一定的水事管理职权的组织，如国家在长江、黄河、太湖等重要江河、湖泊所设立的流域管理机构。

(3)不服已被撤销的水行政主管部门所作出的具体水行政行为而申请复议的，应该由继续行使该职权的上级机关管辖。

3. 水行政复议案件的移送、指定和选择管辖

1) 移送管辖

移送管辖是指水行政复议机关对已经受理的水行政复议案件，经过审查后发现自己对该案件没有管辖权，而依法将其移送至有管辖权的水行政复议机关。受移送的水行政复议机关不得再次自行移送。

2) 指定管辖

指定管辖是指两个或两个以上的水行政主管部门，或者是水行政主管部门与别的行业主管部门对某一水行政复议案件的管辖权发生争议，而且协商不成，由共同的上级指定某一水行政主管部门对该案件享有管辖权。它通常发生在同一政府所属的几个部门之间，对共同实施的具体水行政行为而引起的复议案件管辖权的彼此推诿或者互相争夺。

3) 选择管辖

选择管辖是指某一水行政复议案件的申请人同时向两个或两个以上的享有管辖权的水行政主体申请行政复议时，由最先收到复议申请书的管辖。

三、水行政复议的申请与受理

(一) 水行政复议的申请

水行政复议的申请，是指相对人认为水行政主管部门的具体行政行为侵犯其合法权益，以自己的名义要求复议机关重新审议，以维护自己的合法权益。在整个复议过程中，复议申请是引起水行政复议程序的法定依据，是水行政复议程序不可缺少的环节。

1. 申请复议的条件

(1)复议申请人必须是认为某一具体水行政行为直接侵犯其合法权益的公民、法人或其他组织。这是对复议申请人主体资格的要求与限制。

(2)有明确的被申请人。即申请人在复议申请书中具体指明侵犯其合法权益的水行政主管部门是哪一个，是一个还是几个。被申请人不是实施具体水行政行为的工作人员，而是工作人员所从属的、所代表的水行政主管部门。

(3)必须有具体的复议请求和事实依据。申请人在提出复议申请时，应当首先在申请书中载明具体的复议请求，有时可附带提出行政赔偿请求。

(4)提请的复议内容在复议范围之内。要求申请人提出的争议事项必须是法律、法规、规章或其他规范性文件允许复议的事项，如果不属于允许提出复议范围的事项，复议

机关将不予受理。

(5)属于受理复议机关的管辖范围。这里对复议机关的规定，要求相对人只能向享有管辖权的水行政主管部门提出复议申请。除特殊规定外，申请人的复议申请一般只能向最初作出具体水行政行为的水行政主管部门的上一级机关提出。

2. 申请复议的时限

根据《行政复议法》的规定，公民、法人或者其他组织认为具体行政行为侵犯其合法权益的，可以自知道该具体行政行为之日起60日内提出行政复议申请，但是法律规定的申请期限超过60日的除外。因不可抗力或者其他正当理由耽误法定申请期限的，申请期限自障碍消除之日起继续算起。

行政复议申请期限的计算，依照下列规定进行：

(1)当场作出具体行政行为的，自具体行政行为作出之日起计算。

(2)载明具体行政行为的法律文书直接送达的，自受送达人签收之日起计算。

(3)载明具体行政行为的法律文书邮寄送达的，自受送达人在邮件签收单上签收之日起计算；没有邮件签收单的，自受送达人在送达回执上签名之日起计算。

(4)具体行政行为依法通过公告形式告知受送达人的，自公告规定的期限届满之日起计算。

(5)行政机关作出具体行政行为时未告知公民、法人或者其他组织，事后补充告知的，自该公民、法人或者其他组织收到行政机关补充告知的通知之日起计算。

(6)被申请人能够证明公民、法人或者其他组织知道具体行政行为的，自证据材料证明其知道具体行政行为之日起计算。

行政机关作出具体行政行为，依法应当向有关公民、法人或者其他组织送达法律文书而未送达的，视为该公民、法人或者其他组织不知道该具体行政行为。

3. 复议申请的形式和内容

申请人申请行政复议，可以书面申请，也可以口头申请。

申请人书面申请行政复议的，应当在行政复议申请书中载明下列事项：

(1)公民的姓名、性别、年龄、身份证号码、工作单位、住所、邮政编码；法人或者其他组织的名称、住所、邮政编码和法定代表人或者主要负责人的姓名、职务。

(2)被申请人的名称。

(3)行政复议请求、申请行政复议的主要事实和理由。

(4)申请人的签名或者盖章。

(5)申请行政复议的日期。

申请人口头申请行政复议的，行政复议机构应当依照书面申请书要求载明的事项，当场制作行政复议申请笔录交申请人核对或者向申请人宣读，并由申请人签字确认。

4. 水行政复议申请的撤回

水行政复议申请的撤回，是指复议申请人依法撤回其复议申请书的意思表示。提出复议申请是申请人的权利，撤回复议申请也是申请人的权利。根据《行政复议法》的规定，申请人撤回复议申请必须在复议机关受理其申请之后，尚未作出复议决定前提出，同时要说明理由。申请人撤回复议申请的原因很多，归纳起来主要有：一是申请人自愿撤回;二是在复议过程中,被申请人主动改变其原来所作出的具体水行政行为,申请人同意并申请撤回复议申请的,经复议机关同意并记录在案后,可以撤回其复议申请。

根据《行政复议法》的规定,申请人撤回复议申请的,行政复议自行终止。申请人撤回行政复议申请的,不得再以同一事实和理由提出行政复议申请。但是,申请人能够证明撤回行政复议申请违背其真实意思表示的除外。

(二)水行政复议的受理

水行政复议的受理,是指公民、法人或者其他组织认为水行政主管机关作出的具体水行政行为侵犯其合法权益,依法提出复议申请后,经有管辖权的水行政复议机关审查,认为符合申请条件的,决定立案审理的行为。它是承接申请与审理的重要环节。

1. 审查

有复议权的水行政主管部门收到复议申请以后,应从以下几个方面进行审查:

(1)行政复议申请是否属于行政复议的受案范围。

(2)复议申请是否在法定期限内提出,超过法定期限有无正当理由。

(3)复议申请人的主体资格是否符合要求,即申请人是不是水行政主管部门的具体行政行为侵犯其合法权益的公民、法人或者其他组织。

(4)复议申请书的内容是否完备。

(5)行政复议申请是否属于本行政复议机关的管辖范围。

(6)审查该复议申请是否在复议申请之前已向人民法院起诉,如果已提出行政诉讼,则表明其已放弃了行政复议这一救济程序。

2. 处理

复议机关在收到复议申请书之日起5日内,对复议申请分别作出处理:复议申请符合《行政复议法》规定的,予以受理,决定受理的,不需要再作出书面的行政处理决定,可以直接进入行政复议审理阶段,通知被申请人参加行政复议;如果认为行政复议申请不符合法定要件,如超过法定期限且无正当理由,或者已经提起行政诉讼,或者不属于本行政复议机关管辖范围内,应当裁定不予受理,并书面告诉复议申请人不予受理的理由。

3. 通知

水行政复议机关在对行政复议申请进行审查的过程中,发现行政复议申请材料不齐全或者表述不清楚的,行政复议机构可以自收到该行政复议申请之日起5日内书面通知申请人补正。补正通知应当载明需要补正的事项和合理的补正期限。无正当理由逾期不补正的,视为申请人放弃行政复议申请。补正申请材料所用时间不计入行政复议审理期限。

经审查符合条件的,水行政复议机构应当自行政复议申请受理之日起7日内,将行政复议申请书副本或者行政复议申请笔录复印件发送被申请人;被申请人应当自收到申请书副本或者申请笔录复印件之日起10日内,提出书面答复,并提交当初作出具体行政行为的全部证据、依据和其他有关材料。受理日期是指行政复议机关负责法制工作的机构收到复议申请之日。

四、水行政复议的审理与决定

(一)水行政复议的审理

水行政复议的审理是指水行政复议机关对所受理的复议申请案件的合法性与适当性进行审查的过程,审理是水行政复议程序的核心内容。

1. 准备工作

(1)确定复议人员;

(2)更换或者追加复议参加人;

(3)决定有关复议工作人员是否应予回避;

(4)决定具体行政行为是否应该停止执行。

2. 审理方式

《水利部行政复议工作暂行规定》第十条规定:行政复议原则上采取书面审查的办法。复议工作机构认为有必要时,可以向有关组织和人员调查情况,听取申请人、被申请人和第三人的意见。

水行政复议机关在审理水行政复议案件时以书面审理为主。所谓书面审理,是指复议机关在审理复议案件时,仅就案件的书面材料进行审理作出复议决定的方式。这种审理方式原则上不传唤复议参加人和证人等到行政复议机关;水行政复议机构书面审查的客体是被申请人作出的具体行政行为是否合法和适当,主要是指对其权限、事实、法律适用、程序及适当性进行审查。

对于有些案情复杂,申请人和被申请人提交的材料难以反映案件真实情况的,水行政主管部门可以召集双方当事人、第三人、证人听取有关意见,厘清有关案情。

(二)水行政复议的决定

水行政复议的决定,是指水行政复议机关通过审理,查清事实,明确责任,对该具体水行政行为的合法性、适当性进行全面审查后作出的审查结论。

根据我国《行政复议法》的规定,复议决定应当自受理申请之日起60日内(法律规定少于60日的除外)作出;情况复杂,不能在60日内作出行政复议决定的,须经行政复议机关负责人批准,适当延长,并告知申请人和被申请人,但延长期限最多不超过30日。

复议决定应根据不同情况,有维持、决定、在一定期限履行、撤销、变更或确认违法并可责令被申请人重新作出具体行政行为、因无证据依法撤销等几种。

1. 维持被申请人的具体行政行为

维持是指保持原具体行政行为,使其继续存在下去。它是对被申请复议的具体行政行为的充分肯定。在具体行政行为符合以下5个条件时作出:

(1)事实清楚,即具体行政行为所认定的事实在整体上是客观存在的。

(2)证据确凿。

(3)适用法律正确。

(4)符合法定权限和程序。

(5)内容适当,内容是指该行为所包含的权利和义务。

2. 决定被申请人在一定期限内履行法定职责

行政机关是国家对社会实行行政管理职能的重要组织，其职责权限主要由法律、法规予以规定，具体体现在该机关的日常工作中。如果该机关没有履行其应当履行的法定职责而被公民、法人或其他组织申请复议，复议机关就必须责令该机关在一定期限内履行自己的职责。

3. 撤销原具体行政行为

撤销是指取消已经发生的行政行为，行政行为自被撤销之日起失去法律效力，撤销的效力可一直追溯到行政行为作出之日；需要撤销的具体行政行为有以下几种：

(1)事实不清，证据不足。

(2)适用的法律、法规、规章和具有普遍约束力的决定、命令错误。

(3)违反法定程序。

(4)超越或者滥用职权。

(5)具体行政行为明显不当。

(6)被申请人未能依照《行政复议法》的规定，提出书面答复及提供作出原具体行政行为的证据、依据。

(7)对具体行政行为所依据的不符合法律规定的文件，复议机关有权处理时，应作出撤销该抽象行政行为的决定；决定撤销或者确认该具体行政行为违法的，可以责令被申请人在一定期限内重新作出具体行政行为。

4. 变更原具体行政行为

具体行政行为有下列情形之一的，行政复议机关可以决定变更：

(1)认定事实清楚，证据确凿，程序合法，但是明显不当或者适用依据错误的。

(2)认定事实不清，证据不足，但是经行政复议机关审理查明事实清楚，证据确凿的。

五、水行政复议的执行

水行政复议决定一经送达即发生法律效力。被申请人不履行或者无正当理由拖延履行行政复议决定的，行政复议机关或者有关上级行政机关应当令其限期履行。申请人逾期不起诉又不履行行政复议决定的，可作出以下处理：

(1)维持具体水行政行为的复议决定，由作出具体水行政行为的水行政机关依法强制执行或者申请人民法院执行。

(2)变更具体水行政行为的复议决定，由复议机关依法强制执行或者申请人民法院执行。

第十六章　水行政诉讼

第一节　水行政诉讼概述

一、行政诉讼

(一)行政诉讼的概念

行政诉讼是指公民、法人或者其他组织,即行政相对人,认为行政主体的行政行为违法而依法诉诸人民法院,人民法院据此在双方当事人和其他诉讼参与人的参加下,对行政案件进行受理、审理、裁判以及报告裁判等司法活动的总和,是司法机关解决行政争议的一种法律制度。

(二)行政诉讼的特征

行政诉讼有以下几个特征:

(1)行政诉讼是一种司法活动,由人民法院主持审判工作。它体现了国家司法权对行政权的制衡作用。

(2)行政诉讼以具体行政行为为诉讼对象。换句话说,在行政诉讼中,行政相对人只能对具体的行政行为而不能对抽象的行政行为提起诉讼。也就是说,只能对行政主体对行政相对人作出具体的行为,如行政处罚、吊销许可证等进行诉讼,而不能对行政主体的抽象行为如政府和主管机关发布的法规、规章进行诉讼。

(3)诉讼的主体地位是恒定的;原告只能是行政管理相对人,被告只能是作出具体行政行为的行政主管机关。

二、行政诉讼与民事诉讼、刑事诉讼的区别

(一)民事诉讼

凡因财产关系和人身关系所产生的矛盾,就是民事纠纷,如继承、房屋、损害赔偿、离婚、赡养、子女抚养以及各类经济合同纠纷等。人民法院在当事人和其他诉讼参与人的参加下,依照法定程序,审理民事纠纷并依法作出裁判的活动,以及通过这些活动所形成的各种诉讼法律关系的总和,称为民事诉讼。

常见的民事纠纷主要有:

(1)公民之间、公民与法人之间因财产权而发生的纠纷,多数指对财产的占有、使用、收益和处分所发生的纠纷。

(2)公民之间因买卖、租赁、借贷、赠与、典当等合同行为而发生的纠纷以及继承遗产所引起的纠纷。

(3)因不当得利、无因管理等所产生的债务纠纷以及损坏财产引起的赔偿纠纷。

(4)因人身权利引起的纠纷,主要是指侵害公民健康权、姓名权、名誉权、荣誉权和肖像权。

(5)因侵害公民的发明权(专利权)、著作权(版权)而引起的纠纷。

(6)婚姻家庭引起的纠纷,主要有离婚以及因离婚引起的财产分割、子女抚养方面的纠纷,家庭成员间的赡养、抚育、扶养等纠纷。

(7)因经济合同、企业劳动用工、企业承包、土地承包、相邻权等引起的纠纷。

(8)法律规定的或最高人民法院司法解释规定的应由人民法院受理的其他民事诉讼案件。

(二)刑事诉讼

刑事诉讼是指公安(国家安全)机关、人民检察院、人民法院在当事人及其他诉讼参与人的参加下,依照法院的程序,为揭露犯罪、证实犯罪、惩罚犯罪所进行的活动。

刑事诉讼案件有自诉和公诉两种,刑事自诉案件是指由被害人或者他的法定代理人,依法向人民法院直接提出起诉的刑事案件。公诉案件是指由国家公诉机关人民检察院代表国家行使控告权,指控被告人犯罪,向人民法院提起公诉,要求对被告人定罪科刑的案件。

行政诉讼与民事诉讼、刑事诉讼的区别如表16-1所示。

表16-1 行政诉讼与民事诉讼、刑事诉讼的区别

诉讼种类	诉讼的目的	提起诉讼的主体	举证责任
行政诉讼	解决国家行政机关的具体行政行为是否合法、正确问题	只能是相对人提起诉讼,行政机关不能反诉	只有被告负责举证
民事诉讼	解决平等主体之间的民事权利和义务的争议	双方当事人都可以提起诉讼	谁主张权利,谁负责举证
刑事诉讼	解决涉嫌犯罪的人是否犯罪、犯什么罪及应处以何种刑罚的问题	除自诉案件由自诉人提起诉讼外,均由人民检察院提起公诉	公诉人提供被告人有罪的证据,并加以证明

三、水行政诉讼的概念与特征

(一)水行政诉讼的概念

水行政诉讼是指公民、法人和其他组织认为国家水行政机关及其工作人员的具体水行政行为侵犯其合法权益,依法向人民法院提起诉讼,由人民法院对该行政行为是否合法进行审理并作出裁判的活动。

水行政诉讼的根本目的是保护公民、法人和其他组织在水资源的开发、利用中的合法权益。《水法》第六条规定:国家鼓励单位和个人依法开发、利用水资源,并保护其合法权益。其他水事法律中在不同范围内都作出了保护公民、法人和其他组织合法权益的有关规定。水行政机关作为国家行政机关的组成部分,也必须依法行政,保护公民、法人和其他组织的合法权益。人民法院通过水行政诉讼对水行政具体行政行为的合法性进行审查并作出相应的判决，是以司法权制约、监督行政权，这是社会主义法制的重要表现。它对促进水行政机关依法行政，维护公民、法人和其他组织的合法权益，具有极其重要的意义。

（二）水行政诉讼的特征

水行政诉讼具有以下几个特征：

（1）水行政诉讼是在人民法院主持下，依照司法程序解决水行政争议的活动。这是它和水行政复议活动的重要区别。

（2）被告是从事水事行政管理职能的国家机关。这里的国家机关包括各级人民政府、水行政主管部门以及由国家法律、法规授权进行水行政管理的组织。

（3）原告是作为水行政管理相对方的公民、法人或其他组织。

（4）水行政诉讼的审查对象是具体水行政行为，但并非所有的水行政行为都可以成为人民法院审查的对象。

四、水行政复议与水行政诉讼的区别与联系

水行政复议和水行政诉讼是两个并行的法律救济制度。对公民、法人和其他组织而言，水行政复议和水行政诉讼都有对其合法权益保护的救济功能，两者都需要水行政相对人的申请或者起诉而启动，两者适用的实体法均为行政性法律、法规及规章。但两者也有区别，水行政复议是水行政机关内部的监督制度，是在水行政诉讼之前进行的（法律规定行政复议为终局结果的除外）。而水行政诉讼是司法救济，由人民法院作出裁决，是最终的解决办法，也被称作司法最终救济原则。

水行政复议与水行政诉讼的区别如表16-2所示。

表16-2　水行政复议与水行政诉讼的区别

类别	水行政复议	水行政诉讼
性质	行政救济行为，内部监督（准司法行为）	司法救济行为，外部监督（司法行为）
受理机关	由作出具体水行政行为的部门的本级人民政府或上一级水行政主管部门受理（注意：对省部级行政机关作出的具体水行政行为不服，实行同级复议制）	人民法院
受案标准	外部具体水行政行为违法或不当	行政相对人认为水行政主体的具体行政行为侵犯其合法权益
审查范围	水行政行为的合法性、合理性（包括申请人一并提出的对有关规定的审查）	具体水行政行为的合法性（例外：显失公正的水行政行为）
审理程序	基本实行一级复议制度，以书面复议为原则	两审终审，公开开庭审理

第二节　水行政诉讼的程序

一、水行政诉讼的范围和管辖

(一)水行政诉讼的受案范围

水行政诉讼的受案范围,是指由《行政诉讼法》和其他有关行政诉讼的规范性文件规定的、水行政管理部门及其工作人员所实施的,可以被水行政相对人即公民、法人或其他组织提起行政诉讼并接受人民法院的审理、裁决的水行政行为。根据《行政诉讼法》和其他有关行政诉讼的规范性文件规定,人民法院受理并审理、裁判的水行政行为的范围是有限的,即人民法院只对一部分特定的水行政行为所引起的水行政争议案件享有管辖权,而在民事诉讼和刑事诉讼中,人民法院享有完全的管辖权。根据有关法律规定,我国水行政诉讼的范围概括如下。

1. 可以提起水行政诉讼的范围

(1)不服水行政处罚的案件。这类行政案件是指人民法院受理公民、法人或者其他组织对水行政主管机关作出的罚款、吊销许可证和执照,责令停产停业、没收财物等行政处罚不服提起的诉讼。但是,对于违反水法构成治安案件应当给予行政拘留的,由公安机关作出行政处罚。

(2)不服水行政强制措施的案件。以限制人身自由或者对财产的查封、扣押、冻结等行政强制措施不服提起的诉讼。由于强制措施涉及水行政相对人的人身自由或财产权,一旦违法行使,将会严重侵犯水行政相对人的合法权益。

(3)认为水行政主管部门违法要求履行义务的。

(4)认为符合法定条件申请行政机关颁发许可证和执照,行政机关拒绝颁发或不予答复的行政案件。

(5)相对人因水行政主管部门不作为而引起的行政争议。

(6)不服对单位之间、个人之间、单位与个人之间发生的水事纠纷作出的处理决定而引起的行政争议。

(7)水行政法律、法规规定的可以提起行政诉讼的其他事项。

2. 不能进行水行政诉讼的范围

(1)抽象行政行为,如水行政主管部门制定水资源开发利用与保护管理法律、法规、规章的行为。

(2)内部行政行为,如水行政主管部门对其工作人员所作出的行政处分等,当事人不服的则不能提起行政诉讼,而只能通过内部行政程序予以解决。

(3)法律规定的由行政机关最终裁决的具体行政行为。这里的法律,是指狭义的法律,是由全国人大及其常委会制定的。例如《水法》第五十六条规定的不同行政区域之间发生水事纠纷的,应当协商处理;协商不成的,由上一级人民政府裁决,有关各方必须遵照执行。

(二)水行政诉讼的管辖

所谓水行政诉讼的管辖,是指人民法院之间在受理第一审水行政案件上的分工和权限。根据《行政诉讼法》的规定,可分为级别管辖、地域管辖、裁定管辖三种。

1.级别管辖

我国人民法院的设置分为四级,即基层人民法院、中级人民法院、高级人民法院和最高人民法院。四级法院受理一审行政案件的具体分工的划分,就是级别管辖。

(1)一般的水行政诉讼案件由基层人民法院管辖。

(2)中级人民法院管辖对国务院水行政主管部门或省、自治区、直辖市人民政府所作的具体行政行为提起诉讼的案件及本辖区内重大复杂的水行政案件。

(3)高级人民法院与最高人民法院分别管辖各省、自治区、直辖市范围与全国范围内重大、复杂的行政案件。

2. 地域管辖

地域管辖是指同级人民法院之间在各自辖区内受理一审水行政案件的分工和权限。

(1)一般的水行政案件由最初作出具体行政行为的水行政主管部门所在地的人民法院管辖。

(2)经复议的案件,复议机关改变原具体行政行为的,既可以由复议机关所在地的人民法院管辖,也可以由最初作出具体行政行为的水行政主管部门所在地的人民法院管辖。

(3)对涉及不动产引起的行政案件,由不动产所在地的人民法院管辖。法律上将物分为动产与不动产,不动产是指不能移动或者移动会损害其用途或者价值的物,土地、附着于土地的建筑物及其他定着物、建筑物的固定附属设备均为不动产。

(4)相对人不服水行政主管部门对水事纠纷的处理而提起的行政诉讼,由争议标的所在地的人民法院管辖。

如果出现两个以上人民法院都有管辖权的案件,原告可以选择其中一个提起诉讼,如原告向两个以上有管辖权的人民法院提起诉讼的,由最先收到起诉状的人民法院管辖。

3.裁定管辖

裁定管辖不是根据法律直接规定,而是由人民法院直接作出裁定或决定,确定诉讼管辖法院的一种特殊情况。它包括移送管辖、指定管辖和管辖权的转移。

1)移送管辖

移送管辖是指人民法院发现受理的案件不属于自己管辖时,应当移送有管辖权的人民法院,受移送的人民法院应当受理。

2)指定管辖

指定管辖是指上级人民法院以裁定的方式,指定某一下级人民法院管辖某一案件的情形。它有下列两种情况:

(1)有管辖权的人民法院由于特殊原因不能行使管辖权的,由上级人民法院指定管辖。

(2)人民法院对管辖权发生争议,由争议双方协商解决,协商不成的,报共同上级人民法院指定管辖。

3）管辖权的转移

管辖权的转移是指上下级人民法院之间，可以把各自有管辖权的一审行政案件移送给对方的情形。它必须同时具备下列条件：

（1）必须是人民法院已受理的行政案件。

（2）移交的人民法院对此案件具有管辖权。

（3）移交的人民法院与接受的人民法院之间具有上下级审判监督关系。

（4）转移必须经过上级人民法院的同意或决定。

二、起诉与受理

（一）起诉

《行政诉讼法》第二条规定，公民、法人或者其他组织认为行政机关和行政机关工作人员的具体行政行为侵犯其合法权益，有权依照本法向人民法院提起诉讼。

公民、法人或其他组织如果就水行政争议向人民法院起诉，应当具备以下条件：

（1）原告必须是认为水行政主管部门的具体行政行为，侵犯其合法权益的公民、法人或其他组织。它包括两层含义：第一，原告必须是公民、法人或其他组织，而不是作为行政主体的行政机关；第二，原告必须认为水行政主管部门的具体行政行为侵犯了其合法权益，并想通过行政诉讼维护自己的合法权益。

（2）有明确的被告。原告在诉状中必须指明是谁侵犯了其合法权益，是一个还是几个行政机关，如无明确的被告，人民法院就无法进行审理。原告所起诉的被告不适格，人民法院应当告知原告变更被告；原告不同意变更的，裁定驳回起诉。

（3）有具体的诉讼请求和事实根据。起诉时，原告需对下列事项承担举证责任：①证明起诉符合法定条件，但被告认为原告起诉超过起诉期限的除外；②在起诉被告不作为的案件中，证明其提出申请的事实；③在一并提起的行政赔偿诉讼中，证明因受被诉行为侵害而造成损失的事实；④其他应当由原告承担举证责任的事项。

（4）属于人民法院受案范围和受诉人民法院管辖。

（5）必须在法定期限内提起诉讼。公民、法人或者其他组织直接向人民法院提起诉讼的，应当在知道作出具体行政行为之日起3个月内提出。法律另有规定的除外。申请人不服复议决定的，可以在收到复议决定书之日起15日内向人民法院提起诉讼。复议机关逾期不作决定的，申请人可以在复议期满之日起15日内向人民法院提起诉讼。法律另有规定的除外。

（二）受理

受理，是指人民法院对公民、法人或其他组织不服水行政机关的具体水行政行为所提起的诉讼请求，依法进行审查，认为符合起诉条件而决定接受立案的行为。它是进入审判的前置条件。

《最高人民法院关于执行〈中华人民共和国行政诉讼法〉若干问题的解释》第三十二条规定，人民法院应当组成合议庭对原告的起诉进行审查。符合起诉条件的，应当在7日内立案；不符合起诉条件的，应当在7日内裁定不予受理。当事人对此裁定不服的，可以提出上诉。

三、审理与判决

（一）答辩、举证

人民法院在立案之日起5日内，应将起诉状副本发送被告。被告应当在收到起诉状副本之日起10日内提交答辩状，并提供作出具体行政行为时的证据、依据；被告不提供或者无正当理由逾期提供的，应当认定该具体行政行为没有证据、依据。人民法院应当在收到答辩状之日起5日内，将答辩状副本发送给原告，被告不提出答辩状的，不影响人民法院的审理。

诉讼期间，不停止具体行政行为的执行。但有下列情形之一的，停止具体行政行为的执行：

（1）被告认为需要停止执行的。

（2）原告申请停止执行，人民法院认为该具体行政行为的执行会造成难以弥补的损失，并且停止执行不损害社会公共利益，裁决停止执行的。

（3）法律、法规规定停止执行的。

人民法院审理水行政案件，除涉及国家秘密、个人隐私和法律明确规定外，一律实行公开审理。

（二）庭前准备

开庭时间和地点确定之后，应当提前通知原告和被告，以及其他诉讼参与人。

（三）开庭审理

原被告及其他诉讼参与人，应当按照人民法院通知的时间、地点，积极参加诉讼。经人民法院两次合法传唤，原告无正当理由拒不到庭的，视为申请撤诉；被告无正当理由拒不到庭的，可以缺席判决。

根据法庭调查中对证据的质证、所查清的事实以及法庭辩论的观点及理由，合议庭经过评议，对案件作出裁判。

（四）判决

人民法院对受理的行政案件，经过调查、收集证据、开庭审理之后，根据不同情况，分别作出以下决定：

（1）具体行政行为证据确凿，适用法律、法规正确，符合法定程序的，判决维持。

（2）具体行政行为有下列行为之一的，判决撤销或者部分撤销，并可以判决被告重新作出具体行政行为。如主要证据不足、适用法律法规有错误、违反法定程序、超越职权、滥用职权等。

（3）被告不履行或者拖延履行法定职责的，判决其在一定期限内履行。

（4）行政处罚显失公正的，可以判决变更。

人民法院审理行政案件，实行两审终审制，一审案件应在立案后3个月内作出。如果相对人不服法院的一审判决，有权在判决书送达之日起15日内，向上一级人民法院提起上诉。相对人不服人民法院的一审裁定，有权在裁定书送达之日起10日内，向上一级人民法院提起上诉。逾期不提起上诉的，人民法院的一审判决或裁定发生法律效力。

人民法院认为上诉案件事实清楚，可以实行书面审理，除特殊情况经批准延长外，二审法院应在两个月内根据实际情况,作出维持原判、改判或发回重审的判决或裁定。

四、执行

一审判决或裁定作出后,当事人在法定期限内没有提出上诉,或者二审作出裁判的,裁判即告生效。

水行政诉讼案件的判决、裁定一旦发生法律效力,双方当事人均需自觉履行。如果公民、法人或其他组织拒绝履行判决、裁定时,水行政主管部门有权申请人民法院强制执行。水行政主管部门不履行判决、裁定的,一审人民法院可以采取以下措施:

(1)对应给付的罚款或者应当给付的赔偿金,通知银行从该行政机关的账户内划拨。

(2)在规定期限内不履行的,从期满之日起,对该行政机关按日处以 50 ~ 100 元的罚款。

(3)向该行政机关的上一级行政机关或者监察、人事机关提出司法建议。

(4)拒不履行判决、裁定,情节严重构成犯罪的,依法追究主管人员和直接责任人员的刑事责任。

参 考 文 献

[1] 任顺平,张松,薛建民.水法学概论[M].郑州:黄河水利出版社,1999.
[2] 韩洪建.水法学基础[M].北京:中国水利水电出版社,2004.
[3] 叶秉如.水资源系统规划与调度[M].北京:高等教育出版社,2001
[4] 梁瑞驹.环境水文学[M].北京:中国水利电力出版社,1998.
[5] 周之豪.水利水能规划[M].北京:中国水利水电出版社,1997.
[6] 傅国伟,程声通.水污染控制系统规划[M].北京:清华大学出版社,1985.
[7] 汪劲.环境法学[M].北京:北京大学出版社,2006.
[8] 王灿发.环境法学教程[M].北京:中国政法大学出版社,1997.
[9] 左玉辉.环境学[M].北京:高等教育出版社,2002.
[10] 裴广川.环境伦理学[M].北京:高等教育出版社,2002.
[11] 张树义.行政法学[M].北京:北京大学出版社,2005.
[12] 李曙光.转型法律学——市场经济的法律解释[M].北京:中国政法大学出版社,2004.
[13] 方世荣,石佑启.行政法与行政诉讼法[M].北京:北京大学出版社,2005.
[14] 方世荣.论行政相对人[M].北京:中国政法大学出版社,2000.
[15] 姜明安.外国行政法教程[M].北京:法律出版社,1993.
[16] 张成福.公共管理学[M].北京:中国人民大学出版社,2001.
[17] 罗豪才.行政法学[M].北京:中国政法大学出版社,1999.
[18] 林冬妹.水利法律法规教程[M].北京:中国水利水电出版社,2004.
[19] 孙儒泳.基础生态学[M].北京:高等教育出版社,2006.
[20] 王礼先.水土保持学[M].北京:中国林业出版社,2006.
[21] 李学东,任玉华.论水行政管理中的调解行为[J].海河水利,2004(2):15-16.
[22] 张增波.论行政指导[J].山东行政学院山东省经济管理干部学院学报,2006(5):11-13.
[23] 樊万辉.水法规教程[M].郑州:黄河水利出版社,2004.
[24] 钱燮铭,裘江海.水政监察实务[M].北京:中国水利水电出版社,2000.
[25] 任志强.行政补偿概念刍议[J].前沿,2006(7):119-122.
[26] 杨永华.论行政补偿的原则[J].郑州轻工业学院学报:社会科学版,2006,7(4):10-12.
[27] 四川省博物馆,青川县文化馆.青川县出土秦更修田律木牍[J].文物,1982(1).
[28] 张家山汉墓竹简整理小组.张家山汉墓竹简(二四七号墓)[M].北京:文物出版社,2006.
[29] 中国文物研究所,甘肃省文物考古研究所.敦煌悬泉月令诏条[M].北京:中华书局,2001.
[30] 陈昌华.浅析我国行政补偿的原则[J].法制与社会,2007(8):434-435.
[31] 华建敏.加强行政复议工作　促进社会和谐稳定[J].求是,2007(2).
[32] 政府行政执法研究会.水事纠纷案例评析全集[M].呼和浩特:远方出版社,2002.
[33] 陈柏荣.水政水资源管理[M].北京:中国水利水电出版社,2007.
[34] 李广贺.水资源利用与保护[M].北京:中国建筑工业出版社,2002.